2013年国家社科基金项目：
汉语言文化在海外的传播与发展研究（项目编号：13BYY091）核心成果

河南师范大学学术专著出版基金资助

汉语言文化在海外的传播与发展研究

耿红卫◎著

中国社会科学出版社

图书在版编目(CIP)数据

汉语言文化在海外的传播与发展研究 / 耿红卫著. —北京：中国社会科学出版社，2021.6
ISBN 978-7-5203-8326-4

Ⅰ.①汉… Ⅱ.①耿… Ⅲ.①汉语—对外汉语教学—教学研究 ②中华文化—文化传播—研究 Ⅳ.①H195.3②G125

中国版本图书馆 CIP 数据核字(2021)第 076134 号

出 版 人	赵剑英
责任编辑	郭晓鸿
特约编辑	杜若佳
责任校对	师敏革
责任印制	戴　宽

出　版	中国社会科学出版社
社　址	北京鼓楼西大街甲 158 号
邮　编	100720
网　址	http://www.csspw.cn
发行部	010-84083685
门市部	010-84029450
经　销	新华书店及其他书店

印　刷	北京明恒达印务有限公司
装　订	廊坊市广阳区广增装订厂
版　次	2021 年 6 月第 1 版
印　次	2021 年 6 月第 1 次印刷

开　本	710×1000　1/16
印　张	22.25
插　页	2
字　数	310 千字
定　价	128.00 元

凡购买中国社会科学出版社图书，如有质量问题请与本社营销中心联系调换
电话：010-84083683
版权所有　侵权必究

目　　录

绪论 …………………………………………………………（1）

第一章　汉语言文化在海外的传播历程 ……………………（34）
 第一节　海外华文教育的形成 ………………………（34）
 第二节　海外华文教育的兴盛 ………………………（38）
 第三节　海外华文教育的不平衡发展 ………………（45）
 第四节　海外华文教育的复兴 ………………………（50）
 第五节　海外华文教育的高涨 ………………………（55）

第二章　汉语言文化传播与发展的典型国家举隅 …………（64）
 第一节　亚洲华文教育 ………………………………（64）
 第二节　美洲华文教育 ………………………………（131）
 第三节　欧洲华文教育 ………………………………（159）
 第四节　大洋洲华文教育 ……………………………（185）
 第五节　非洲华文教育 ………………………………（206）

第三章　汉语言文化在海外传播与发展的现状分析 ………（229）
 第一节　汉语言文化在海外传播与发展的现状调查 …（229）

第二节　汉语言文化在海外传播与发展中存在的问题 ……… （246）

第四章　汉语言文化在海外传播与发展的特点及路径分析 …… （259）
　　第一节　汉语言文化在海外传播与发展的特点 …………… （259）
　　第二节　汉语言文化在海外传播与发展的路径分析 ……… （264）

第五章　汉语言文化在海外传播与发展的趋势 ……………… （275）
　　第一节　学科建设的科学化 …………………………………… （276）
　　第二节　办学形式层次化 ……………………………………… （285）
　　第三节　学习形式的灵活化 …………………………………… （293）
　　第四节　传播策略的多样化 …………………………………… （300）
　　第五节　推动力量的多元化 …………………………………… （309）

结语 ……………………………………………………………… （322）
参考文献 ………………………………………………………… （330）
附录 ……………………………………………………………… （337）
　　汉语言文化在海外的传播与发展研究现状调查（学生问卷）…… （337）
　　Questionnaire on Chinese Language and Culture for Students …… （342）
　　汉语言文化在海外的传播与发展研究现状调查（教师问卷）…… （347）

后记 ……………………………………………………………… （351）

绪 论

一 研究背景与意义

(一) 研究背景

语言和文化的关系密不可分，语言是文化的基础和民族的象征。它承载着文化，也是一个民族文化最重要的徽记，受到民族的社会状况、宗教信仰、风俗习惯、价值观念、审美情趣等因素的影响和制约。透过语言，可以窥见一个国家民族文化状况和特征，也可以表明对使用该语言民族的认同度。语言的存亡与一个国家民族兴衰有很大的关系。"在一定意义上，一种语言在世界范围内的需求，在世界文化舞台和文化市场上的地位，显示了这个国家在世界上的地位、综合国力以及国际形象。"[1] 语言也是学习文化的工具，学习文化就是学习语言，学习语言就是学习文化。语言和文化如此亲密的关系决定了当我们学习一门语言时，不仅要学会对这门语言的运用，还应该了解这门语言背后所蕴含的文化因素。因为语言是架构世界不同民族文化之间沟通与交流的桥梁。

语言的学习和推广终究是为了传播某种文化。语言和文化是各民族接触、交流的主要方式，也是最终碰撞的结果，将二者结合起来的历史已久。在语言传播的基础上，传播自己的文化观念，以此赢得整个世界

---

[1] 戴蓉：《孔子学院与中国语言文化外交》，上海社会科学院出版社2013年版，第8页。

的理解，使本国文化立足于世界多元文化之林，并发挥影响力已成为世界各国的基本外交政策。"这种以语言推广为先导，以语言和文化传播为内容，以教育和交流的手段达到增进相互了解、提升国家形象、达成文化交流的对外文化活动，可称之为'语言文化外交'。①"全球化时代，文化"软实力"的竞争日趋激烈，各国政府对语言文化传播与推广持不同的态度，一般而言，作为语言文化领属国的政府都会首推本国语言作为战略国策，提高其国际影响力。② 以英语为例，美国的福特基金、英国文化委员会等均借助英语推广和教育的方式，进行海外的文化扩张和渗透。目前，英语已经发展成为一门全球性的语言，其文化观念和价值观念渗透到世界众多国家，导致本国语言弱化、英语言文化趋同化的现象普遍存在。然而，本国政府对于他国语言、本国第二语言或第三语言及文化的传播，则会保持谨慎的态度，或多或少都存在着限制或打压的倾向。语言的命运就是文化的命运，甚至是一个民族的命运。汉语的发展受到国际强势语言——英语的极大威胁。

作为生存已久的、致力于继承与弘扬汉语言文化的海外华文教育，随着时代的发展和世界格局的变革，华侨华人的华文教育不再是一个独立的教育体系，而是成为居住国教育的一个组成部分，其性质由继承与弘扬汉语言文化向推广、传播与发展汉语言文化转变，并且受到居住国政府的教育政策、法制法规的管理和束缚，以至于很多外国人对汉语的认同感大大降低，某种程度上影响着汉语言文化在海外的影响力。众所周知，在海外，要想传播汉语，接受中国文化是前提。只有当外国人逐步了解中国文化，接受甚至认可了中国文化，他们才会愿意学习汉语，汉语教学才有发展的可能。而恰恰华文教育能够担负起这一教育的光荣使命。海外华文教育的对象主要是华侨华人子弟和少量的非中国血统的

---

① 戴蓉：《孔子学院与中国语言文化外交》，上海社会科学院出版社2013年版，第9页。
② 包文英：《试论汉语国际教育中的公共外交意识》，《华东师范大学学报》（哲学社会科学版）2011年第6期。

外国人，因此，它的教育目的和任务主要有三点：一是让华侨华人子弟掌握最基本的语言运用技能，了解中国文化精神，加深对祖（籍）国的情感；二是通过中外文化交流，促进华侨华人居住国与祖（籍）国的友好往来；① 三是通过加强对非华裔青少年的汉语言文化教育，使他们掌握借助汉语进行交际交流的基本技能，并增强他们对中国的认识和对中华文化的认同感。

然而，当前海外各国政府对汉语言文化传播的态度如何？作为汉语言文化大国——中国政府及有关部门如何加强与海外华文教育机构的联系并相互支持？华侨华人如何使汉语言文化通过多种教育方式在海外更加发扬光大？在汉语言文化的传播过程中，如何协调好那些致力于汉语学习的当地学校、孔子学院之间的关系？汉语言文化在海外推广与传播中还存在哪些问题？哪些是汉语言文化发展的主要制约因素，等等，这些都是值得深思的、亟待解决的问题。

（二）研究意义

我们以海外华文教育为基点，对汉语言文化在海外的传播与发展历程进行梳理，研究海外华文教育的发展规律，总结发展进程中的经验和教训，探讨其在 21 世纪发展的特点、面临的挑战、传播路向与未来前景，具有诸多的理论价值和实践意义。

1. 理论价值

系统论认为事物任何的要素都是相互关联而不是机械相加的，都在自己位置上发挥着作用，构成一个有机的整体。② 对于海外华文教育视域下汉语言文化的传播与发展的考察也是这样，应当放在宏观的、系统的背景下研究。华文教育是汉语言文化海外传播的主渠道，其发展离不开当时的历史背景、社会背景、文化背景和教育背景，也离不开大的国

---

① 苏泽清：《略论中华文化在华文教育中的地位和作用》，中国海外交流协会文教部《第三届国际华文教育研讨会论文集》，华语教学出版社 2001 年版，第 228 页。

② 《系统论概述》，http://wiki.mbalib.com/wiki/%E7%B3%BB%E7%BB%9F%E7%90%86%E8%AE%BA。

际语言环境,更离不开与华文教育有关的华文学校、华文教材、华文师资、华文团体、华文媒介等要素的影响,当然也离不开开展中文教育的当地学校、孔子学院以及中国政府部门的支持。因此,我们只有将研究置于这样宏大的系统之中,才可以考察清楚华文教育支持环境、生存环境以及汉语言文化传播环境之间的关系,形成各要素相互依存的、系统的、完整的研究成果。本成果对于丰富海外华文教育的学科理论,提高汉语言文化在海外发展战略决策的科学制定具有重要的理论价值。

2. 实践意义

(1) 有利于加强华侨华人与当地其他居民之间的语言文化交流。随着中国的和平崛起,汉语逐步成为世界各国学生首选的语言之一。据有关调查显示,从某种程度上讲,海外"汉语热"的主体就是"华文热",因为海外学习汉语的主体人群是华侨华人及其子女。"1. 海外汉语学习人数 = 华裔学习者人数 + 非华裔学习者人数;2. 华裔学习者人数和非华裔学习者人数之间有一个比例,目前行内比较认可的一个比值是70%:30%。"[1] 而致力于汉语言文化传播与发展的海外华文教育,又大都是华侨华人及华人社团所办,办学形式有全日制、半日制、业余形式和夜校教育等多种形式,与当地的教育机构既有分工也有合作。华文教育可以促进华裔青少年了解祖(籍)国的语言和文化,同时又与居住国主流语言文化相互碰撞,从而促进世界多种文化的交流和沟通。因此,开展本研究对于加强中华民族与其他民族之间的语言文化交流具有很大的现实意义。

(2) 有利于进一步加强中外文化交流。华文教育和国际汉语教育是中华语言文化推广的两翼,各自发挥着重要的作用。大力发展世界华文教育事业,积极开展多姿多彩的文化活动,有利于世界了解中国,了解中华文化,培养对祖(籍)国和中华文化的认同感。[2] 华文教育是培养中

---

[1] 《全球到底有多少人学汉语》,http://www.douban.com/group/topic/7897261/。
[2] 贾益民:《华文教育概论》,暨南大学出版社2012年版,第18页。

国文化软实力的天然平台，近些年来，中国政府领导人、有关部门以及民间机构通过成立华文教育基金会、建立华文教育示范基地、编写华文教材、输出华文师资、给予经费支持以及开展中华文化"文化寻根"活动等方式和途径，向世界各国展示中华文化的独特魅力以及中国现代社会的辉煌成就，使得汉语言文化逐步被其他国家的人民所接受、所认同。华文教育事业既有利于中国了解世界，也有利于世界了解中国。因此，开展本研究对于国务院侨务办公室（此后简称"侨办"）进一步推广汉语言文化的国际化具有一定的启示，对于进一步加强中外语言文化交流，加快"中国世界化"和"世界中国化"的进程具有十分重要的实践意义。

二 研究综述

早在 20 世纪 20 年代，有少量的海外华文教育研究成果出现，中华人民共和国成立之后尤其是 80 年代以来，相关研究成果才逐渐丰富起来。21 世纪的今天，华文教育及汉语言文化在海外的传播与发展状况，引起中国和海外华人学者以及外籍华文研究者的极大关注，涌现了大量的研究成果，其中与华文教育有关的成果十分丰富，而汉语言文化传播与发展方面的成果较少，从海外华文教育视域研究汉语言文化的成果更少。现分类综述如下：

（一）海外华文教育研究综述

华文教育既是一项事业，也是正在兴起的学科。长期以来，华文教育的发展引起诸多学者的关注。早期研究相对集中在华侨华人教育和华文学校的产生与发展的描述上。中华人民共和国成立后，尤其是改革开放以来，随着对海外华文教育发展规律认识的不断深入，学者们对其进行了宏观研究和国别研究，对华文学校、华文教材、华文师资、华文教学方式方法等方面还进行了专题研究。

1. 海外华文教育的历史

从华侨华文教育算起，华文教育在海外的发展已经有三百多年的历史，经历了兴盛，也经历了低谷，其曲折发展的历史引起不少学者的关注，既关注历史进程中教育对象的界定，也关注宏观的或微观的历史发展规律。

在华文教育对象上，多数学者认为华文教育就是对华侨华人及子女的汉语言文化教育，别无其他。学者吴勇毅认为，随着华文教育的国际化，教育对象主体变成了华人华裔而不再是华侨，非华裔学生的比例也在提高；成年学习者增多，积极性和动机超过了少年儿童。[1] 学者贾益民认为华文教育的对象是海外的华侨华人，也包括少数的非华裔学生。[2] 而学者张向前则认为华文教育的对象主要是华侨华人和其他外国人。[3] 还有学者对华文教育与华文教学的内涵作了区分，认为华文教学是华文教育的一个组成部分，教学目标任务更偏重于语言文字的学习，主要是针对海外华人的华语文教学。既不同于本土的中国学生，也不同于华人以外的外国学生，也不同于国外的华侨子弟。[4] 显然，学界对华文教育对象的认识和定位是不太一致的。

关于海外华文教育的历史沿革研究，很多学者提出了自己的看法。学者贾益民按照历史学的分法，将海外华文教育的历史分为三个时期：一是古代华文教育的产生（从华文教育的萌芽到鸦片战争之前）；二是19世纪的华文教育（从鸦片战争以后到清末《钦定学堂章程》的颁布）；三是20世纪以来的华文教育（包括民国时期的华文教育、"二战"以后的华文教育、20世纪后半期华文教育的办学形式、21世纪的华文教育）。[5] 学者彭俊对华文教育百年轨迹与发展规律进行了探讨，认为百年华文教育历经1900年至二战前的发展兴盛时期、二战中的衰

---

[1] 吴勇毅：《新时期海外华文教育面临的形势及主要变化》，《浙江师范大学学报》（社会科学版）2010年第2期。
[2] 贾益民：《华文教育概论》，暨南大学出版社2012年版，第13页。
[3] 张向前：《世界华文教育发展研究》，中国言实出版社2010年版，第11页。
[4] 郭熙：《华文教学概论》，商务印书馆2007年版，第1—2页。
[5] 贾益民：《华文教育概论》，暨南大学出版社2012年版，第22—28页。

落时期、二战后的再度兴盛时期、"冷战"衰弱时期与当代华文教育时期，只有按照每一个时期的发展规律，把握华文教育与华人社会及居住国的基本关系，各国华文教育才能顺利开展。[①] 学者郭熙在研究中谈到，海外华文教育在20世纪初由于中国政府的支持和推动正式兴起，60年代以后落入低谷，之后到70年代末才逐步出现复苏迹象，到90年代基本形成复苏潮流。鉴于此，他把海外华文教育的发展分为三个阶段：（1）旧式华文教育阶段（海外华文教育的滥觞）；（2）华侨教育阶段（从华侨教育走向华文教育）；（3）华文教育阶段（从低谷走向复兴）。[②] 学者耿红卫主要以华侨华人创办华文教育的兴衰沉浮为依据，将海外华文教育划分为：（1）鸦片战争以前，华文教育的兴起：私塾出现；（2）鸦片战争至二战结束，华文教育的兴盛：华文学校遍布全球；（3）二战后至20世纪70年代末，华文教育的不平衡发展：华校绝地求生；（4）20世纪80年代至90年代初，华文教育的复兴：华校绝处逢生；（5）20世纪90年代初期以来，华文教育的高涨：全球掀起华文教育热。[③] 有学者根据华文教育的传播规律，也将其划分为五个时期，即华侨华文教育的萌芽期（秦代—19世纪中叶）；华文教育起步期（19世纪中叶—辛亥革命）；华文教育发展期（辛亥革命—中华人民共和国成立前）；华文教育低潮期（中华人民共和国成立—改革开放前）；华文教育复苏期（1978年改革开放后）。并从民间积极参与、政府重视、中国国际地位的提高、其他国家对本民族语言的重视、现代技术发展、汉字自身的特点等方面阐发了华文教育在历史发展中的主要因素。[④]

有学者还根据有关地区或国家华文教育发展情况作了历史分析。学

---

① 彭俊：《华文教育的百年轨迹和发展规律》，《绍兴文理学院学报》（哲学社会科学版）2007年第3期。
② 郭熙：《华文教学概论》，商务印书馆2007年版，第50—54页。
③ 耿红卫：《海外华文教育的历史回顾与梳理》，《东南亚研究》2009年第1期。
④ 张向前：《世界华文教育发展研究》，中国言实出版社2010年版，第13—19页。

者陈荣岚以东南亚华文教育的历史沿革为视角，具体研究了由于中外民族政策的变化，大量的华侨加入当地国籍，东南亚华侨华文教育演变为华人华文教育的主要历程，从而透视了华文教育全球化与本土化发展的一系列问题。① 学者曹云华把东南亚的华文教育经历划分为四个发展阶段：肇始时期（19世纪中期至末期）；大规模发展时期（20世纪初期至中期）；萎缩时期（20世纪中期至80年代）；重新发展时期（从20世纪90年代起）。通过历史分期，透视中国对海外华文教育的影响和作用。②

在对华文教育历史沿革的研究中，更多的学者不是以历史分期的方式来梳理，而是立足当时的教育大环境，探讨了海外华文教育的历史概况或者对某一国家华文教育历史作出的研究，以期达到以一斑窥豹的效果。如，高伟浓：《海外华文教育的历史变化与因应之道》③，叶静：《海外华文教育的历史与现状》，④ 李莹莹：《东南亚华文教育的背景及历程分析》，⑤ 颜长城：《发展中的菲律宾华文教育》，⑥ 耿红卫：《美国华文教育史简论》，⑦ 张燕：《加拿大华文教育的历史发展及前景展望》，⑧ 寸雪涛：《从泰国政府政策的变化剖析当地华文教育的发展历程》，⑨ 等等。

2. 海外华文教育的现状与对策

海外华文教育使中华文化在异国大放异彩，为居住国的经济发展做出了很大贡献。当前有利于世界各国华文教育发展的大环境已经形成，

---

① 陈荣岚：《全球化与本土化：东南亚华文教育的发展策略研究》，厦门大学出版社2007年版，第4—6页。
② 曹云华：《东南亚华文教育的过去、现在与未来：国家间关系的视角》，《东南亚研究》2015年第1期。
③ 高伟浓：《海外华文教育的历史变化与因应之道》，《上饶师范学院学报》2010年第1期。
④ 叶静：《海外华文教育的历史与现状》，《佳木斯教育学院学报》2012年第11期。
⑤ 李莹莹：《东南亚华文教育的背景及历程分析》，《剑南文学》2015年第8期。
⑥ 颜长城：《发展中的菲律宾华文教育》，《教育文化论坛》2012年第6期。
⑦ 耿红卫：《美国华文教育史简论》，《理论界》2007年第1期。
⑧ 张燕：《加拿大华文教育的历史发展及前景展望》，《八桂侨刊》2010年第4期。
⑨ 寸雪涛：《从泰国政府政策的变化剖析当地华文教育的发展历程》，《东南亚纵横》2006年第8期。

但在发展中还存在一些制约因素，需要采取措施来解决。这方面的问题引起了众多学者的思考和研究。有学者对海外华文教育的发展现状持非常乐观的态度：第一，华侨华人及子女学习华文的人数逐年增多，学习热情也日渐高涨；第二，海外各类华文学校及补习班大量增加，且质量不断提高；第三，华文教育的层次和办学形式更加丰富与多样化；第四，华文教育逐步得到居住国教育部门的支持；第五，华文教师队伍日益壮大，水平不断提高，华文师资培训进一步深化；第六，越来越多的社会贤达人士及华侨华人社团等关心、支持华文教育事业。[①] 学者李铁范在研究中谈到，当前海外华文教育发展状况是：东南亚各国重视华文教育，日本、韩国华文教育迅猛发展，美国、加拿大华文教育蓬勃开展，澳大利亚华文教育不断升温，欧洲华文教育发展势头良好。但在华文教育的发展上还存在放不开手脚，华文教育资源尚未充分利用，缺乏从事华文教育的社会力量参与等问题，需要从整合教育资源和强化政府职能，提供更多的制度和政策保障两个大的方面来实现华文教育的良性发展。[②] 有学者认为，海外华文教育有成绩更有挑战。如资源过于分散，师资不足且水平不一；教材不足又缺少针对性；教育对象千差万别，难以统一开展教学；经费有限，社会地位没有保证等，需要慎重对待和妥善解决。[③] 有学者仅从华文教育几个具体层面分析了问题并提出对策。学者黄方方认为当前海外华文教育已迎来大好的发展机遇，但"三教"（教师、教材、教法）问题日益凸显，应当引起人们的关注。教师方面主要是数量不足，整体质量不高；师资培训方面缺少针对性和实用性；教材方面主要是使用起来缺少衔接性，编写没有本土化，多媒体教材也不足；教法方面主要存在教学定位不清晰和教学观念落后的问题。并基于以上问题，提出了切实有效的措施。[④]

---

① 贾益民：《华文教育概论》，暨南大学出版社2012年版，第1—3页。
② 李铁范：《海外华文教育的现状、趋势和对策思考》，《高等教育研究》2006年第5期。
③ 余岚：《海外华文教育发展的对策研究》，《教育探索》2009年第5期。
④ 黄方方：《海外华文教育"三教"现状、问题及对策》，《社会科学家》2016年第8期。

近些年来，很多学者把宏观研究华文教育的现状与对策转向重点关注某一地区或国家华文教育的发展上，而且这方面的成果呈现上升趋势。学者陈真在研究中梳理了东南亚华文教育的发展特点：教育类型层次化，华校逐步规模化，参与主体扩大化（包括办学主体的多元化、学习主体多样化、施教主体专业化），华文教育内容丰富实用、方法灵活多样。针对影响东南亚华文教育发展的因素和现实问题，探索"华文教育的本土化"的办学思路、海内外学者联合编写当地化华文教材、构建海内外华文教育联动发展机制等若干改革思路及应对策略。[①] 学者温北炎在研究印度尼西亚华文教育的现状时指出，印尼在华文教育的新形势下还存在诸多局限性和不利因素，提出应正确看待印尼局势，把与中华文化交流官方化，加强与印尼文教部门和高等院校的联席与双向交流，发挥华文教育基地作用。[②] 学者张本钰围绕马来西亚华文教育在师资、经费、中介语、繁体字、教育政策等方面存在的问题，分析了该国的现状，提出了华文教育地位进一步提升、华文发展空间的不断拓展、华文教育的内容国际化和本土化的发展策略。[③] 学者陈艳艺在研究中指出，影响泰国华教复苏、发展的重要因素，是泰国政府对其过多的干预和限制造成的。[④] 学者张念、张世涛对菲律宾华文教育界30多年来所做的努力做了系统总结后发现，简单地将华语教育从"母语教学"变成"外语教学"并不能根本改变华文教育整体滑坡的现状，反而有负面作用。只有坚持"语""文"并进，方能使华文教育更清晰地展现出其"中华"特色。[⑤] 学者向远菲、高伟浓关注了双语政策下新加坡华文

[①] 陈真：《东南亚华文教育的发展趋势、问题及对策研究》，《云南师范大学学报》（对外汉语教学与研究版）2007年第4期。

[②] 温北炎：《印尼华文教育的新形势与几点看法》，《东南亚研究》2000年第2期。

[③] 张本钰：《马来西亚华文教育现状与发展前景》，《福建论坛》（人文社会科学版）2007年第S1期。

[④] 陈艳艺：《从华人认同看泰国华文教育的复苏与发展（1992—2012）》，《东南亚纵横》2013年第3期。

[⑤] 张念、张世涛：《菲律宾华文教育三十年困境的思考》，《贵州社会科学》2012年第7期。

教育的机遇与挑战，认为传统政策、对英语的重视、华文及华文教育地位的下降、华文教育体制存在的弊端、生源的缺乏、中文学习大环境的缺乏等制约了新加坡华教的发展。但华人办学意识、政府支持、教学改革和多种活动的开展使新加坡华文教育出现了转机。[1] 关于亚洲的华文教育，东南亚是华侨华人聚集地，也是华文教育开展最早、较为红火的地区，理应成为学者的关注对象，除了以上几个国家，像柬埔寨、越南、老挝、缅甸、文莱等其他国家的华文教育研究也日益深入。还有学者将眼光投向了日本、朝鲜、蒙古国、阿联酋等亚洲其他国家华文教育的研究上。

近些年来，关于其他几大洲的华文教育现状与发展策略研究成果也渐增。学者严晓鹏、郭保林、潘玉进以意大利华文教育为例分析了欧洲华文教育的现状。他们指出，目前欧洲华文教育呈现出一派百花齐放、欣欣向荣的美好景象，但在其迅速发展过程中存在着诸多不完善因素，比如，师资培训机制匮乏，教师专业化程度不高，教材本土化不足等，它们直接或间接地制约着华文教育的进一步发展。需要采取教师评估体系、实行专业化培养，学校合作编写适合本地发展的教材，建立家长学校，促进华人在当地的融入等有效措施加以解决。[2] 学者李天锡基于北美洲华文教育的发展规律，总结出四个特点：华文学校的业余补习性质；创办华文学校的寻根认祖意识；华文学校的联合趋向；华文教育与当地教育接轨。[3] 学者欧苏婧对大洋洲影响最大的两个国家澳大利亚和新西兰的华文教育概况作了介绍，了解两个国家华文教育的相同特点——具有业余性质，目的是传承中华文化，与当地教育接轨。同时针对两国的汉字教学、教师素质、教学方式等方

---

[1] 向远菲、高伟浓：《略论新加坡的华文教育》，《广西社会科学》2006年第7期。
[2] 严晓鹏、郭保林、潘玉进：《欧洲华文教育：现状、问题及其对策——以意大利华文教育为例》，《八桂侨刊》2011年第1期。
[3] 李天锡：《北美洲华文教育的历程及其特点》，《华侨大学学报》（哲学社会版）2000年第4期。

面问题，提出了加强教师队伍的培训，改革中国传统的教学模式，加强汉字教学的趣味性及学生练习汉字的强度，结合当地的教育方法加强华人子女的文化教育，按不同层次编排学生学习汉语等具体措施，以促进大洋洲华文教育的健康发展。① 学者吴小伟、杨道麟把研究视角放在南非华文教育的历史与发展上。在分析现状时，保持有积极乐观的态度，认为南非华文教育有良好的制度化政策，孔子学院的创办标志办学层次进入高教阶段，非华校开设华文，使教育形式呈现多样化局面。② 此外，不少学者对美国、加拿大、巴西、智利、阿根廷等国家的华文教育开展情况都有所关注。

3. 海外华文教育的发展趋势

当前探讨海外华文教育发展趋势的成果较少。学者李其荣认为海外华文教育的存在既是必要的又是合理的。首先，海外华文教育是促进文化多样性进而推动社会发展的需要；其次，海外华人推进华文教育与认同居住国并不矛盾；最后，多元文化发展需要。基于此，他认为，华文教育在华人居住国将日益普及和受到重视，呈蓬勃发展的趋势；海外华文教育呈多元发展趋势；海外华文教育呈数字化趋势；海外华文教育呈社会化趋势。华文教育不再单单呈现民族性，而是呈现社会性，向华人社团以外的社会开放。③ 学者李嘉郁（2004）主要从五个方面具体分析了华文教育的发展趋势。第一，随着人口增长，低龄化华裔数量尤其是非华裔比重会逐渐增加。第二，华校的社会功能得以拓展，语言教学与文化活动相结合的趋势更加明显；学校的管理、运作更趋规范化、科学化；华文学校的联合组织不断增加。第三，加强语言整合、文字整合。第四，华文教育趋于社会化。第五，华文教育逐步纳入居住国的主流教

---

① 欧苏婧：《浅析澳大利亚和新西兰的华文教育状况及存在的问题》，《广西广播电视大学学报》2012 年第 3 期。

② 吴小伟、杨道麟：《南非华文教育浅论》，《八桂侨刊》2013 年第 1 期。

③ 李其荣：《海外华文教育与文化多元共存——兼论 21 世纪初海外华文教育发展趋势和问题》，《国际移民与海外华人研究》，湖北人民出版社 2005 年版，第 470—493 页。

育系统。① 学者耿红卫提出了华文教育发展的五大趋势：（1）走向多元化；（2）注重弘扬和传播中华文化；（3）学习形式更加多样化；（4）教育管理走向规范化；（5）海外华文教育发展离不开中国的支持。并突出强调了中国现代化建设对华文教育发展的推动作用。② 学者唐燕儿认为未来的华文教育有如下发展趋势：学科专业发展独立化，教育模式多样化，教育资源共享与现代化，华文师资培养学历化，办学模式合作化，教材编写本地化。该研究系统探索了华文教育的未来发展，对教育决策有一定参考价值。③ 学者刘华、程浩兵在分析近年来海外华文教育的现状及问题的基础上，认为未来的华文教育将呈现如下发展趋势：新生代侨民回乡学习、多渠道合作办学、海峡两岸加强合作、整合资源，协同发展。④

历史上，海外华文教育历经坎坷，既有过繁荣发展的黄金时代，也曾受到过各种打击，面临着生死存亡的考验。改革开放以后，特别是进入21世纪以来，随着国际形势的发展演变和中国的快速崛起，开展华文教育的环境更加宽松，华文教育在复苏的基础上迎来了新一轮大好的发展机遇。基于以上认识，学者陈水生认为未来的海外华文教育将呈现国际化、本土化、正规化、信息化和产业化五大趋势并进的美好前景。⑤

还有些学者对某些地区或国家华文教育发展趋势做出了预测。资料显示，较早预测东南亚华文教育发展趋势的文章出现是在20世纪90年代。学者于平认为东南亚各国与中国的经济往来日益频繁，对华文教育的政策有所改变，东南亚华文教育又开始重现生机，呈现出如下发展趋

---

① 李嘉郁：《论华文教育的定位及其发展趋势》，《华侨华人历史研究》2004年第4期。
② 耿红卫：《海外华文教育的现状、特点及发展趋势》，《东南亚纵横》2008年第6期。
③ 唐燕儿：《论海外华文教育的发展及其趋向》，《高等教育研究》2009年第6期。
④ 刘华、程浩兵：《近年来海外华文教育发展的现状、问题及趋势》，《东南亚研究》2014年第2期。
⑤ 陈水生：《海外华文教育发展的"形"与"势"》，《世界华文教育》编辑部《世界华文教育》（第一辑），暨南大学出版社2016年版，第33—41页。

势：(1) 在日益放宽的政策背景下，各国华文教育开始复苏。(2) 高等教育领域的华文教育有所发展。(3) 业余华文教育发展迅速，成年人学华语、非华人学华语增多。(4) 华文教育已纳入当地教育的轨道，其传播中华文化的作用将日益突出。① 学者廖新玲在研究中谈到东南亚各国华文教育事业蓬勃发展，呈现出良好的发展势头：务实的华教政策，明晰的教育定位，日益高涨的学习热情，还有专业化的发展趋向（具体表现在教育管理逐步规范化、教育体系逐渐成熟、层次不断提高三方面），无限光明的发展前景。② 学者杨源认为随着中国经济的发展和国际地位的提高，东南亚华文教育比过去有相当大的进步。呈现出华文高等教育蓬勃发展、华文教育将继续深化改革，交流与合作将进一步加强等良好发展趋势。③ 还有学者基于教育政策的角度推演出华教的发展动向。(1) 华教的哲学基础变更。从哲学基础看，华教经历了实用主义教育——政治论的教育——政治论的教育与实用主义教育融合的过程。(2) 华教的实质发生变化。某些学校进行的是华文教学而不是华文教育。(3) 华文学习成为东南亚各国民族融合的诉求。(4) 华文及文化的功能促使华文学习服务的对象多元化。更多有关华文研究的非政府组织产生。④

在对国别华文教育的研究中，柬埔寨学者符气志谈到柬埔寨华文教育的发展时，指出当前柬埔寨华语学校的发展面临资金短缺和优质师资短缺的双重挑战，由于华文教育学历得不到政府的认可，华校生源有减少的趋势，华校发展前景不容乐观。为此，他强调融入国家教育体系是华教长远发展的唯一出路，这也是华文教育发展的主要趋势。⑤ 学者寸

---

① 于平：《东南亚各国华文教育发展的新趋势》，《国际观察》1996年第3期。
② 廖新玲：《东南亚华文教育发展现状及趋势研究》，《八桂侨刊》2009年第1期。
③ 杨源：《东南亚华文教育发展现状、趋势及原因》，《沙洋师范高等专科学校学报》2010年第3期。
④ 王焕芝：《从东南亚诸国的教育政策看华文教育的发展趋势》，《八桂侨刊》2008年第3期。
⑤ [柬埔寨] 符气志：《柬埔寨华文教育现状和发展趋势》，《国际汉语教育研究》2013年第2期。

晓红基于华语成为缅甸商业谈判的通用语言这一事实，认为缅甸华教有强劲的发展趋势。第一，华文教育走向多元化；第二，华文教育由教育向中华文化的传播转化；第三，华文教育综合实力增强，学习形式更加多样化；第四，华文教育日趋规范化管理和来自中国的帮助。①

4. 华文学校、华文教材、华文师资、教学方式方法

目前，有很多学者把研究重点聚焦到华文学校、华文教材、华文师资、教学方式方法等某一方面的研究上。学者赖林冬在谈到菲律宾华文学校的发展时指出，华侨华人创办华文学校的动因大致有：留根工程、传播宗教福音、传播佛学、慈善目的、纪念先辈、侨务工作需要等六种。但在菲律宾大的教育环境下，还存在教育发展不平衡、师资不足、生源流失严重等问题，需正视此类问题，确保菲律宾华文教育的可持续发展。② 学者梁英明通过对印度尼西亚华文学校的历史回顾，分析了"三语学校"的办学现状，认为它是隶属印尼国民教育体系的新型学校，有利于增进华裔和非华裔间的文化交流、印尼和中国间的友好关系。这也是印尼华人社团所赞许的。③ 还有学者将研究关注到华文学校学生的汉字书写方面，学者朱少义在研究中指出，老挝华文学校学生在汉字书写方面还存在错字、别字等问题，究其原因，与汉字基本笔画变化形态多、汉字笔画、部件组合形式多样、汉字笔画数量多、学生汉字书写方式不当以及学校不重视、华文教师书写不规范等多种原因有关，影响了学生学习汉字的积极性。因此，应当采取学校增设汉字教学专项课程、提高教师整体水平、规范板书、严格纠错、重视趣味性讲解等措施来解决，以达到提高华文教学整体质量的目的。④

---

① 寸晓红：《缅甸华文教育发展的趋势与策略》，《德宏师范高等专科学校学报》2014年第2期。
② 赖林冬：《菲律宾华文学校的发展和现状探析》，《八桂侨刊》2013年第1期。
③ 梁英明：《从中华学堂到三语学校——论印度尼西亚现代华文学校的发展与演变》，《华侨华人历史研究》2013年第2期。
④ 朱少义：《老挝华文学校学生汉字书写偏误调查与研究》，硕士学位论文，鲁东大学，2016年，第23—36页。

关于华文教材的研究，目前成果也比较丰富。关于华文教材的编写原则，学者贾益民强调，教材编写要善于吸纳中国文化、学习者居住国文化以及世界其他各国的文化，做到兼容并蓄，避免出现任何政治导向和意识形态色彩。鉴于此，他提出编写华文教材的五大原则：适用原则、优选原则、更新原则、集体选用原则和一致原则[1]，这对华文教材的编写理论的建设具有一定的指导意义。就华文教材当地化编写原则给予充分论述的是学者郭熙，他指出"当地化"的主要体现：（1）教材文本的选取，包括文本的来源、类型、文化内涵；（2）教材用字的确定，包括种类、形体、注音、当地专用字；（3）教材语言规范标准的明确。这些原则大都具体化了，具有可操作性。[2] 有学者对华文教材本土化的思路作了系统阐发，认为过往的教材编写者与学习者缺少沟通，过于强调中国文化因素。建议走本土化编写之路，要与时俱进，由关注某地、某群的需要转向对信息技术背景下语言教学方式的变革上来。[3] 还有学者关注到教材的文化性，学者王汉卫、刘海娜通过对某部教材的具体分析，探讨了华文教材文化性与工具性之间的关系。[4] 在华文教材的使用方面，有学者对东南亚8国29个城区做了调查，主要问题有：（1）不同学龄学生使用同一种教材；（2）对外汉语教材或国内中小学语文教材当作华文教材使用；（3）当地化华文教材非当地化使用；（4）学生层次多样、教学情况复杂，教材不适合；（5）语言政策不一，教材无统一体例；（6）缺乏教参和教辅资料等。需要加强与印尼、泰国、柬埔寨以外的国家合作，编写出多类型、多层次的、适合当地人使用的华文教材。[5] 在华文教材的内容编写方面，有学者指出要有趣味

---

[1] 贾益民：《华文教材教法》，暨南大学出版社2012年版，第62—63页。
[2] 郭熙：《关于华文教学当地化的问题》，《世界汉语教学》2008年第2期。
[3] 张树权：《试论海外华文教材本土化新思路》，《云南师范大学学报》（对外汉语教学与研究版）2014年第2期。
[4] 王汉卫、刘海娜：《从〈弟子规〉的改编看梦雪读物的华文教学价值》，《华文教学与研究》2010年第4期。
[5] 李小凤：《东南亚华文教材使用状况调查及当地化探讨》，《海外华文教育》2016年第5期。

性。学者徐子亮认为，教材的趣味性是吸引学生来学习，并能使其长时间坚持下去的重要因素；教材的内容选择必须与学习兴趣相结合，教材的形式也应以有利于学习者对所学内容产生完整、鲜明的表象为佳。① 还有学者系统考察了六套华文教材有关补充材料中的中国知识文化，从语言教学与文化教学之间的关系、中国知识文化的选取与导入策略等方面提出了具体的编写方法。②

华文教育质量的提高离不开广大华文教师的奉献和支持。有学者认为，高素质的华文教师专业成长的主要途径就是要有一个诸如包括教育背景、进修培训、子女教育经历等要素在内的、稳定的专业知识来源。③ 有学者认为华文教师对华文教育的态度也是影响教育质量的一个重要因素。学者徐茗在《菲律宾华文教师对华文教育态度的调查研究》一文中，通过抽样调查，发现大多数菲律宾华文教师在对华文教育的性质以及培养目标等方面的认知存在问题，需要采取营造整体良好的教育环境、加大华文教师队伍建设、华文教育界与华人社会统一认识、加强合作等方式提高华文教师授课的积极性。④ 还有学者对华文教师如何走向专业化的发展道路做了深入思考，学者贾益民认为，海外华文教师专业发展不能照搬国内外一般教师专业发展的模式和做法，应当考虑在当地语言大环境下，教学目标、教学对象、教学内容、教育作用多种特殊性。采用华文教师参加培训、政府部门提供支持和帮助、培养学历化、本土化和现代化的华文教师、建立世界华文教师专业发展学术组织，联合攻关等举措，为华文教育事业的快速发展做出贡献。⑤ 为了华文教育

---

① 徐子亮：《海外少儿中文教材编写建议》，首届上海华文教育研讨会论文，2018 年，第 37—41 页。
② 何慧宜：《六套海外华文教材中国知识文化内容项目研究》，硕士学位论文，暨南大学，2007 年，第 19—28 页。
③ 陈旭：《海外华文教师专业知识来源的个案研究》，硕士学位论文，华东师范大学，2014 年，第 41—59 页。
④ 徐茗：《菲律宾华文教师对华文教育态度的调查研究》，《世界汉语教学》2005 年第 4 期。
⑤ 贾益民：《关于海外华语文教师专业发展研究的思考》，《世界汉语教学》2014 年第 3 期。

的长远发展,还有学者对分布式海外华文教育人才库的构建提出了设想。学者贾世国、唐燕儿在研究中指出,设计分布式人才库,要分布合理,有机统一,旨在通过人才库建设,储蓄人才,实行人才监控,为中外人才培养提供数据,优化人才配置,改进人才浪费或人才匮乏的局面。①

　　华文教育要想达到预期的效果,需要科学的、合理的教学方式方法来实现。近些年来,不少学者对其给予了充分的关注,但大都认为在运用过程中还存在一些不尽如人意的问题。学者严奉强、陈鸿瑶指出,东南亚国家普遍存在教学方法落后、教学方式单一、忽视教学对象、教育理论意识淡薄的问题,采取单纯的第二语言教学模式不符合教学实际。② 很多学者借助某些理论对华文教学方法进行探索,取得了很好的效果。学者吴英成以心理语言学和对比语言学为基本理论框架,提出"华英双语教学法",即以汉语为主要教学媒介语,英语为辅助工具,通过汉语和英语的对比调动学生的元认知。③ 课堂教学是华文教学的主要手段,灵活多样的教学技巧也是教学法原则的具体体现。学者何懿认为,目前菲律宾的华文教学课堂操练存在着重形式不重内容、带有随意性和盲目性、缺乏完整性和科学性的误区,并提出了11项操作建议,主张用游戏、歌曲、讲故事等手段,让学生从不同角度操练汉语言技能。④ 还有学者为了达到应有的教学效果,在华文教学中采用了延时评价教学技巧,学者袁冬云认为在学生出现离奇古怪的想法时,师生对问题的理解出现分歧时,学生给出创造性的作业时,都应采用延时评价,

---

① 贾世国、唐燕儿:《分布式海外华文教育人才库的构建》,《广州广播电视大学学报》2014年第3期。

② 严奉强、陈鸿瑶:《东南亚华文教育:现状、问题与对策》,《深圳大学学报》(人文社会科学版)2006年第4期。

③ 吴英成:《华英双语并用华语教学法》,《汉语国际传播:新加坡视角》,商务印书馆2010年版,第74—76页。

④ 何懿:《第二语言教学在菲律宾的实际运用及问题对策》,《菲律宾华教透视和思考》,菲律宾华教中心出版部2006年版,第77—81页。

以最大限度保证学生的学习热情不受到挫伤。①

（二）汉语言文化在海外传播与发展研究综述

通过中国知网对 1998 年以来相关研究情况进行"主题"检索。截至 2018 年 8 月 3 日，以"汉语言文化"为关键词检索出文献 926 条；"汉语言文化传播"为关键词检索出文献 81 条；以"汉语言文化传播与发展"为关键词检索出文献 18 条；以"汉语言文化在海外传播与发展"为关键词检索出文献 6 条。因为本研究是以海外华文教育为视域，因此我们尝试用替换关键词的方式进行再检索，以"华文教育与中华文化"为关键词检索出文献 170 条；以"华文教学与中华文化"关键词检索出文献 55 条。通过检索发现，近些年来，"汉语言文化"的确成了热点词语，是学者们关注的主要对象。而与本研究直接相关的文献研究并不多，而且以不同的检索方式导致重复的文献也较多，真正为本研究参考使用的文献却很少。现将此类文献分类综述如下：

1. 汉语言文化传播与发展

关于汉语言文化传播历史的研究，学者许瑞娟以"一带一路"为视角研究了汉语言文化的传播历史，尤其是用较大的篇幅论述了汉语言文化的对外传播主要包括在亚洲国家的传播和在西方国家（美国、加拿大、法国）的传播历史。最后得出"汉语言文化的传播既是国际社会了解中国、与中国交流的基本，也是中国国际化进程的必然趋势"②的研究结论。有学者关注到双语背景下汉语言文化的传播问题，学者汪泉的硕士学位论文以新加坡南洋理工大学孔子学院为例，分析了双语政策背景下汉语言文化传播的特色、影响并提出发展建议。③ 该类研究对

---

① 袁冬云：《谈延时评价对于华语教学的重要意义》，第八届东南亚华文教学研讨会论文，马尼拉，2009 年，第 122—126 页。
② 许瑞娟：《"一带一路"视阈下的汉语言文化传播史研究》，《文化与传播》2016 年第 6 期。
③ 汪泉：《双语政策背景下汉语言文化传播——基于新加坡南洋理工大学孔子学院的分析》，硕士学位论文，山东大学，2014 年，第 60—69 页。

海外华文教育视域下汉语言文化的传播与发展有一定的启发作用。还有不少学者关注到新媒体背景下汉语言文化的传播与发展问题，学者肖潇认为新媒体语境下汉语言文化国际传播具有传播媒介的多元性与开放性、传播主客体的群体性与个体性、传播信息的海量性与专有性、传播行为的交互性与主动性、传播效果的时效性与全球性等鲜明特征。同时由于一些主客观因素的阻碍，还存在一些尚待解决的问题，比如渠道拓宽—对接不畅、内容丰富—信息庞杂、技术多样—人才缺乏、形象正面—内容失范等，需要采取融合本土，实现对接；加强引导，整合资源；健全体系，培养人才；制定标准，促进规范等措施加以解决。[①] 学者周虹在《"互联网＋"背景下汉语言文化国际传播策略研究》一文中谈到，当前汉语言文化国际传播中存在诸如缺乏有效的组织与管理、社会参与度偏低、汉语言文化国际传播的资金来源严重不足、汉语言文化传播资源与渠道相对单一等诸多问题，只有放在"互联网＋"背景下，通过采取增强网络传播意识、丰富网络传播主体、增强互联网思维、建立网络传播平台、积极推进汉语言文化传播资源的信息化建设、提升汉语言文化传播主体的信息化素质等多种策略才可以有效解决。[②] 还有学者从跨媒体—电视节目的角度研究了中华语言文化对外传播与发展问题。学者王伟鑫在研究中提出了如下传播策略：（1）更新对外文化传播理念，构建多元语言文化传播渠道，真正做到从"对外宣传"到"对外传播"的观念转化；（2）以国外受众角度传播文化内容和信息，并融入中国文化的特色；（3）提高跨文化传播的技巧和语际转换的效能。[③] 还有学者把研究视角聚焦到汉语言文化在海外某一个国家的传播

---

① 肖潇：《新媒体语境下的汉语言文化国际传播》，《北华大学学报》（社会科学版）2017年第4期。

② 周虹：《"互联网＋"背景下汉语言文化国际传播策略研究》，《兰州教育学院学报》2017年第8期。

③ 王伟鑫：《中华语言文化对外传播发展策略探索——以〈汉语桥〉、〈快乐汉语〉等一系列成功的跨文化传播电视节目为例》，《语文教学通讯》2015年第9期。

与发展上，学者尹海良、李孝奎在研究中首先回顾了保加利亚汉语言文化传播的历史，针对存在的问题，提出了五个发展策略：（1）加强汉语教学国别化研究；（2）培养和吸纳本土优秀汉语教师；（3）培育本土汉语类刊物；（4）在任中外汉语教师应加强教育教学思想信息沟通；（5）进一步开放思想，将汉语言文化传播从高校拓展到社会各个领域。① 尽管这些策略都是针对保加利亚汉语课堂和孔子学院提出的，但对本研究有一定的借鉴和启发意义。

2. 华文教育与中华文化

海外华文教育中的文化价值已引起学界的关注。学者潘懋元、张应强在研究中强调华文教育应该弘扬中华民族优秀文化传统，并从理论层面上解决了华文教育要不要传承、弘扬以及如何传承、弘扬中华民族优秀文化的问题。② 二人在另一篇文章中又谈到了华文教育与中华文化的互推互助作用。"华文教育对中华优秀传统文化的传承与创新，促进了中华文化现代价值的彰显；中华优秀传统文化现代价值的彰显，促进了华文教育的兴盛。③" 学者苏泽清认为中华文化在华文教育中的主导地位，中华文化在华文教育培养人格中发挥着重大作用。④ 关于中华文化的传播路径问题，有些学者对此作了探讨，学者薛秀军、何青霞认为提升中华文化竞争力的最现实途径就是通过华文教育不断增强中华文化的生命活力。⑤ 学者耿虎认为华文教育是由海外华文学校教育、海外华人的家庭教育、海外华人的社会教育、中国面向海外华人开展的华文教育等多个方面构成的，因此只有依托形式多样化的华文教育体系，才能实现

---

① 尹海良、李孝奎：《保加利亚汉语言文化传播的历史、现状及发展策略》，《汉语国际传播研究》2014 年第 4 期。
② 潘懋元、张应强：《海外华文教育与弘扬中华优秀文化传统》，《教育研究》1996 年第 6 期。
③ 潘懋元、张应强：《华文教育与中华优秀传统文化现代价值的彰显》，《高等教育研究》1998 年第 3 期。
④ 苏泽清：《论中华文化在华文教育中的地位和作用》，《八桂侨刊》2004 年第 5 期。
⑤ 薛秀军、何青霞：《华文教育：提升中华文化竞争力的现实路径》，《绍兴文理学院学报》（教育教学版）2006 年第 1 期。

中华文化的多层次传播。①

不少学者还把研究重心放到某地区或国家的华文教育与中华文化传播的关系上。学者吴端阳、吴绮云认为，中华文化具有民族性与世界性，而华文学校是传承中华文化的关键。因此要处理好关于传承、弘扬中华文化与多元开放；关于传承、弘扬中华文化与培养专业科技人才；关于汉语言文字教学与中华文化教育这几对关系的问题，才可能更好地传承中华文化。② 学者李莹莹、李守培研究了东南亚华文教育的中华传统文化传承机制问题。二人认为中华优秀文化的顺利传承得益于华文教育的内部要素和外部要素的有机结合，二者缺一不可。③ 学者杜珠成在对新加坡华文教育的研究中指出，华文教育与中华文化具有诸多关联性，然而新加坡双语教育对华文教学传承中华文化有着重大的限制，特别是用英语作为媒介语讲授华语，直接影响学生吸收华语和中华文化的效果。双语教育应增加华语华文课程科目，以利于提升学生的华文程度和中华文化素养，培养通晓华英双语人才，④ 以此达到双赢的目的。学者刘玉红在研究中谈到新华裔的文化认同问题，指出印尼华文教育的特殊性要求我们必须注重文化教育。当今在较为开明的印尼政府与基本正常的印尼社会环境之下推广华文教育，就须注重文化认同，在此基础上进行华文教育才会产生良好的效果。⑤ 有学者认识到华文报纸与华文教育一样，在中华文化传播中扮演着重要的角色。马来西亚学者杨丽芳谈到华文教育、华文报纸在马来西亚这个多元文化国家生存下来的背景，提出马来西亚华文教育、华文报

---

① 耿虎：《试论华文教育的多样化构成与中华文化的多层次传播》，《世界民族》2007年第1期。

② 吴端阳、吴绮云：《东南亚华文教育与中华文化传承》，《国家高级教育行政学院学报》2002年第6期。

③ 李莹莹、李守培：《东南亚华文教育的中华传统文化传承机制研究》，《江苏第二师范学院学报》（教育科学版）2017年第9期。

④ 杜珠成：《新加坡华文教育与中华文化的承传关系》，《海外华文教育》2006年第2期。

⑤ 刘玉红：《印尼华裔新生代中华文化认同与华文教育研究》，《海外华文教育》2016年第4期。

纸肩负着维护中华文化和身份的传播使命，同时还充当着推动教育改革的角色。①

3. 华文教学与中华文化

关于世界华文教学的文化立场问题，学者贾益民在第二届世界华语文教学研究生论坛开幕式上致辞时强调，世界华文教学要有一种中华文化的立场和世界文化的立场，二者相认同、相融合、相统一的立场。②关于海外华文教学中的文化传播问题，学者蒯伯象、白少玉认为，首先要搞清楚文化传播的实质是旨在文化共享，是海外华文教师的分内工作，华文教学与文化传播是互相促进、共同发展的。在此基础上提出了具体的传播策略：（1）在汉语阅读教学中传播中华文化；（2）在华文写作教学中传播中华文化；（3）通过与华人社团交流传播中华文化。③学者张世涛在分析菲律宾华文教学的性质和定位之后，提出了中华文化认同意识的重要作用。他强调"培养和建立华人学生中华民族文化认同意识，适当引入第二语言教学方法，全面培养学生听说能力和汉语语文能力，应当是菲律宾华文教育的选择"。④ 学者谢平认为柬埔寨华文教学不只是语言教学，还有传播中华文化的重任。因此，建议将文化教学作为教学的重点贯穿于柬埔寨华文教学之中，将循序渐进、因材施教的原则贯穿于柬埔寨华文教学之中。目前，柬埔寨华文教学文化知识的渗透越来越受到华文教师的重视。⑤ 还有学者在研究中谈到华文教学模式与华裔青少年的中华文化培养问题，学者翟绍辉认为菲律宾"中华文化大

---

① ［马来西亚］杨丽芳：《中华文化在马来西亚的传播——中文教育和华文报纸扮演的角色》，《国际传播》2017年第2期。

② 贾益民：《世界华文教学的文化立场——在第二届世界华语文教学研究生论坛开幕式上的致辞》，《暨南大学华文学院学报》2009年第1期。

③ 蒯伯象、白少玉：《论海外华文教学中的文化传播》，《五邑大学学报》（社会科学版）2010年第2期。

④ 张世涛：《中华文化认同意识在异域汉语教学中的作用——菲律宾华文教学的性质和定位》，北京语言大学对外汉语研究中心《国际汉语教学理念与模式创新研讨会论文集》，外语教学与研究出版社2010年版，第82页。

⑤ 谢平：《柬埔寨华文教学与中国文化》，《语文学刊》2011年第6期。

乐园"在教学各个环节融入了文化因素，重视华裔的身份和文化认同感，通过汉语学习有效实现了中华文化培养的目标，同时也有利于丰富现有的华文短期教学模式。①

（三）对已有研究的整体评价

通过以上对海外华文教育的历史与现状、汉语言文化在海外的传播与发展等相关文献的梳理，我们认为有关研究还存在以下不足。

1. 缺乏研究均衡性

从研究主体上看，研究群体特征单一，多是国内学者，国外学者（包括华人、华裔）很少，而且中外学者之间也缺乏学术合作与交流，出现学术质量不高，重复劳动的现象。从研究对象上看，东南亚的研究居多，占一大半，其他各大洲的研究偏少。从研究主题的分布来看，侧重海外华文教育的历史与现状的研究偏多，而关于汉语言文化在海外传播与发展的研究偏少。从研究角度来看，华文教育侧重探索华文学校、华文教材、华文师资、华文教学、华文社团等的研究较多，而从中透析汉语言文化传播规律的研究太少。此外，还存在着从汉语国际推广、中外母语比较的角度梳理汉语言文化的研究成果偏多、从华文媒介方面探讨汉语言文化传播的研究偏少等不足。

2. 缺乏研究的系统性

借助教育学、历史学、语言学、政治学、文化学、传播学等学科知识，以华文教育为视域，关注多元文化视野，从中国政府（港澳台地区）、居住国政府、华侨华人团体、当地教育机构、孔子学院等多个维度研究汉语言文化在海外传播规律的研究较少；以华文教育为主要传播渠道，同时协调好与汉语国际教育关系的、推进汉语言文化传播的成果较少；对海外华文教育发展的特点及汉语言文化在海外的传播趋势的研究较少，等等。

---

① 翟绍辉：《短期华文教学模式与菲律宾华裔青少年中华文化培养——以菲律宾"中华文化大乐园"为分析对象》，《河南农业》2013年第1期。

3. 缺乏海外华文教育与当地学校、孔子学院关系的深入研究

目前，国外不少大学、中小学以及孔子学院开展汉语言文化教育工作如火如荼，如何建立与海外华文教育的协同机制，拓展其发展空间，推动汉语言文化的广泛传播与良性发展，也应当成为华文教育工作者研究的主要内容之一。

新形势下，伴随着国际汉语热，海外华文教育的地位和作用彰显，因此，本研究以海外华文教育的历史与现状为基点和突破点，让人们熟知历史，以史为鉴，对汉语言文化在海外传播与发展规律进行研究，以推动中华语言文化的国际化，为世界语言文化的多元化发展做出有益的探索。

三 研究对象和范围

在研究海外华文教育与汉语言文化专题之前，有必要先弄清华文教育与华侨教育、华人教育、对外汉语教学等诸多概念之间的区别和联系。

华侨教育既包括国外华侨教育，也包括国内华侨教育，是一种让华侨子女在国内外系统学习中国语文和科学文化知识的教育。①

华人教育是指对外籍华人所进行的以当地语言媒介为主；中华语言文化为辅的教育及其他教育。②

关于"华文教育"的定义，学术界尚无定论，争执不断。学者丘进认为，华文教育应分为三种类型："国内华文教育，它是为海外华侨华人子女到国内升学而办；海外华文教育，它是由海外华侨华人在当地举办；国内对外华文教育，如国内不少高校推行的华文远程教学、对外汉语教育等。"③ 学者李方则把华文教育看作对海外华侨华人子女在居

---

① 别必亮：《承传与创新——近代华侨教育研究》，河北教育出版社2001年版，第2页。
② 马兴中：《华侨华人教育的回顾与前瞻》，《暨南学报》（哲学社会科学版）1999年第2期。
③ 丘进：《认清特点把握机遇》，《海外华文教育》2000年第1期。

住地实施的现代汉语言文化教育。华语教育是必要的，但更重要的是中华文化教育。① 学者贾益民认为华文教育是对海外华侨华人及少数非华裔开展的中国语言文化教育，在欧美地区多称为中文教育，② 等等。

　　从华文教育的发展史看，华文教育与华侨教育、华人教育既有联系又有区别。华文教育在华侨教育中占主要地位，在华人教育中多处于次要地位。主要区别在于：华文教育的对象更广泛，不只是二者的所有教育对象（华侨华人），还有少量非华裔的外国人。华侨教育、华人教育在教学内容上更丰富、更广泛，而华文教育偏重的是对汉语言文化的学习和掌握。

　　华文教育不同于华文教学。华文教学主要指以海外华人为对象的华语文教学。华文教学重在教授汉语拼音、语法、修辞知识、掌握汉字识字的规律和技巧，课程的内容，教材的编写和使用、阅读、写作方法的掌握、如何实施考试评价、教师的专业能力发展等内容，重在让华裔系统学习华语华文知识。广义的华文教育包含华文教学，而狭义的华文教育则重在对华文学校、华文机构的兴办与发展、基于政策、教材、教学环境的汉语言文化的传播与发展规律的学习，不具体到对教学细节的分析和处理。

　　华文教育有别于华语教学。华文教育不是单纯的华语教学，其教学不只是以"教语言"的方式进行，不只是语言技能的教学。"更重要的是语言中的知识文化，它包括中华文化传统中的历史地理、名山大川、哲学思想、人伦观念、道德情操、节日传统、礼仪风尚，等等。"③

　　华文教育区别于对外汉语教学。对外汉语教学主要是对外国人进行以汉语作为第二语言的教学，学习环境一般在中国国内。④ 华文教育多

---

① 李方：《含有母语基因的非母语教学——海外华文教育管见》，《语言文字应用》1998年第3期。
② 贾益民主编：《华文教育概论》，暨南大学出版社2012年版，第13页。
③ [美] 梁培炽：《美国华文教育论丛》，中国华侨出版社2014年版，第19—20页。
④ 顾圣皓、金宁：《华文教育教学法研究》，暨南大学出版社2000年版，第13页。

绪　论

是对华侨华人的母语教学或第二语言的母语教学，很少地区呈现外语教学的特征，而对外汉语教学是主要针对非中国血统外国人的非母语教学。华文教学重在文化的传播与弘扬，对外汉语教学重在汉语言技能的掌握。教学方法上，教华侨华人子女与毫无中国血缘的外国人也有很大的差别。① 当然对非华裔的外国人教学而言，也有一定的趋同性。

华文教育也不同于汉语国际教育。汉语国际教育的学习对象主要是非中国血统的外国人，华侨华人极少。侧重把汉语教育放在学习者所在的母语环境中去实施，重视通过"汉语与中华文化"的学习，掌握汉语运用的基本技能，而华文教育的对象多是华侨华人，因此更重视汉语言文化在海外的继承、传播与发扬光大。②

海外华文教育与汉语国际推广也有区别与联系。汉语国际推广重在非华裔的外国人的汉语学习上，而海外华文教育除重视华裔学生汉语学习外，还有接受中华文化的熏陶与传承，增加祖籍国的情感联络因素。此外，二者在生源方面也存在一定的竞争关系，有华裔子弟在孔子学院中学习，也有非华裔在华文教育中学习，而且都呈现出日益扩大的趋势。③

因此，通过对上述概念的区分，我们认为华文教育主要包括国内华文教育和海外华文教育两个层面。在研究中，我们坚持广义的海外华文教育概念。即海外华文教育是以海外华侨华人为主要对象的民族语言文化教育，也包括少量非华人接受中国汉语言文字、优秀传统文化、民风民俗等直接或熏染的教育。目前，随着国外大、中小学开设中文课程以及孔子学院和孔子课堂的日趋增多，有越来越多的华裔在此类机构和场所学习汉语汉文，也大大促进了海外华文教育的发展。而且近年来汉语国际教育、孔子学院与海外华文教育交叉发展，相促相生的趋势愈加明

---

① 顾圣皓、金宁：《华文教育教学法研究》，暨南大学出版社2000年版，第15页。
② 张旺熹：《关于国际汉语师资培养的几点思考》，《世界华文教育》编辑部《世界华文教育》（第一辑），暨南大学出版社2016年版，第141页。
③ 周聿峨、罗向阳：《论海外华文教育与中国汉语推广》，《贵州社会科学》2008年第6期。

显,华文教育应抓住这一大好契机,有效整合多方资源,展开多方合作与交流,为搭建汉语推广平台,构建中华文化软实力增添助力。因此,以海外华文教育为基点研究汉语言文化的传播与发展这一专题时,会适时地把与此有关的内容吸纳进来,这也迎合了世界华文教育国际化、一体化趋势的发展需要。

目前,因地域民族语言习惯影响等多种因素,在世界各地出现了诸如世界华文教育、中文教育、华人华文教育等有关华文教育的不同称谓,为理解方便,本研究统称为(海外)华文教育。关于中文学校、华侨学校、中华学校等对华文学校的不同称谓,考虑地缘和历史因素,本研究将沿用一些约定俗成的称谓。

四 研究思路与方法

(一) 研究思路

"华文教育在海外创办多年,已经成为在海外根植最深、覆盖最广、相对正规、最为有效的中华语言文化教育形式;它既维系着华侨华人的民族特性及其对祖籍国的深厚情感,又是在海外展示和传播中华文化的重要平台。"[①] 基于此,本研究以海外华文教育为研究视域,具体探讨汉语言文化在海外的传播与发展问题。并参照多学科知识,以多元文化为主线贯穿于研究过程之中,这是我们研究的出发点和落脚点。

学界多年对华文教育的研究,已经积累了丰富的文献资料,这是我们研究的基础。以此为基础,我们首先阐明汉语言文化在华侨华人中的传播概况,区分了与华文教育相关的概念,对本研究的主要切入点——海外华文教育的内涵和研究范围做出明确界定,形成我们最基本的判断:即以华侨华人为主体、少量非华裔的外国人为教育对象的中华汉语言文化教育。

---

① 贾益民主编:《世界华文教育年鉴(2015)》,社会科学文献出版社2016年版,序言第1页。

基于对海外华文教育的内涵及范畴的判断，从中国内地、港台地区、居住国政府机构、华侨华人社团等多个维度，我们探讨了汉语言文化通过海外华文教育在全球传播与发展的历史，对五个历史时期的汉语言文化的传播情况作出概括，并以东南亚、东亚、美洲、欧洲、大洋洲、非洲 20 个国家的华文教育为例，作出个案分析，以佐证汉语言文化在海外的传播与发展规律。

为了更好地了解和把握汉语言文化教育的发展现状，我们在回顾历史、把握现实的基础上，以十个国家的华文学校及相关学校的师生为调查对象，以客观的数据为佐证，具体分析了其发展现状及在教育资源、教材建设、师资力量、理论研究等方面存在的问题，并提出有针对性的策略。

随着当下的国际汉语热、华文热，以传播中华语言文化为主体的海外华文教育呈现出教育内涵扩大化、教育体系当地化等发展特点。在此基础上，我们对汉语言文化在海外传播和发展的若干趋势做出科学、合理的预测。

（二）研究方法

本研究力求做到以史为主，史论结合、宏观把握与微观探讨相结合、共性与个性相结合，通过对海外华文教育的研究，采用如下方法来揭示出汉语言文化的传播与发展规律：

1. 历史研究法

历史研究是一种通过对史料的整理、分析，认识研究对象的过去，以把握现在和预测未来的一种方法。本项目的部分内容属于"史"的研究，因此我们遵循有序原则，"按照历史"，"历史从哪里开始，思想进程也应从哪里开始"（恩格斯语），搜集海外华文教育宏观发展史料、华文教育国别史料，华文学校、华文教材、华文师资等专题史料，分析发展特点、原因及规律，从而对汉语言文化在海外的传播与发展趋势做出科学合理的预测。

2. 文献分析法

文献分析法不只是一种简单的收集资料的方法，而且也是一种独立的研究方法，通过对文献记录之事实及记录本身之事实的分析并得出结论。为了做此项宏观研究，我们对海外华文教育与汉语言文化相关的文献资料，如图书、期刊、学位论文、研究报告、论文集、档案资料、文件政策及其他电子形态的数据资料等都做了搜集整理，运用推理、内容分析、次级分析等方法，客观揭示文献的表层内容和深层内容，努力揭示文献作者意图之外但存在于文献文本之中的内容。最终给读者呈现一个汉语言文化在海外传播与发展的全貌。

3. 案例研究法

案例研究就是以案"例"理，就是摆事实讲道理，是一种很规范的分析方法。本研究在历史研究和文献分析法的基础上，将海外华文教育个性的材料抽象为带有指导性的、共性的、规律性的材料，最终形成海外华文教育的五大历史分期这一鲜明的观点，进而对各大洲的华文教育概况作出考察，并举一些典型的国别案例加以印证，从中分析出其蕴含的规律，为分析现实问题提供切实的案例，从而更有利于把握对中华汉语言文化传播规律的深层认识。

4. 调查研究法

调查研究是通过问卷、测验、座谈、访问等多种方式，了解研究对象的现状和趋势，以明确已有的成绩、经验和教训，进而发现研究对象内部联系和变化规律的一种方法。我们为了更好地了解汉语言文化借助华文教育这一平台在海外的发展情况，通过委托汉语志愿者（同事、老师）进行调查问卷、课堂观察、现场协助访谈以及研究者与海外有关学者网络交流等多种方式，对新加坡、泰国、马来西亚、韩国、美国、加拿大、澳大利亚、新西兰、英国、法国、肯尼亚等国家的华文教师（含汉语志愿者）、华裔及少数非华裔的外国人进行了抽样调查，并做好数据分析，透过现实的数据，剖析出存在的诸多问题，从而为提出对策及展望未来提供重要的参考。

5. 比较研究法

比较研究是通过建立一定的标准并考察相关对象的异同，进而探求其发展规律的一种研究方法。该方法首先在华文教育与有关概念的界定中运用，利于我们搞清楚研究的对象与范围；其次在华文教育与当地学校、孔子学院的办学比较中运用，进一步明确华文教育在汉语言文化传播中与其关系问题。此外，该方法还在不同国家华文教育的比较中运用，更利于把握多元文化背景下汉语言文化的传播规律。

五 研究重点、难点及创新点

（一）重点

1. 汉语言文化传播的主要载体——海外华文教育的历史分期问题。本研究试图从海外华文教育的发展表现及特征，将其划分为五个历史时期，梳理其在海外的发展脉络，进一步把握汉语言文化的发展与传播规律。如何把发展阶段划分得更合乎历史事实，为学术界所认可，这是一个需要突破的难题。

2. 汉语言文化传播与发展所面临的问题。以弘扬和发展汉语言文化为己任的华文教育在海外发展还不平衡，由于历史和现实等多种因素，导致了华文教育在发展中还存在着经费、师资以及教材等诸多困境。如何全面分析这些困境，找到更好的发展出路，这是一个需要解决的难题。

3. 汉语言文化在海外传播与发展前景问题。为世界各国所看好的承载汉语言文化传播功能的海外华文教育，在21世纪的发展中，将受何种因素影响，向何处发展，发展动态如何等，这也是本研究着力突破的重大问题。

（二）难点

1. 本研究的主要对象是海外华文教育与汉语言文化，需要掌握的资料多、范围广，不但要搜集国内学者对此研究的大量资料，更要搜集和阅读国外学者对此研究的文献资料（包括少量的外文资料、译文资料）。这些资料包括书籍、论文、文件政策、统计数据、历史文献、档案等，阅读量大，难度高。

2. 汉语言文化学习和传播的途径有多种，有华文教育、孔子学院、当地学校的中文课或中文专业，而且这些传播途径有千丝万缕的联系，有时有共融共生的关系。本研究基于对海外华文教育的梳理，系统探讨汉语言文化的传播与发展问题，因此，在研究过程中很难把与此有关的内容都独立出来研究，难免会有混杂的现象出现。

3. 过去的华文教育研究重在梳理教学的发展规律，对汉语言文化的传播与发展规律研究还不到位。因此，从众多繁杂的资料中发掘、整理出与中华语言文化传播有关系的资料，来展望汉语言文化在海外的发展趋势，在资料筛选、甄别、提炼方面有一定的困难。

（三）创新点

1. 研究视角创新。

以往关注汉语言文化在海外的传播与发展的研究成果较少，而且多是从对外汉语教学、汉语国际教育、孔子学院视角探讨汉语言文化传播规律的，也有个别成果从华侨教育视角研究华侨在国外如何"落叶归根"继承和弘扬中华传统文化的，没有从海外华文教育的视域下，用教育学、历史学、政策学、语言学、文化学、传播学等理论知识系统研究汉语言文化在海外的传播与发展这一重大问题。

2. 研究内容创新。

当前学界关于"汉语言文化"研究，多是对外汉语教学和汉语国际教育背景下中外语言文化比较方面的成果；关于探讨汉语言文化的传播与发展规律的研究较少，且缺乏系统性和深刻性；从海外华文教育的内涵界定、历史沿革、开展华文教育的典型国家举隅、抽样调查、分析汉语言文化传播中的问题及对策的研究内容也不多见。通过研究发现，预测海外华文教育视域下汉语言文化的传播与发展趋势的研究内容更是鲜见。

3. 研究方法创新。

本研究以史为主，史论结合、宏观与微观相结合、共性与个性相结合，采用了历史研究法、文献分析法、案例研究法、调查研究法、比较研究法等多种研究方法，以海外华文教育为主要对象，兼顾世界汉语教学、孔子学院，深入探讨了汉语言文化传播与发展的规律。本研究以海外华文教育国别为样本，将历史研究法和比较研究法运用到汉语言文化在海外的传播与发展上，使研究结论更加科学、严谨，是一种研究方式方法的创新。

4. 研究价值创新。

从海外华文教育视角研究汉语言文化的传播问题具有很大价值。近年来，国家领导人也多次强调华文教育在国际汉语推广中的重要作用。它和孔子学院一样是汉语言文化在海外传播的两翼。孔子学院主要是借助外国的大学平台向外国人传播中华语言文化，很多外国人学习汉语多是停留在认识汉字和学会交际交流的层面，而华侨华人在国外生存多年，中国是祖（籍）国，自身担负着学习乃至弘扬中华语言文化的重任，因此是传播中华语言文化的主要渠道。本研究遵照史学考证、辩证思维的方法，以华文教育发展为主线，兼顾与当地学校中文学习和孔子学院的关系，系统研究汉语言文化的传播与发展规律，充分弥补了这一领域的研究不足，是一个全新开拓的课题。

第一章 汉语言文化在海外的传播历程

进入 21 世纪以来，华侨华人有快速增长的趋势。2008 年海外华侨华人约有 4800 万人，其中新华侨华人约 600 万人。① 2015 年海外有近 6000 万华侨华人，分布在 200 多个国家和地区。② 目前，海外华侨华人至少有 6000 多万人，分布在近 200 个国家和地区。③ 俗话说"有阳光的地方就有中国人"。有中国人的地方，就有华文教育。华文教育和汉语国际教育、孔子学院一样，都是学习汉语和推广中华文化的主要渠道，只不过宗旨、路径和方法有所不同而已。因此，透过海外华文教育的发展历程，有利于了解汉语言文化的传播情况。华文教育在海外已有 300 多年的发展历史，遍及有人类生存和居住的各大洲，我们以华侨华人兴办华文教育的兴衰沉浮为线索，将其发展划分为形成、兴盛、不平衡发展、复兴和高涨五个历史时期。

第一节 海外华文教育的形成

自华侨移居海外，形成华侨社会，开始创办少量的旧式华侨学校，

---

① 《2008 年世界华商发展报告（全文）》，http://www.chinapressusa.com/new scenter/2009 - 02/01/content 188008. htm （2009 - 06 - 16）。
② 贾益民主编：《世界华文教育年鉴（2015）》，社会科学文献出版社 2016 年版，序言第 1 页。
③ 贾益民主编：《世界华文教育年鉴（2017）》，社会科学文献出版社 2017 年版，序言第 12 页。

到1840年鸦片战争之前为海外华文教育的形成期，也是借助早期华文教育向海外（主要指东南亚）传播与弘扬汉语言文化的时期。

一　华侨社会的形成与学校的兴办

中国人移居海外的时间最早可以追溯到的是西周、秦代、汉代，还是魏晋南北朝文化大融合之际，已没有确切的证据可查。但有一点可以肯定，早期的华侨，或因母国战乱，或因生活不易，或因经商贸易离乡背井，希望在异国他乡求个安身立命之所。华侨凭着勤俭、坚毅的美德，在异国创立基业积累财富。最值得称道者，莫过于华侨坚忍的适应能力，能四海为家，随处生存，并且繁衍壮大。

据中国台湾版的《华侨志》记载，隋朝在日本环岛定居的华侨有数万人，到唐玄宗时期，日本京畿一带的华侨居民就有1200余家。盛唐是中国移民的高峰，多是移居东南亚，从而使该地区华侨最集中、最多。明代郑和下西洋后，海外华侨社会开始形成。明代去日本经商的中国人较多，在平户、长崎还形成"唐市"，明后期各岛居住华侨二三万人；在菲律宾马尼拉有华侨近三万人，形成了明代后期最大的华侨聚集地。① 到了18世纪中期以后，每年去印尼谋生的中国人不下于3000人。18世纪70年代，三发（Sambas）地区的华侨矿工有1万人。1777年以罗芳伯为首的兰芳公司组建时已经有了2万名华侨。②当时的华侨多因不堪国内战乱之苦而流落他国，生活艰辛、个中滋味可想而知。

清朝统治中国之后，对流落海外的华侨实行孤立政策，认为国难当头、逃离祖国者都是不肖子孙，拒绝他们回国谋生和发展。在当时的社会背景下，很多侨民不得不四海为家，在海外到处漂泊，几乎成了"孤鬼幽魂"，甚是伤心感怀。此时的华侨群体表现出顽强的斗志和不

---

① 顾圣皓、金宁：《华文教育教学法研究》，暨南大学出版社2000年版，第3页。
② 郑良树：《马来西亚华文教育发展简史》，外语教学与研究出版社2007年版，第12页。

向命运屈服的决心,他们在危难之际,出于个人遭遇、地域、血缘和语言上的认同等因素,使他们在群体内部形成强大的凝聚力和亲和力。虽然身处异国他乡,祖国母亲不待见,但是他们依然心系祖国,有着强烈的求生欲望和文化寻根意识,尤其是对子女而言,绝不能因为暂时脱离祖国的怀抱,而忘却自己的母语和传统文化。于是华侨社会纷纷捐资办学,以继承和弘扬汉语言文化为主要目的的华文教育就破茧而出了。1690年华侨最早的塾馆(视为华文教育的开端)在荷印巴达维亚成立,附设在养济院(医院、养老院)、公德院内。① 1775年该馆改为"明德书院""明诚书院",这标志着"书院"这种早期的学校形式在海外开始出现。②

18、19世纪之交,东南亚各地陆续创办了较多私塾和书院。1772年印尼华侨雷兰珍、高根观创办江南书院③。19世纪初,东南亚诸国华侨分布更加普遍,在印尼诸岛、新加坡、马来亚、泰国等国家和地区先后办起了很多私塾和书院。比如,1815年马来亚马六甲创办九所华人私塾(学童一百五六十人),1819年以后在槟榔屿兴办五福书院、三所华文学堂和一所女校。1829年新加坡兴办的三所华文私塾,一所是闽南方言教学,坐落在北京街,有学生22名;另外两所是粤语教学,分别坐落在甘榜格南(kg. Glam)及北京街。④

二 创办的原因及发展特点

(一)创办的原因

第一,中国门户大开,出洋者日益增多,通过书信互通消息,与国

---

① 贾益民:《华文教育概论》,暨南大学出版社2012年版,第22页。
② 海内外学者一般都认为,明诚书院的创办是海外华文教育的发端,但在设立的时间上有不一致之处。比如顾明远主编的《教育大辞典》指出书院创办的时间为1690年,而在别必亮著的《承传与创新——近代华侨教育研究》一书中,则将时间界定为1729年。查阅多种资料,目前更多人倾向于1690年为创始时间。
③ 顾明远:《教育大辞典》(4),上海教育出版社1992年版,第377页。
④ 郑良树:《马来西亚华文教育发展简史》,外语教学与研究出版社2007年版,第8页。

内的联系十分密切。而且华侨在海外多是从事经商活动，因此需要借助华文学习贸易契据、记账、写算等方面的生活常识和中文知识。第二，近代早期华侨中读书人尽管为数不多，但是他们却知晓中国典章文物的重要性，积极向广大华侨宣传保存祖国的规矩、法度以及发扬圣贤遗训的作用。第三，华侨为了让子女更好地在侨居地生存下去，都希望子女多接受一些汉语文教育，以保持中华文化的特性；同时担心子女会受到外国的习俗感染和同化，数典忘祖，加上华侨自身事业繁忙，无暇管教自己的子女，因此就筹资办学，请有关华文教师来教授子女中华语言文化知识。[1]

（二）发展特点

第一，教育制度、教育体系与国外不接轨，纯属效法中国国内的私塾制度，所办学校一般都停留在蒙学和小学阶段。没有固定的学校和教室，只要能用来授课的场所均可以当作教室，比如会馆、宗祠、寺庙、商店等。教师多是中国内地的落第秀才，也有个别是有知识文化的家长兼任塾师。这些塾师，既无专业的训练，也不知道教育心理及教学技巧等，他们在设备简陋、光线不足、空气不太流畅以及没有任何经济支援的环境里，辛勤耕耘，播种中华文化的种子。第二，华文教育的教学科目不论是中文还是其他科目，都是用各家方言作教学媒介语。教学内容延续中国国内的古典书籍，识字教学无非是"三、百、千"，也有个别书馆会增加《幼学琼林》《千家诗》作字书。阅读写作方面的书籍，大体离不开传统的"四书""五经"的一部分或全部文化典籍。[2] 第三，学校分布极度不均匀，都集中在亚洲尤其是东南亚部分国家和地区。办学形式主要有四种：家（私）塾、塾馆、义塾和书院。办学经费靠华侨社会筹借，办学规模不大，十几人、几十人不等，最多也不过百余人。教学目的就是让华侨子孙后代坚守民族品格，学习汉语言文字，传

---

[1] 别必亮：《承传与创新——近代华侨教育研究》，河北教育出版社2001年版，第14页。
[2] 黄昆宗：《港台文化与海外华文教育》，中山大学出版社1992年版，第4页。

承中华文化。说白了，就是不要忘本、忘家、忘国，同时面对复杂的生存环境还要学习一些应对谋生需要的尺度、珠算等学科知识。可以说，华侨办学基本不受当地政府干涉，以国内原有的教育方式在相对独立的空间里，培养华侨子女的中国语言文字技能，让他们留住中华文化之根，中华民族之魂，期待有一天能荣归故里，落叶归根，报效祖国。

第二节　海外华文教育的兴盛

1840年鸦片战争爆发，大批清民流亡海外，遍及全球各大洲，华侨创办华侨学校之风日盛，华文教育进入兴盛潮（抗日战争期间，东南亚的华文教育跌入低谷，但由于时间短，且仅占海外华文教育的一小部分，因此未单独分期），汉语言文化在这一时期随着华文教育的大发展而得以广泛开花结果。

一　华文教育兴盛的表现

鸦片战争之前，华侨虽然身处异国，处境异常艰难，但是在对子女的教育方面，居住国政府基本是持不干预的态度，毕竟也不需要政府出资办学。早期的华文教育有着十分宽松的办学环境，因此办学的数量也有所增加。但是鸦片战争的爆发，西方的坚船利炮打开了晚清政府的国门，很多老百姓为了活命不得不逃亡到海外诸国生存。在中西文化交流、碰撞之中，中华文化历经了"外在冲击"和"内在转化"的演进逻辑，逐步由旧式私塾教育走向新式学校教育的近代化发展之路。这期间，洋务运动、维新运动和辛亥革命运动以及五四新文化运动等重大历史性事件起着推波助澜的作用。这种革故鼎新、除旧布新的精神也深深影响着心系祖国的广大华侨群体。尽管在20世纪前后，在国家主义思潮泛滥之下，很多国家对海外华侨进行欺凌和迫害，停办和关闭一些华文私塾和华文学校，掀起一股排华、反华之浪潮。但是华侨社会不畏强权，联手进行反抗，显示出华夏人顽强斗争的精神，同期华文教育还得到政府和有关部门的支持，使中华文化在逆境中依然可以蓬勃发芽，灿烂如花。

（一）华文学校遍及各大洲

华文教育是特定时期的特定产物，因此它最初的发展既不依赖于中国国内有关团体和机构，也不依附于当地政府，而是全靠华侨社会自身的努力。华侨们不论贫穷还是富裕，不论是街头平民还是商人，都会捐资助学，以个人办、集体办和会馆办等多种形式办学，使传播中国语言文化的核心教育机构——华文学校相继成立起来，比如翠英书院、南华书院（1854年，新加坡）、旧金山中西学堂（全美第一所华校，1888年，美国）、中西学校（1897年，日本）、马尼拉中西学校（1899年，菲律宾）、中华学校（1902年，马来西亚）、仁川中华学校（1902年，朝鲜）、中华义学（1904年，缅甸）、养正学堂（1905年，新加坡）、端华中学（1907年，柬埔寨）、益华学堂（1908年，泰国）、闽漳学校（1908年，越南）、中华学堂（1909年，加拿大）等，[1] 到辛亥革命前夕，共有100多所华校顺利创办。这些学校自成立以来都十分注重中华优秀文化的传承，注重对学生的品德培养。

辛亥革命爆发后，中国汉语言文化在海外得以广泛传播，此时的华校已经遍布全球各地，尤其是在亚洲以外的各大洲开始蓬勃兴起。到1930年，美国有华校60所左右，中南美洲有华校12所，全球达2495所，11万余名学生在册。二战结束时，各地华校已有3455所。其中有3260所建在亚洲，110所分布在美洲，60所设立在大洋洲，因地缘因素遥远的非洲有23所，欧洲学校数量最少，才2所。[2]

兴盛时期，涌现出众多的海外华校，逐步完成了从私塾、新学堂到

---

[1] 马兴中：《华侨华文教育的回顾与前瞻》，《暨南学报》（哲学社会科学版）1999年第2期。
[2] 参见别必亮《承传与创新——近代华侨教育研究》，河北教育出版社2001年版，第13—26页；林莆田主编《华侨教育与华文教育概论》，厦门大学出版社1995年版，第61页。

现代教育机构的蜕变,一方面是居住国政治演进的结果,另一方面也显示了中华文化在海外不断地进行调试、转化的过程,在中西方文化碰撞交流的过程中完成了蜕变,因此中华文化可以借助新式华文学校得以广泛传播,逐步走向现代化的发展道路。

(二)参与管理机构众多,且由分散走向联合

经过近百年的发展,主要由华侨自己管理的华文学校遍及海外,其参与管理机构众多,呈现分散到联合办学的趋势,管理形态主要有以下三种[①]:

第一,帮派组织管理。1900年前后,海外华侨在各侨居国成立了许多诸如福建帮、潮州帮、客家帮、海南帮等帮派组织。这些帮派组织都有联系民族感情的寻根情结,家乡方言、中华文化都是他们的精神支柱,因此都致力于办学,让子女接受中华传统文化教育。比如,闽帮兴资在新加坡创办了几个华校,主要有华侨领袖陈嘉庚任总理的道南学堂以及爱同、崇福、光华等学校。这些华文学校的创办都是华侨认同中华文化民族性的心理体现,也是在异国他乡寻求生存与发展之道的必然反映。但这种散漫的学校管理模式造成了各自为政的局面,长久看来,不利于对中华语言文化的系统学习。[②]

第二,宗亲组织管理。早期的华侨因血缘、地缘关系形成很多宗亲团体,负责兴学。如,1907年马来亚槟城邱公司华侨为了给家族子弟提供教育,就在宗祠内创办邱氏家学,由于办学效果不错,九龙堂林公司、杨氏族学、颍川堂陈公司等宗亲族人也竞相效仿。这类学堂多是由宗亲理事领导,有专人负责管理,把很多家规都带到学堂中来,学风异常严肃,犯错误的同学还经常受到处罚,比如罚跪、用戒尺打手心等。学习的内容多是中华古训和守旧的伦理文化,其办学管理模式大大限制

[①] 早期主要为宗亲组织和帮派组织管理华校,后来逐步走向联合,由教育社团等大型组织来管理华校,但三种形态长期共存。

[②] 周聿峨:《东南亚华文教育》,暨南大学出版社1995年版,第5—6页。

了学校的发展。

第三,教育组织管理。为了促进华文教育走向正规化、管理化、协作化发展之路,海外华侨社会受中国辛亥革命尤其是五四新文化运动的影响,华侨社会纷纷建立了形式各异的华侨组织,有的组织是兼管华文学校的办学工作,有的组织是负责华文教育的组织管理。这些华侨组织有区域性的,也有全国性的,分布在世界不同国家。关于华侨组织最早的应是荷印华侨总会①,同期有养正、道南等多个学校发起的英属马来亚华侨学务总会。1913年在新加坡有福建会馆教育科(陈嘉庚主持设立)、在菲律宾有华侨教育会、马尼拉中华教育会、在马来亚有华侨学务总会(设在槟城)等多个华侨组织。1926年中华民国政府成立华侨教育总会,到二战后,世界各地建有41家分会。这些华侨教育机构经常到华校视察、调研,对华校的课程设置、教材编写以及教学改革等给予很大的支持,有时还协助筹集资金帮助华校改善办学条件。这类组织对于增进各个华校之间的友谊,构架与祖国联系的桥梁,推动华侨子女系统学习中华语言文化等方面具有积极作用。

(三)中国政府及团体支持华文教育的发展

当时的华文学校虽然分布在海外各国尤其是东南亚诸国,但大都在中国备案。其性质近似于中国学校在海外的延伸,因为教育目的、教育学制、教科书、教学方法以及办学模式都是和中国内地无异,所以受到了中国政府及有关团体的青睐,进一步加大了汉语言文化在海外的推广力度。

1. 晚清政府态度的转变

20世纪末期,垂死挣扎的晚清王朝看到海外华侨在各国立住了脚跟,而且在国难当头,西方侵略之际,表现出异常的爱国热情。因此对海外华侨的态度大大转变,由过去的敌视、打压进而转向拉拢和亲善。

---

① 荷印华侨总会的名称更迁、教育功能及会员发展情况可参见别必亮《承传与创新——近代华侨教育研究》,河北教育出版社2001年版,第202—208页。

在1868年《中美续修条约》中首次表明"护侨"立场。之后的十几年里，先后在英国、美国等16个国家、45个地区设立了领事馆。① 并多次指派国内官员或驻外领事到华侨学校视学、劝学和指导，有力促进了汉语言文化的传播。比如1905年清政府在荷印巴达维亚、新加坡和槟榔屿（英属马来亚）等地方设立劝学所，派宫廷要员多次"查学""劝学"。1907年派官员到北美商讨兴办侨民学校事宜。为了满足华侨子女归国学习汉语言文化的需要，清政府还在南京创办了国内第一所华侨学校——暨南学堂。

2. 改良派、革命党在海外创办新式学校

中国兴起的戊戌变法，是属于中国近代的启蒙运动，与西方的启蒙主义不同的是不是为了反对神权统治和倡导人格独立，而是基于鸦片战争的失败导致民族生死存亡的危机加重，刺激了这场以康有为、梁启超为代表的改良派发起的维新启蒙运动。此时日益壮大的海外华侨社会深受资本主义文明的影响，对国内的维新变法运动给予支持和配合，一边创办学校，一边参与维新运动，让流亡海外的维新派开办学校、宣传变法思想。1899年梁启超在日本建立东京高等大同学校，1903年前后，梁启超在新加坡创办中华女子学堂、槟城举办师范班，并多次到印尼的巴达维亚、泗水、锦石、岩望等地发表兴学演讲②，激发侨民的爱国热情和兴学高潮，在海外所到之处，掀起了一股学习中华传统文化的热潮。可以说，在近代中国维新变法运动中，华文教育扮演着十分重要的角色。

"华侨是革命之母。"在武昌起义中，海外华侨就是革命思想的启蒙者、传播者，是革命经费的主要支持者，是革命的核心和骨干力量。在革命党人领导的反对清政府20多次的武装起义和暗杀行动中，其中有十多次的核心骨干就是海外华侨。1906年孙中山到南洋宣传革命，

---

① 别必亮：《承传与创新——近代华侨教育研究》，河北教育出版社2001年版，第43—44页。
② 转引自廖鸾扬《南洋侨民教育问题》，南京华侨先锋社1946年版，第13—19页。

在吉隆坡、槟榔屿等地借助华侨夜校、组织阅读报社等多种形式发展革命组织，吸纳了很多当地华校的师生参加了革命活动，并积极鼓励华侨兴办爱国侨校。据统计，1906—1909年间仅在马来亚，同盟会掌握的华侨学校就达30多所。① 1911年辛亥革命的爆发，之后中华民国的成立，大大激发了海外华侨的民族意识，世界各地一度掀起兴学热潮。

3. 民国政府关注华文教育的发展

海外华校在五四新文化运动的影响下，提倡民主与科学，反对传统旧文化、旧道德，更新办学理念，丰富教学内容，传播现代思想文化，使华文学校出现前所未有的新气象，使华文教育走上中华文化现代化的发展轨道。中华民国政府成立以后，不管政权如何更迭，但是始终重视海外的侨务工作。仅1912—1917年间，政府派官员赴马来亚调查华侨学务就超过了8次。1913年政府在海外诸国设立领事馆颁布"领事管理华侨学务规程""侨民子弟回国就学规程"等规章制度，用以督查各国华文教育开展情况。1927年南京政府批准将国立暨南学堂升格为国立暨南大学，为归国华侨子弟提供读书便利。② 之后成立侨民教育委员会，1932年下设侨民教育处，1934年还专门建立侨民师资训练班以及升学华侨学生临时接待所等机构。

抗战时期，世界各地的华校也积极响应国内的抗战号召，开展民族救亡运动，海外华文教育也呈现出新的历史特征，成为一个塑造民族灵魂、启迪民族智慧、激发民族斗志的教育。在教育内容方面，十分重视对侨生的中华民族意识和爱国主义精神的培养。1940年国民党中央通过了战时的《推进侨民教育方案》，强化了中华文化教育和民众教育。1941年国民政府教育部结合抗战救亡的需要，修订了侨民初级中学教科书，显著增加了反映中华民族精神和中国近代以来反抗外来侵略的爱

---

① 转引自沈太闲《我知道的马来亚同盟会》，转引自中国人民政治协商会议全国委员会文史资料研究委员会《文史资料选辑》(76)，文史资料出版社1981年版，第32页。
② 周聿峨：《东南亚华文教育》，暨南大学出版社1995年版，第15—22页。

国主义内容。并且到世界各地华校开展抗战救亡的讲座,举办丰富的中华文化活动,激发侨民的爱国情怀。①

二 兴盛的原因及发展特点

(一) 兴盛的原因

第一,随着东南亚国家殖民政府放宽入境限制,走出国门外出谋生的中国人日趋增多。随着时间的推移,久处异乡的华侨思乡之情更为深切。他们纷纷将华文教育视为一种传承中华文化,保持民族性的"留根工程"和"希望工程",是延续海外华侨华人中华民族之根、中华文化之魂的基础性工程。居住国政府对华文教育的打压,反而使华侨社会的团结意识和民族凝聚力大大增强,办学之风日盛。第二,晚清政府的态度、维新运动的思想启蒙、辛亥革命的胜利、五四新文化运动的激荡,民主和科学精神的广泛传播,中国面貌焕然一新,加上民国政府采取了一系列有助于海外华文教育的措施,使华文教育在逆境中重获新生,对祖国未来发展的美好期望,促使大量的爱国华校应时而生。第三,中国新式教育与时俱进,是中西教育交融后的成果,摒弃了传统教育中守旧落后的成分,增加了时代发展的新内容,无论在办学制度、课程设置、教材选编与使用、教学方法等方面都有明显的优势,而且学的一些语言文化知识能够较好地应对就业和生活,所以对华侨学生有更强的吸引力。

(二) 发展特点

第一,华侨教育包含华文教育,教育对象不变,依然是华侨子弟,学制、课程、教材等均和中国一致,华文教师有中国聘请的,也有少量当地的。第二,学校基本都是全日制,独立于当地教育系统之外,近似于中国同级学校在海外,前期新旧学校并存,后期以新式学校为主。办

---

① 胡培安、陈旋波:《华文教育与中华文化传承》,社会科学文献出版社2018年版,第233页。

学经费多是华侨自筹,学校规模较大,有小学,也有中学,可以满足华侨青少年的基础教育。教学方式读写结合,教授语言主要是国语,也有用方言教授的。多数学校为了应付当地主管部门的需要,将居住国的语言列入外语课,但所占的比例不大,依旧以传播和弘扬中华语言文化为主。第三,从华文学校的分布来看,更多集中在东南亚,原因是华侨移居时间久远,且子孙繁多,应学习而设学也繁多;而东亚的日本、朝鲜的华侨多是外出经商,单人独户,携带家眷的少,学校自然少一些;美洲、澳洲(英属)、非洲等地区,由于地缘因素,华侨经商者或者漂泊谋生者因路途遥远,鲜有涉足者,华侨人数少,而且多不带家眷,因此学校少自然在情理之中。①

第三节　海外华文教育的不平衡发展

二战后至 20 世纪 70 年代末,世界多国奉行了民族独立的政策,对华文教育实行管制,而且由于大多数华侨加入居住国国籍,加快了华侨华文教育向华人华文教育的转变步伐,使其逐步成为当地教育体系的一部分,由第一母语教学为主的华文教育向第二语言或第三语言的母语教学(或外语教学)转变,汉语言文化的学习与传播遇到前所未有的阻力。在东南亚和非洲,华文教育受到居住国政府的压制、排挤,华文教育跌入低谷。在其他大洲,因多种因素,华文教育有着不同程度的发展。同期,由于新中国和中国台湾地区的支持,使处于低谷中的海外华文教育重焕生机。

一　不平衡发展的表现

(一)亚非华文教育在逆境中求发展

从 20 世纪 50 年代开始,由于华侨国籍的变化,使得华文教育性质

---

①　别必亮:《承传与创新——近代华侨教育研究》,河北教育出版社 2001 年版,第 20 页。

和地位发生变化，不再是单纯意义上的侨民教育，而是逐步被当地教育所接管或干预。为此，东南亚一些国家华人团体发起"主张各民族母语教育一律平等"的运动，为民族语文的发展争取合法地位。在印尼和缅甸，大批华文教师失业，一些教师被迫弃教从商，难能可贵的是还有一些华文教师冒着生命危险，以佛教寺院教读佛经作掩护，为华人子弟进行中华语言文化教育，这种特殊历史条件下的"佛堂教学"，表达了华文教师为守护中华文化而表现出的大无畏的献身精神，堪称20世纪海外华教的一大奇观。以林连玉为代表的马来西亚华教领袖和一大批华文教师，为了华文教育的权利，威武不能屈，贫贱不能移，对传承中华文化矢志不渝，即使被剥夺公民权也在所不惜。[1] 通过不懈的努力和斗争，像马来西亚、新加坡等国家逐步形成了从小学、中学到大学较为完备、能够学习和传播汉语言文化的华文教育体系。[2]

20世纪六七十年代，很多国家政府开始推行"英语至上"的文教政策和华人社会的归属运动，对华侨华人及所办学校实行打压，很多华校被迫关闭，更不许华侨华人在任何场合讲华语，传习中华文化。在这种政策背景下，华文在新加坡变成了一个母语科目，在泰国变成了一门外语；印尼自1966年开始关闭100多所华校，亚洲其他国家的华文学校也有很大程度的破坏。在非洲，毛里求斯等国家限制华校发展，使很多生源流失到欧洲或当地公立学校，很多华校处境艰难不得不关闭。同时，各国的华文教育的功能也进一步弱化，学生学华文不再与升学、就业挂钩，因此很多华裔转向学外语和其他科学文化知识以谋取出路。一些华裔对华文学习兴趣不高，之所以学习，多是受家长所迫，将其作为应对汉语言交际交流的工具抑或是中华文化传播的工具，中国汉语言文化的地位大大降低，存在着被排斥或异化

---

[1] 胡培安、陈旋波：《华文教育与中华文化传承》，社会科学文献出版社2018年版，第110页。

[2] 田燕：《海外华文教育概况》，《民族教育研究》2000年第3期。

的危机。

（二）美洲、欧洲、大洋洲华文教育的萌发

美洲华文教育受二战影响也较大，二战后很长一段时间内几乎处于停滞的局面。此时的美国由于在政策方面的调整，比如废除过去的排华案，加速华侨加入美国国籍进程，与20世纪40年代相比，50年代美籍华人增加了40%，但是新增学校不多。直到70年代在纽约、洛杉矶等城市华人聚集地出现中文学校几十所。① 在加拿大，随着华侨华人数的增加，华校增幅不大。到1968年，温哥华建华校5所，维多利亚、多伦多等多个城市华埠才建华校9所。②

欧洲的经济、文化和教育受二战影响较大，加上路途遥远，赴欧洲的华侨华人数量不多。二战后的华文教育也不容乐观。20世纪40年代在荷兰仅有一个"中文补习班"创办，直至50年代末期，整个欧洲也无非只有几家"中文班"。到六七十年代，随着旅欧华人的不断增多，有几所正规的中文学校在英国、荷兰等国创办。70年代，受印度支那半岛动乱影响，致使半岛很多华裔涌入欧洲，急切需要对子女实行中文教育，传播中华文化，因此又有六七所中文学校在法国巴黎、英国格林尼治、荷兰阿纳姆等城市创办。③

20世纪50年代以来，大洋洲多国实行多元文教政策，促使华文教育有了大发展。澳大利亚先后有几所中文学校在墨尔本、悉尼等城市创办。1955年至20世纪70年代，新西兰华侨华人社团有中文学校近10所，多分布在惠灵顿城区。此外，也有不少中文学校在斐济、塔希提以及巴布亚新几内亚等国陆续创办起来。总体来说，这一时期汉语言文化在这几大洲的传播速度相对缓慢。

---

① 李天锡：《北美洲华文教育的历程及其特点》，《华侨大学学报》（哲学社会科学版）2000年第4期。
② 吴同永：《海外华侨教育史略》，福建省侨办文教宣传处，1996年，第161页。
③ 章志诚：《欧洲华文教育的历史与现状》，《八桂侨刊》2003年第1期。

二 新中国政府与有关地区的支持

（一）新中国政府对华文教育的支持

二战以后至20世纪70年代，国际形势风云突变，冷战开始，美国和苏联两大阵营对峙；东南亚各国为寻求民族独立掀起民族归化浪潮；中国共产党领导人民建立的新中国在社会主义探索中受到严重挫折；世界范围内的华裔新生代迅速崛起。不同时空背景的政治、种族、语言文化的交织与冲突，使华文教育呈现错综复杂的格局。在这种格局中，华文教育得以分化、激荡、交融与重构，主要表现有以下特征：第一，政治立场的分化，中国内地和中国台湾地区的态度影响华侨的政治倾向；第二，因居住国政治发展需要而入籍的华人呈现本土化教育特征；第三，华文教育与居住国国民教育矛盾加剧，中华文化传承与异质文化存在一定的矛盾与冲突。基于此，世界华文教育几乎陷于低谷中很难自拔。中华人民共和国成立以来，尽管自身处境不容易，但是对华侨华人社会和华文教育给予了很多的关心和支持。不再过多干涉或直接参与华侨华人所办的学校，避免引起居住国政府的排华情绪。1953年中国政府出台了《长期收容处理华侨学生工作方针与方案》，安置大量归国华裔学生进入有关学校学习汉语言文化。学生有来自日本、朝鲜、苏联和加拿大的，但大部分来自东南亚。[①] 为了满足归国华侨华人及子弟学习汉语言文化的需求，中国国内华文教育办学层次走向了多样化。不仅有专科、预科、本科生教育，也有较高层次的研究生教育，还有汉语水平考试、中国语言文化补习学校、华裔青少年活动营等丰富多样的语言文化活动。比如，暨南大学（重建）、华侨大学、汕头大学、宁波大学、五邑大学、嘉应大学等一些较高水平的与华文教育有关的大学都是在这一时期创建的，某种程度上满足了华侨华人回祖（籍）国

---

① 周聿峨：《东南亚华文教育》，暨南大学出版社1995年版，第23页。

学习汉语言文化的迫切需要。①

（二）中国台湾地区对华文教育的支持

二战后的国共内战最终以国民党的失败而告终，蒋介石带领国民党的残兵败将占据台湾地区，首先抛开政治企图不谈，单就台湾地区凭借中华民国政府时期与外侨关系的优势，依然为华文教育做了不少工作。第一，制定《侨民中小学章程》等规章制度，巩固中国台湾地区在海外长期形成的侨民学校系统。有数据显示，1964年在中国台湾地区"立案"的华文学校有2285所，占总数的45.2%。② 第二，加大华文教师师资选拔培训力度。主要采取吸引侨生到台湾地区升学师范科，在居住国就地增设师范班，在台湾地区和华人当地举办师资研讨班等来充实海外华文师资力量。③ 第三，很多国家对华人实行同化政策，对华校加以取缔或限制，致使华文教育濒临灭绝状态。台湾地区采取实行专享补贴、赠送图书、设立教师奖学金等促进华校的办学措施以及推行海外广播、业余函授教育等文化宣传手段，使汉语言文化在绝境中得以重生，这一点还是值得肯定的。

三 不平衡发展的原因及发展特点

（一）不平衡发展的原因

第一，东南亚乃至非洲多国采用"英语至上"的政策，对新加入居住国国籍的华人采取排斥、打压的政策，致使华文教育受挫。二战后，一些华侨华人远赴欧洲、美洲、大洋洲谋生的日趋增多，某种程度上推动了这些地区华文教育的发展。第二，新中国政府及中国台湾地区通过采取出台华教政策、接纳归国华侨及其子女学习、资助海外办学以及创办有关学校和教育机构等措施，使低谷中的华文教育再度焕发生

---

① 马兴中：《华侨华文教育的回顾与前瞻》，《暨南学报》（哲学社会科学版）1999年第2期。
② 吴端阳：《台湾海外华文教育工作述评》，《海外华文教育》1994年第2期。
③ 袁慧芳、彭虹斌：《台湾华文教育初探》，《高等函授学报》（哲学社会科学版）2001年第2期。

机。第三，海外华侨华人致力于华文教育。二战后，海外华侨多数加入了外籍，华文教育大多成为当地民族文化教育，无论官方还是华侨华人自身，都已将其视为从属于居住国教育事业的民族文化教育，而不是战前那样完全追随中国式的教育。但是华侨华人社会和领袖并不甘心被排挤和打压，纷纷为争取华语华文的地位而进行英勇顽强的斗争，使处于低谷中的华文教育依然可以让华裔学习汉语言文化，在异国他乡留住"母语文化之根"。[1]

(二) 发展特点

第一，以全日制学校为主，各大补习学校（补习班）为辅的局面已经形成。全日制华校主要分布在亚洲、非洲和大洋洲，而周末补习班类的学校主要在欧洲、美洲。此时，部分华校已被纳入居住国教育系统。第二，由于华文教育不再是独立的民族语言文化教育，没有更为宽松的汉语学习环境和充足的时间保证，因此不少华裔青少年都把当地主流语言当作第一语言，而母语则成了第二语言。华文学校学习的内容也是不完备的、不系统的教育内容和形式，学生多是被动接受一些汉语言技能的训练或者顺便传播一下中华文化。第三，东南亚各国幸存的少量学校由于受到当地政府的限制，在办学条件上、师资力量等方面也不容乐观。但总是好于欧美一些国家的中文补习班。既没有校舍、充足的学习时间保证，也没有固定的师资队伍，教师待遇低，多是来自当地自觉任教，有的教师会双语教学，在组织教学过程中兼顾传播中华文化。

第四节 海外华文教育的复兴

20世纪80年代至90年代初期，随着中国改革开放政策的实行，华文的商业价值也日益提升，加上"新移民"的不断增加，海外华文教

---

[1] 孙浩良：《海外华文教育》，上海人民出版社2007年版，第132—137页。

育办学主体的不断扩大,海外诸国开始对中国语言文化政策有所转变,大多国家开始推行多元文化政策。在较为宽松的政策环境下,华侨华人下定决心重振华文教育,许多华文学校得以恢复重建,汉语言文化教育在世界各国得以复兴和发展。据不完全统计,到1991年底,海外全日制普通华校共有3888所,接近1957年最高水平,超过二战前的全盛时期。其中,亚洲3732所,占海外总数96%;美洲91所,欧洲13所,大洋洲16所,非洲36所。如果加上周末业余中文学校、各种中文补习班,至少有8000多所。[①]

一 华文教育复兴的表现

(一) 中国的崛起提升了华文的商业价值

中国恢复联合国地位以后,在政治、经济上的地位稳步提高,加之中国实行改革开放的政策,社会主义市场经济为中国经济发展插上了腾飞的翅膀,与世界各国的贸易往来和商业活动越来越频繁。中国的综合国力迅速增强也大大提升了中文的经济和商业价值。因此,各大财团包括华裔富豪纷纷进入中国市场经商,强调说,如果想占领中国市场和中国人做生意,必须精通中文,就像想打入欧美市场须学好英文一样[②],于是很多商家都把中文作为员工的必备培训课程。中文的商业价值不仅吸引国外财团和大亨赴中国寻求商机,而且在国外依然受到多国的重视。1988年新加坡副总理李显龙强调,新加坡人在与其他国家做生意方面,务必把华语作为官方的商业用语,仅会方言的商人只能在小范围内做生意会有优势,而与中国大型的贸易往来,必定是会讲华语的新加坡商人。[③] 改革开放以后,中外合作关系更为广泛,不只是在经济贸易及科学技术合作领域,而且在旅游领域的合作也更加密切。每年去泰国

[①] 国务院侨办干部学校编:《侨务工作概论》,中国致公出版社2006年版,第12页。
[②] 吴洪芹:《海外华文教育复兴之探析》,《八桂侨史》1995年第4期。
[③] 李光耀:《李光耀谈新加坡华人社会》,新加坡宗乡会馆联合总会,1991年,第56页。

旅游的游客一半以上来自中国内地,泰国急需大量会讲华语的导游人才。由于泰国经济快速发展的需要,华语已经成为泰国官方提倡使用的商业语言。在加拿大,华人参与国家事务的意识非常强烈,对加拿大政治和经济上的影响颇大,华人的聪明才智为当地所做的贡献不可限量。正是由于加拿大华人在政治、经济等方面取得的卓越成就,华人的自身价值也提升了华语的经济价值,使中华文化才能得以广泛传播并得到所在社会的认可。此外,"亚洲四小龙"的经济腾飞,华人企业家的崛起与华人企业的集团化和国际化等也是提升华文的经济价值的重要因素之一。

(二)世界多国为谋求经济大发展,放宽了对华文教育的限制

20世纪80年代,世界局势变得相对缓和,和平与发展已逐步成为世界多国秉承的治国理念。世界的经济形势也发生了很大的变化,经济全球化、区域一体化也成为一种必然的发展趋势。由于华侨华人社会在居住国多年的发展,其社会贡献有目共睹,因此一些国家政府对华语大都采取了多元文化并存的包容政策,而且很多国家领导人也都意识到学好华语对一个国家的发展意义重大,于是就在不同场所倡导国人学华语华文,用华语华文。1978年新加坡在全国范围内大力推广华语运动。1979年9月7日,李光耀总理在首届华语运动开幕式上的精彩演讲拉开了"推广华语运动"的序幕,并在1984年9月第六届开幕式上指出华语作为华族母语的重要性,华语可以把国内各方言集团的人士凝聚起来,能使一个民族产生自信心去面对未来的困境和挑战,并强调说:"即使新加坡消失,华语仍将继续发展。"[①] 1990年刚刚上任的吴作栋总理亲自带头学华语,以引起国人对华语的重视,激发国人学习华语可以明白"齐身、治国、平天下的道理"。[②]

为了适应新的国际形势的发展需要,马来西亚政府不得不实施新的经济政策和文教政策。明确儒家文化、伊斯兰文化、基督教文化都是本

---

① 李光耀:《李光耀谈新加坡华人社会》,新加坡宗乡会馆联合总会,1991年,第56页。
② 何万宁:《东南亚华文教育复兴的原因分析》,《教育评论》1999年第3期。

国文化的多元组成部分，文化相互融合、相互促进是马来西亚国家发展的重要动力。在多样性与宽容性的文教政策之下，华语被当成国家的一种文化资产，并将华文作为中学文凭考试的重要科目，从而提高其社会地位。其他国家对华文教育发展的限制也有所缓和或放松。泰国国会于1990年通过决议：为实现华文教育多样化，决定除在中小学设立华文夜校以外，同意成立民办华校，与全日制华校形成共存的竞争的局面。① 泰国政府也拓展了华文的学习空间，将华文与英、日、法、德文放在平等的地位，作为一门政府倡导的外语开设；扩大民办华小的授课华文的范围，由1—4年级扩大到6年级；允许民办学校向中国国内聘请华文教师等。② 亚洲以外的其他国家也都不想错过"学华语促发展"的大好机遇，中华文化之花已开始呈现全球绽放的可喜局面。

（三）华侨华人及团体致力于华文教育的发展

随着中国改革开放以来所取得的辉煌成就和华文地位的提升，世界各国华人社团非常关注和重视华文教育。正如李嘉郁所说：海外华人社团是华文教育的大力支持者和积极创办者。社团经常举行一些节日庆典、文化论坛等丰富多彩的文化活动，这些都是华文学习者生动的大课堂，因此建议华校不要轻易远离华人社团生活，要与华人社团保持联系，经常举办一些适合华裔学生需要的民族文化活动，来提升他们学习华文的兴趣。③

在华人社团的积极支持下，世界各地的华文学校又快速兴办起来。在马来西亚，1983年7月成立"太平华人文化协会"，在研究华人文化成为国家主流文化，推动华人文化艺术在本地的开展等方面发挥着一定的影响力。④ 相比其他国家，美国的华文教育发展速度较快。全美中文

---

① 何万宁：《东南亚华文教育复兴的原因分析》，《教育评论》1999年第3期。
② 高玛莉：《泰国华文教育的现状及其前景》，《海外华文教育》1993年第3期。
③ 李嘉郁：《对华文教育中文化问题的几点认识》，《海外华文教育》2002年第1期。
④ 太平华人文化协会编：《马来西亚华团简史》，马来西亚中华大会堂总会，1998年，第153页。

学校联合总会所辖中文学校遍布47州，多是老侨民所创办的学校，达700余所，学生有10万名，使用拼音教材授课。全美中文学校协会负责的中文学校（多是新移民学校）遍布41州，达300所，学生有6万多名。①

在西方语言文化的侵略下，华侨华人语言有被侵吞或蚕食的命运，于是多国华侨华人社会通过有理有据有节的斗争，为中华民族文化争取了更多的权益，其原因是都有一颗保留本民族文化之心。如华人社团于1983年向马来西亚政府提交国家文化备忘录，要求政府在国家政治领域方面关注华人文化的发展权益，同年以及1985年华人社团发表联合声明，表示坚决反对任何同化政策，要求国家文化应遵循民族平等的原则，国家的共同文化价值观念需要多元民族形式来实现。② 由此可见，海外华人对华文教育的影响有着不可忽视的作用，而民族认同感则是推动海外华文教育振兴的重要因素。

二 复兴的原因及发展特点

（一）复兴的原因

第一，冷战结束后，经济、劳动力、信息技术等方面要求的全球化流动速度加快，并波及政治、文化、教育领域。世界多国抓住机遇发展经济的同时，也对文教领域的政策有所调整，跨国际文化、教育交流逐步成为一种时尚而不再故步自封，在开放的国际视野下，人与人之间、团体与团体之间，国与国之间的交流变得更加便利。加上世界各国与中国的关系稳定发展等因素，华侨华人的政治因素和社会环境因素等有了很大的改善，这些都为华侨华人大力发展华文教育、确认民族文化身份带来了新机遇。第二，世界范围内的人权运动，增加了各民族之间的理解和宽容。各大居住国的华侨华人的地位也随之有所改善，在政治公民

---

① 周聿峨、张树利：《新移民与美国华文教育》，《东南亚纵横》2005年第6期。
② 石沧金：《马来西亚华人社团研究》，中国华侨出版社2005年版，第6页。

权等方面取得了与主导民族一样的合法地位。加上近些年来华侨华人社会对居住国国家建设方面的作用愈加明显和突出，无形中也提升了他们的母语价值。第三，随着经济全球化的不断推进，一个国家固执地保持单边文化已经不合时宜，语言和文化的多元化发展已经成为时代发展的必然。多元文化主义思潮逐步为多个国家政府所接受，并与过去的独裁文化告别。文化政策的改变，使得世界各国开始重新审视华侨华人的民族文化，历史事实证明，既然不能消灭它，那就要尝试其存在的合理性，多元文化在碰撞、交流中获得了共生的权利，于是华侨华人文化认同带来的压力也就随之减轻。基于多元文化共存的背景下，华侨华人给华文教育又做了重新定位，在传承中华语言文化的同时，为居住国经济和社会的发展做贡献也是分内的责任，只有设法融入当地主流社会，才能更好地推进华文教育的发展。

（二）发展特点

第一，宽松的政治、经济、文化环境促使移居海外的新移民华人数量增加，亚非国家一部分全日制华校得以恢复和重建，新华校也略有增加。欧美及澳洲的中文补习班创办数量有明显上升，可以很好地满足新移民的短期学习需要。第二，领导的重视无形中提高了华文教育的地位，在办学层次、办学规模以及资金支持方面都有所提升。尤其是华文教材编写趋向多样化，基于本地风土人情编写的教材颇受欢迎，吸纳很多非华人学习华文。就业形势也有大大改观，双语人才备受重视。第三，华文教育界不断探索和总结华文教育的经验、教训，对汉语言文化在异域的传播有了新的认识，为华文教育在海外的螺旋式发展奠定了基础。

第五节　海外华文教育的高涨

20世纪90年代初期以来，中国作为世界经济一股重要的推动力量，在与多国经贸往来中彰显了大国风度、大国形象、大国气派，也促使世界上使用人数最多的语言"汉语"的不断升温,再加上多个国家纷纷实行了更加有利于汉语言文化的发展政策等因素,使汉语言文化在海外得到快速的传播与推广,华文教育呈现出前所未有的大好局面。

一 华文教育高涨的表现

(一)政府支持华侨华人团体办学

20世纪90年代以来,西方人把中国的孔子学说视为"第三次价值观浪潮",认为这一浪潮可以扭转西方文化潜在的危机。正如有学者曾指出"在第三次价值观中体现出来的人与人之间的新格局,也许会把欧美国家从文化及产业创造力的衰退中拯救出来"。[1] 这恰恰反映以孔子学说为代表的中华传统文化能够彰显在资本膨胀时期文化、教育日益扭曲和异化过程中的文化价值。而身处异族文化腹地的华文教育,在传播中华文化方面有着独特的地缘优势。更何况世界文化环境相对宽松,正是中西文化碰撞与交流的大好时机。加上中国在文化交流中呈现出相互尊重和包容异国文化的中国气魄,赢得了海外诸国对汉语言文化的认同,大大推进了华文教育事业的发展。

在澳大利亚多元文化政策环境下和政府的支持下,澳大利亚华文教育呈现出良好的发展态势。华人社区为华裔子弟开设的周末华文学校,也是华裔接受中华文化洗礼,不忘本的主要研习场所。此外,随着华文学习对象扩大化,即很多本地非华裔学生的不断增多,澳大利亚很多中小学都开设华语外语课,一些大学文科开设华文课。学习者多是澳大利亚各族华裔,仅在公立小学学习华文的学生就有56.8万人,可见华文已经为当地社会所全面接受。[2]

同期,中国语言文化在东南亚诸国有快速推广与传播之势。目前,作为中国在东盟最大的贸易国——马来西亚,该国政府始终以开放的姿

---

[1] 廖盖隆:《全球走势、社会主义和中国传统文化》,《新华文摘》1995年第10期。
[2] 刘芸芸:《澳大利亚华文教育发展状况及原因分析》,《八桂侨刊》2009年第2期。

态来推进汉语言和中华文化的教育与发展。据马来西亚教育部提供的资料显示，马来西亚中小学华文学校办学条件较好，师资力量也强，因此对华裔学生有很大的吸引力，其中在华小就读的华裔学生大约占90%。截至2010年马来西亚有华文小学1290所，华文独中60所，华人社团创办的民办学院（高校）3所，学生总数不低于70万人，而且还有日益扩大的趋势。①

在宽松的政策环境下，泰国也加大了华文教育的步伐。1991年创办、1992年5月被泰皇赐名的"华侨崇圣大学"，是泰国华人社团筹办的第一所华文大学，之后又有泰国商业学院等高校创办。同年泰国政府支持公立大学开始设华文课，1999年起要求全泰公立中学拟定华文课程开设计划。到2009年底，开设华文课程的学校已达1610所，学习者50万余人。② 此外，在政府的支持下，很多华教团体陆续成立，迄今为止包括有"泰国华文教师公会""泰国华文民校协会""泰国中文教师学会""曼谷华校联谊会"等数十家。而且还创办有《曼谷时报》等多家中文报纸，供华文爱好者学习。在中泰关系日益友好的背景下，泰国政府也逐步放宽了华文教育政策，这也更加有利于华侨华人承办各级各类华文学校。

20世纪90年代中后期，菲律宾政府对华文教育的态度也有所好转，逐步放宽了对其发展的限制范围。菲教育部长建议不要对华文学校办学限制过死，最好把华语作为一些科目的教学媒介语，而不只是当成一个科目来教。政府强调华校可灵活安排课程设置，放宽聘请教师的条件，允许从国外聘请，华文课时要有弹性，必要时可以增加学习时间。在此背景下，华文学校又得以重建和新建。目前菲律宾现有华校160多所，学生10万多人。同样，一度打压或排挤华侨华人的国家——印度

---

① 杨源：《东南亚华文教育发展现状、趋势及原因》，《沙洋师范高等专科学校学报》2010年第3期。

② 同上。

尼西亚的文教政策也有所放松。自 1999 年起，曾禁止华文教学宣扬中华文化的印尼，也放宽了对华文教育的限制，有的地市还硬性规定华文要在该地区所有学校教授。2001 年印尼教育部长颁布有关规定允许民间、私人创办华校，数量不限，课程自设，这些举措大大促进了中华语言文化在印尼的传播。

（二）居住国各级各类学校竞相开设华文专业及华文课程

20 世纪末期以来，海外华裔学习汉语言文化的渠道大大拓宽，不只是在华文学校、华文补习班学习，或者海外的孔子学院接受学习，还可以在居住国官方的各级各类学校里学习华文，这是一个新的变化。有数据显示，到 2012 年底，全球各国开设中文系（专业）的大学有 2500 多所，而且将华文作为必修课开设已成为部分高校的常态。

亚洲是海外各大洲学习汉语数量最多的地方。仅日本就有 100 多万人会说汉语。日本约有 96% 以上的高校开设汉语，并将其作为英语之外的第二外语。韩国从 2003 年起开始在大学及中小学开设中文课程，目前开设中文课程的大、中小学超过 300 所。菲律宾政府为了增进中菲友谊，阿罗约总统于 2001 年 6 月在华人社团国庆盛会上谈到，鼓励华人融入当地主流社会的主要举措，就是在高校将华语作为一门外语选修课开设，并尽快推行。迄今，将汉语作为选修课开设的高校已超过 25 所。一些主流社会中小学也对汉语教学表现出浓厚的兴趣，以菲律宾贵族中学马尼拉 Lasalle GreenHi115 学校为例，在全校开设汉语实验班，师资从福建师大聘请，满足非华裔学习汉语的需求。与此同时，满足成人学习需要的各种类型的短期华文班在菲律宾各地也竞相开班，呈现出红火的局面。印尼教育部于 2001 年 6 月将华文纳入国民教育体系，规定华文均作为国立和私立中小学选修课程，但也有例外，有一所华文学校（雅加达圣光中学）把华文列为必修课，教学媒介语不变都是印尼语。①

---

① 吴勇毅：《新时期海外华文教育面临的形势及主要变化》，《浙江师范大学学报》（社会科学版）2010 年第 2 期。

第一章 汉语言文化在海外的传播历程

2010 年 9 月 24 日，在中国国家汉办驻泰国代表处的支持下，泰国教育部高等教育委员会在曼谷举行了"泰国高校促进汉语教学水平研讨会"，讨论制定了泰国高校促进汉语教学 5 年规划，为泰国高等教育阶段的汉语教学提供了指引。泰国教育部高教委副秘书长披尼迪在开幕式致辞中说，随着中国经济的崛起与发展，汉语已成为泰国新一代热衷学习的重要外语。目前泰国有两千所中小学将中文和英文并列为第一外语来学习，30 多所中专技校都开设中文选修课。①

欧洲对汉语及中国文化的研究起步较早，在意大利和德国约有 30 多所大学设置汉学系，用于专项研究汉语；英国、德国许多大学都有中文系或汉学院；② 瑞士有 1 所大学开设中文课，2 所大学开设华语专业；在意大利，截至 2011 年，全国已经开设了 10 所孔子学院和 1 所广播孔子学堂，仅罗马大学孔子学院就同时开设 35 个汉语班，中外授课教师达 30 多名；③ 法国的汉语教育发展势头更猛，截至 2009 年，法国选修华文的学生数量为 25675 人，比 2004 年增加了将近 3 倍，开设华文课的小学已有 20 所，中学则高达 433 所。④ 到了 2011 年，已有 151 所高等院校和 530 多所中学开设了汉语课，学习人数近 5 万人。而且该数字还在以每年 20% 的速度递增。在法国的国民教育体系中，中文正在向第三外语，甚至第二外语过渡。

美洲作为后起之秀，热衷学习汉语的人数增长最快。很多国家都给予了较大的政策支持。1994 年美国大学理事会决定，将华文纳入高中毕业生报考大学的学术水平考试，对鼓励学习者修习汉语和领悟中华文化有激励作用。按照美国现代语言学会 1996 年底统计数据显示，整个美国

---

① 杨源：《东南亚华文教育发展现状、趋势及原因》，《沙洋师范高等专科学校学报》2010 年第 3 期。
② 吕永潮：《海外华文教育蓬勃兴起》，《华人时刊》2002 年第 5 期。
③ 严晓鹏、包含丽、郑婷等：《意大利华文教育研究——以旅意温州人创办的华文学校为例》，浙江大学出版社 2015 年版，第 20 页。
④ 《"华文热"在法国方兴未艾》，《欧洲时报》，http://www.oushinet.com/172-527-58527。

的3000多所大学中,开设汉语系或汉语课程的高校约有800所,开设华文课的中小学约有300多所。① 美国大学理事会在2007年启动AP中文项目②,这表明中国语言文化教学正式步入美国全民教育的主体之中。③ 据2017年有关调查显示:美国中小学生学习外语的人数约1060万名。其中,有736.3万名中小学生学习西班牙语,129万名学习法语,33.1万名学习德语,22.71万名学习汉语,21万名学习拉丁语。除南达科他州外,其他49个州的中小学校都开设有汉语课程。④ 由此不难看出,美国对华文教育的态度和政策促使了全美"汉语热",这与中国的经济地位是息息相关的,中国的国际地位无疑提升了华语的商业价值和社会价值。在加拿大,汉语成为继英语、法语之外的最大外语,学习的人数高于其他语种。自20世纪90年代华语进入加拿大的主流社会以来,华语的地位日渐提高,先是作为一门公共外语来学习,接着在1994年9月政府又将其作为大学入学考试的一门外语计分。⑤

南美的阿根廷、哥伦比亚、委内瑞拉等国家也开始重视汉语学习,每年这些国家均会有大量留学生到中国学习汉语;墨西哥、智利与巴西等国约有20所高校设立了汉语专业。

近年来随着中国和非洲在经济贸易、文教及金融等方面合作的增加,非洲也快速掀起了"汉语热"。其中突尼斯、毛里塔尼亚、贝宁、肯尼亚等国家的多所大学均设立了汉语系或汉语课程,共有120所大、中小学开设汉语课程。像埃及夏姆斯大学中文系的办学层次较高,不仅可以授予学士、硕士学位,还可以授予博士学位。⑥

---

① 廖练迪、罗英祥:《海外华文教育的复兴与展望》,《嘉应大学学报》(社会科学版)1997年第1期。
② AP为高中的大学先修课程,包括中文等四种语言文化课程及考试。
③ 朱志平等:《机遇与挑战——加拿大中学汉语教学考察研究报告》,《北京师范大学学报》(人文社会科学版)2001年第6期。
④ 徐剑梅:《汉语成为美国中小学第四大外语课程》,http://www.xinhuanet.com/。
⑤ 朱志平、徐彩华、娄毅、宋志明:《机遇与挑战——加拿大中学汉语教学考察研究报告》,《北京师范大学学报》(人文社会科学版)2001年第6期。
⑥ 吕永潮:《海外华文教育蓬勃兴起》,《华人时刊》2002年第5期。

(三) 各种新式的华文补习班日渐增多

全日制华校亚洲、大洋洲、非洲居多，而欧洲、美洲各类华文补习性质的学校居多，这也是华侨华人数量、工作强度、地理环境、语言环境以及居住国教育政策等多方因素造成的。在东南亚个别国家的华文教育处处被打压或关闭办学、处境十分困难情况下，也会有不少的短期华文学习班产生。比如，印尼于1990年与中国恢复外交关系后，华人办学情况才有所好转。印尼文教部于1999年10月颁布第269号条例，"允许民间独立开办华文补习班，但须经文教部成人教育司批准"。[1] 20世纪90年代以来，新一轮移民浪潮波及全球，尤其是欧洲、美洲、大洋洲和非洲。1993年亚洲和四大洲华人人口比例是87%比13%，而在1967年二者之比为96%比4%。随着华人人口的增加，华文学校尤其是短平快的华文补习班（周末补习学校、夜校）增幅最大。以2000年的数据为例，在欧洲，法国几乎所有的华人社团都办有中文补习班（中晚班、周末班），荷兰有短期班24所，英国有短期班200所。在美洲，仅加拿大温哥华地区就有中文班130所，而美国华人创办的华文短期班竟达670所。[2] 这些补习班经费多为华人自筹，临时租借教室上课，教师多为华侨华人知识分子自愿兼任，大大满足了华人新移民学习汉语言文化的需要，呈现出高涨的发展趋势。

二 高涨的原因及发展特点

(一) 高涨的原因

第一，随着华人社会与主流社会接轨进程的不断加快，居住国在对中华文化与主流语言、其他族裔语言的共生与发展问题上基本有了明确的方向，汉语言文化的传播与过往相比，有了相对宽松的政策环境。华

---

[1] 转引自郭熙《马来西亚：多语言多文化背景下官方语言的推行与华语的拼争》，《暨南学报》（哲学社会科学版）2005年第3期。
[2] 顾圣皓、金宁：《华文教育教学法研究》，暨南大学出版社2000年版，第26页。

文学校及孔子学院创办的阻力减小，办学规模和数量大大增加，不仅吸引了大量的华人子弟学习，而且也满足了非中国血统的外国人的学习需要。第二，随着经济全球化进程的全面推进，世界范围内的经济贸易、文化、教育往来、跨境化交流已成为社会发展的必然趋势。华文教育的发展也由地区性、向全国性乃至全球性发展，把不同地域、不同方言区的华侨华人紧密地联系在一起，在切磋交流中增强了中华民族的族群意识和传播中华文化的使命感，以实际行动来抵制异域文化的侵蚀，守护民族文化的独立性。第三，广播、电视、报纸杂志、互联网站等现代传媒的快速发展，为世界华侨华人打开一扇更直观了解祖（籍）国和中华文化的重要窗口。通过这些传媒，华侨华人可以随时看到中国的各类节目和新闻，居住国政府也可以通过当地媒介传播与交流中文信息。第四，华侨新移民在中外交流中的纽带、桥梁作用更加突出。21世纪以来华人新移民一般而言学历层次都比较高，因为有民族认同和亲缘因素，能够很快与老一代华侨华人融为一体，而且又对居住国的政治、法律和文教事业十分熟悉，因业务需要，他们穿梭于海内外，近似于"民间外交官"，对于推动中外文化交流，促进汉语言文化的传播与发展具有重要作用。

（二）发展特点

第一，东南亚华文教育稳步发展，东北亚、欧美、大洋洲和非洲地区华文教育发展迅速，而且因大量华侨新移民的注入，办学层次、质量都比较高。华文教育从仅限于华侨华人子弟迅速扩展到全球各地非中国血统的外国人，一些居住国政府的大学、中小学都开设有华文课程或专业，从幼儿园到大学的华文教育体系更加完备。[1] 第二，中华民族是一个勤劳勇敢、干事创业的优秀民族。在全球化浪潮中，很多华商抓住发展机遇，将商业做大做强，形成很多实力颇为雄厚的华人财团，甚至跨

---

[1] 周南京：《战后海外华文教育的兴衰》，郭良：《战后海外华人变化国际学术研讨会论文集》，中国华侨出版社1989年版，第218页。

国际发展，基于对中华语言文化学习与传承的宗旨，他们大都有办学兴教的愿望和动力，由独立办学向联合办学、综合办学的趋势发展，尤其是大型培训机构和中文学习班的创建，以极大的灵活性满足了工作繁忙者的学习需求。第三，华文教育的理论研究日益活跃，学术交流更加频繁，对课程设置、教材编写、师资培训及办学环境等方面都有较为深入的探讨，有些理论还付诸教学实践检验，收到良好的效果。

第二章 汉语言文化传播与发展的典型国家举隅

以弘扬和传播汉语言文化为主要任务的海外华文教育经历了形成、兴盛、不平衡发展、复兴和高涨五个时期,体现了其发展演变的历史规律。具体到世界各大洲开展华文教育、传播汉语言文化的国家,既有共通的一面,又有独特的个性。亚洲尤其是东南亚是华侨最早的聚居地,华文教育自然早些,开展得较广泛,有比较成熟的发展经验和办法,但不同国家也有很大差异。美洲、欧洲、大洋洲和非洲国家因地缘不便,华侨移居较晚等因素,华文教育开展得晚些,但近些年来,也呈现出良好的发展态势,汉语言文化受到四大洲当地人的欢迎,学习者趋众。

第一节 亚洲华文教育

一 亚洲华文教育概况

亚洲尤其是东南亚是华侨移民最早最集中的地方。按照海外华侨华人人口在亚洲的分布数量,从高到低大致为印度尼西亚、泰国、马来西亚、新加坡、越南、菲律宾、缅甸、日本、柬埔寨、印度、老挝、土耳其、文莱、沙特阿拉伯、韩国、尼泊尔、东帝汶、朝鲜等国家。亚洲因地缘关系,也是华文教育最早兴起的地方,其中又以东南亚更具代表性。目前，东南亚已经形成了一个从幼儿园、小学、中学到大学比较完整的华文教育体系，目前大学有华文学校2700多所，师生近1000万人，华文学校的规模不断扩大。[①] 亚洲华文教育的蓬勃开展，对于培养具有中华文化气质的华裔青少年，在海外薪传和弘扬中华文化，促进中外文化交流，起着不可或缺的作用。

（一）亚洲华文教育的发展历程

不同形式的华文教育活动伴随着华侨移居海外由来已久，亚洲华文教育经历了曲折不平的发展历程。

人们通常把最早见于文字资料的1690年荷属印尼巴达维亚"明诚书院"视为旧式华文学校的发端。近代意义的华文教育以1897年华侨在日本横滨创办的新式学校中西学校为标志。这中间经历了由旧式华文教育到华侨华文教育再到华人华文教育的转变，规模也由华侨筹资建立的私塾向正规的华文学校转变。到20世纪中期亚洲的华侨学校达到最兴盛时期。

二战后至20世纪50年代末，华侨因入籍而当地化，华文教育也由侨民教育向本土化发展。因此，华语华文在当地社会地位上与之前相比，在不少居住国得到了重视，华侨华人为捍卫本民族语言而进行的斗争多数也取得了胜利，得到地方政府的回应。总体来看，这一阶段华文教育开展得较好。马来西亚、新加坡等国家从中小学到大学的华文教育体系基本形成。

20世纪六七十年代，东南亚诸国推行"英语至上"的文教政策，华文教育备受压制，华文学校办学独立性丧失，华文教育跌入低谷，进入历史上最黑暗的时期。新加坡将华语当一门科目开设，泰国将华文当一门外语开设，而印尼直接关闭华文学校。各国摧残华文教育的政策致使其功能大大减弱，二战前夕其具有的政治、经济、文化、联络等功能丧失殆尽，学习华文与就业升学也无联系，华裔学习华语只是出于留住

---

① 王琳：《世界华文教育现状研究》，商务印书馆2016年版，第40页。

文化之根的需要而被动地接受学习。

到了 20 世纪八九十年代，大批华侨基本完成了身份转变，大多变成了外籍华人。其中印尼华侨加入居住国国籍的占华侨总人数的 95%。伴随着身份转变的是心态转变，"落地生根"成为基本心态。在与主流民族和其他民族文化调试中，新一代华裔往往不适应，对于保存固有文化、民族特性不甚理解，学习华语多是为了学习一种技能。因此，对于华裔而言，继承和传承中华语言文化的作用大大减弱，逐步向推广和传播中华语言文化的功能转化。

（二）亚洲华文教育的特点

发展中的亚洲华文教育呈现出如下特点。

1. 教育目标更加务实

旧式华文教育的目标是培养在海外的中国人，为中国的经济和文化发展服务。随着世界局势的变化，亚洲华文教育的宗旨和目标发生了变化。华侨从中国侨民变为居住国的公民，他们在效忠于居住国的同时希望能保持本民族的语言文化。华文教育不仅是为了华族学习汉语言和文化，还肩负着培养适应经济全球化和多元文化需求的双语或多语人才的任务。更何况越来越多的非华裔子女也纷纷进入华文学校接受汉语言文化教育，这将华语重新定位为一门有用的语言或许更合适，重在技能掌握和文化传播，而不是弘扬与传承，因为非华裔的外国人没有此担当和义务。

2. 华文教育日益本土化

早期的华侨华文教育，从政府的角度而言基本处于自生自灭的状态。二战结束后，各国对华文教育政策进行了调整，鼓励或强迫长期独立于国家教育体系之外的华文教育加入本国主流教育，在学校归属、课程设置及师资队伍等方面接受居住国的管辖或接受宏观调控和干预。比如，印尼国家教育司接管本国所有的华教。目前，除了马来西亚还保留母语教育体系以外，其他各国华文教育大都驶入了居住国双语或多语教育的轨道，各个层级的华文学校都得以发展和完善。因此，如今亚洲华文教育更多表现为华人居住国国民教育体系下外语教学和多元文化背景下的华族文化教育。

3. 华文教育的示范性

亚洲作为华文教育的发源地和重要发展阵地，具有无可比拟的示范意义。伴随着中国综合国力的提高，世界各国掀起了学习汉语的热潮。亚洲作为华文教育的聚集地，有悠久的历史渊源和丰富的教育经验。亚洲其他国家历史上就与中国有着互动和交流，亚洲国家的文化背景也具有多元化的特点，对汉族语言和文化的学习有着良好的理解。在汉语言文化的推广上，亚洲华文教育具有代表意义，应多与其他大洲的相关机构在华文教育方面进行交流和切磋。

亚洲华文教育历经300多年的曲折发展，的确取得了斐然成绩。据有关数据统计，1993年亚洲华文教育办学的种类、形式、层次齐全，占世界华校的90%，达3000多所。时至今日依然保持着绝对的优势。但亚洲华文教育也不要故步自封，要紧随时代的发展变化，对发展目标和思路作出相应的调整，放下身段，争取多方支持，使华文教育在世界各大洲中依然能够发挥领头雁的作用。

二 马来西亚华文教育

马来西亚2015年人口约3064万，其中华人华裔人数达600多万（大多数为马来西亚国籍），约占全国人口的23.6%。早期的华侨多从福建、两广、海南等地方移入，日常多使用方言交流，华语为民族共同语。18世纪马来西亚开始创办华文教育，发展至今，已颇具规模。有资料表明：马来西亚现有华文小学1290所，华文独中60所，华文大专院校3所。全国就读华文学校人数超过20万人，其中华文独中在校学生6万多人，教师3460多人；华小在校学生63900多人，教师33400多人。[①]

[①] 马来西亚华校董总组织和文宣局：《马来西亚华文教育的机构概况》，http://my.china-embassy.org/chn/zt/nycf/t314470.htm。

近年来，不仅是华裔子女进华校，一些马来人、印度人的子女也开始到华校读书。目前就读华文独中的马来学生约5000多人，就读华文小学的非华裔学生近7万人。①

（一）马来西亚华文教育的发展历史

马来西亚华文教育的根基是华校，现以华文学校的发展规律为线索，将其分为以下几个发展时期：

1. 起步阶段的华文教育

据记载，1819年马来亚在槟城建立五福书院，是第一家私塾教育机构。"学塾设备，因陋就简，既无科学设备，又无课外活动"，"光线暗淡，空气污浊"。② 1888年又在槟城创设了南华义学。这类学校属于私塾教育，模仿中国传统教育，教学语言为中国方言，学习内容先读《孝经》再读《四书》，但更偏重实用，识文断字以便谋生，正如有学者所说："在南洋，读书人是以谋生发财为出路的。"③ 当然传承中华文化是本分也马虎不得。

马来西亚近代华文学校的开端是1904年由中国驻马领事张弼士创办的槟城中华学校（学堂），也是清政府鼓励华侨办学的开端。1905年5月正式开学，共有从中国聘请的教员13人，本地管理人员10人，八个班级240名学生，学习内容为读经、现代国文及其他人文、自然学科。此后，有邱氏新江学校和吉隆坡尊孔学堂（1906年）、怡保育才学堂和尊孔学校（1907年）等多所华文学校相继创办。其中1908年吉隆坡创立第一所女子华校即坤成女校，足以看出当时的女子教育已被重视。从1904—1911年，加上新加坡地区，马来西亚创办的华校近百所；到1918年新加坡、马来西亚华校已增加到300余所。这些学校大都受清朝"中学为体，西学为用"办学思想的影响，多实行旧式教育，研

---

① 顾洪兴：《马来西亚华文教育情况》，https://www.fmprc.gov.cn/ce/cemy/chn/zt/nycf/t314470.htm。
② 林水豪：《文化事业文集》，马来西亚雪兰莪中华大会堂，1985年，第24页。
③ 周聿峨：《东南亚华文教育》，暨南大学出版社1995年版，第119页。

习中华古训和传统文化。

五四运动更加密切了马来西亚与中国的关系，华文学校开始采用白话文教科书，以华语取代方言作为教学媒介语。1919年华侨中学的成立标志马来西亚华文教育迈入中等教育阶段。到了1920年，华文私塾基本上已被六年制新式学校所取代。起初华文教育的课纲、教材与教学方式都源自中国，因此也随中国时局的变化而改动。当时华文教育的学习内容大多涉及华文、英文、中国文化、地理、历史及党国意识等内容。

2. 英国殖民政府插手华校

马来西亚华文教育与中国的联系较为紧密，而且有浓郁的政治色彩。尤其是五四运动的爆发，影响到马来西亚半岛，其间，华侨社会多次掀起反日游行和抵制日货运动，触怒了与日本同盟的英国殖民政府，宣布全面戒严并逮捕了一些华文教师。在这种背景下，1920年5月31日，英国殖民政府提出"学校注册法令"，旨在控制华校的政治倾向，把为争取华族利益和中华语言地位的庄希泉等华侨领袖和代表驱逐出境。法令规定英文为华校必修课，有政治色彩的书籍列为禁书，仅1935年就禁止使用16家出版社的85种教学书籍。[①] 之后，还通过发放补助金的方式对华校的课程和教科书实行监控，但大多华校出于长久生存与发展考虑，还是有附加条件地接受了殖民地政府的部分资助。即便如此，马来西亚的华校增长依然很快。到1938年，马来西亚华校学生有91534人，华文教师有3985人，学校达1015所。

3. 战后恢复与危机中的华文教育

二战后，英国殖民者再次占领马来西亚，战争虽然改变了原来的战争格局，但是也激发了马来人的民族主义情绪，其政策明显地冲着单边政策发展。《教育法令》（1952年）、《教育白皮书》（1954年）和《拉萨报告书》（1956年）等法规都是单边文化政策的极端表现，引起华侨

[①] 郑良树：《马来西亚、新加坡华人文化史论丛》（第二卷），新加坡南洋学会，1986年，第114页。

华人社会的极大不满。在华校教师会总会、马华工会华文教育中央文员会、华校董事联合会总会三大社团领导下，为争取华文教育的各种权益进行了激烈的抗争。

在英殖民政府拟定的马来亚联合邦新宪制建议书，突出强调马来人的特殊地位，弱化华人的公民权利（即仅占华人总数的1/5）。华人发起了反对新宪制运动，但因华人内部不团结而导致失败。这一斗争的失败相当于接受了汉语言文化教育与本地主流教育不平等政策的实施。《教育法令》明确规定以英文、马来文的国民学校取代华文、印度文学校，要以英语或巫语为教学媒介语。① 这一法令引起华人和印度人以及英籍人士的反对，后因经费问题而该方案未能实施。《教育白皮书》强调，自1955年开始，政府将在各语文学校里附设250个班级，以英文为媒介语，试图扼杀华文学校。遭到华人社团的反对，最终不得不做出妥协，声称"设立英文媒介班级并非强制性的"。②

这一段时间，是马来西亚由殖民政府向独立政府的过渡时期，颁布了诸多不利于华文教育的法令，但是由于遭到华人社会的反对以及自身因经费不足等多种因素，而没有全部落实，华文教育在艰苦卓绝的斗争环境下依然在发展之中。有数据表明，

1947—1957年，前去华文小学就读的华人学生超过总人数的80%。③

4. 逆境中求独立发展的华文教育

1957年8月以来，华人通过斗争使华文教育逐步走出衰弱，再度进入发展时期，开创了华文教育独立发展的新局面。

（1）反对新教育法令。马来西亚政府对华文中学采取不补助、不承认、也不禁止的政策来限制华文教学的发展；采取"一个民族、一

---

① 古鸿挺：《教育与认同：马来西亚华文中学教育之研究（1945—2000）》，厦门大学出版社2003年版，第15页。
② 周聿峨：《东南亚华文教育》，暨南大学出版社1995年版，第144页。
③ 教育研究中心编：《教总33年：华文教育史料》，马来西亚华校教师公会总会，1984年，第900页。

种语言、一种文化"政策,来阻止华裔母族文化上的认同。1961年政府又颁布《教育法令》,再次强调马来语为国语,使用马来文的小学为"国民学校"享受全额津贴,而其他源流的小学一律改为"国民型学校",这些都是要求用马来语或英语授课的学校。杜绝改制的学校,不论中学或小学,政府不提供任何资助,这样给华文教育带来的打击很大。华人对此教育法令的反应异常激烈,在教总主席林连玉带领下进行了抗争,但因政府的态度过于强硬,竟然剥夺了林连玉的公民权和教师注册证。面对强大的改制压力,72所华文中学,其中有55所被迫改制,只有16所不接受改制而成为华文独立中学。①

(2) 维护华文小学不变质。1969年马来西亚政府颁布"阿兹报告书",不仅否定了华校董事会的主权,而且要将各源流学校纳入英语和马来语的轨道上,引起华界的多次抗议。为此在1977年成立了董教总全国发展华文小学工作委员会,建议政府要保存以华语华文为华文小学的教学媒介,以确保华校永不变质。② 通过多年的斗争,取得了一定的成效。1976—1981年,历年华校一年级新生数约占全国一年级学生总数的30%。③

(3) 华人社会发展独立中学。对于不接受改制为"国民型学校"的华校即为"独立中学",政府不给予办学补贴。基于维护华文教育事业考虑的华文独立中学,在面临学生人数少、学校经费缺乏、教师待遇差、华文教育如何转变等问题时束手无策。加上政府强制推行马来语为国语的政策,华文独立中学的境况可称之为内忧外患。华文教育面临着两种抉择:一是逐渐消亡,一是改革振兴。④ 通过多方努力,到了20世纪60年代中期,仅存60所华文独立中学。20世纪70年代初期,华人

---

① 《马来亚联合邦教育政策检讨委员会报告书》,1960年,第266页。
② 《教总33年:华文教育史料》,马来西亚华校教师公会总会,1987年,第593页。
③ 周丰峨:《东南亚华文教育》,暨南大学出版社1995年版,第157页。
④ 张应龙:《海外华文教育的典范——马来西亚华文独立中学》,《比较教育研究》2003年第9期。

不为独中的办学困境所折服，通过扩大生源、多方筹集经费等举措，从而使华文独中得以复兴。华文独中采取了六年学制（初中三年、高中三年），在办学上极具特色，实施华语、英语、马来语三语教学；在教育观点上，推崇五育并重。华文独立中学的整体课程编制以"六项总办学方针"为指导原则，参照政府颁布的课程纲要进行教学。至此，独中进入了稳定发展期。有数据表明，60所独立中学，1976年有33395名学生，1982年有44486名学生，1992年有58212名学生。学生总数前10年增长26.7%，后10年增长30.8%①。由于独中数量少，因此，也只有15%的华裔子女可以进入独立中学学习。②

（4）华人社会自己申办独立大学。建立一个从小学、中学到大学的较为完备的华文教育体系是董教总和马来西亚华社的奋斗目标，也是华社为了中华语言文化得以连续学习和传播的重要举措。1967年董教总申办独立大学，未被批准。1977年董教总正式提交创办的"独立大学"请愿书也被政府拒绝。1986年宽柔中学董事会提交建议创办一所民办学院——"宽柔学院"或"南方学院"，也没有获批。之后通过与政府折中的办法，几经周折，1988年8月23日马来西亚教育部长批准南方学院的创办，1990年正式对外招生。用华语授课，华语、英语和马来语均为教学媒介语。"南院之诞生，标志着大马华族之教育事业已开始迈进了新的纪元，是华文教育的转折点。"③

5. 全面发展的华文教育

20世纪90年代以来，中国综合国力进一步增强，中文经济价值提高，因此很多马来人愿意把孩子送到华文学校学习，为孩子以后到中国深造奠定良好的基础。此外，马来西亚的友族如印度族人，也愿意把孩子送到华文学校学习，一方面是希望孩子学好中文，另一方面国民学校

---

① 陈仁雅：《马来西亚华文教育的现状与展望》，《海外华文教育》1993年第3期。
② 陈青文：《语言、媒介与文化认同：汉语的全球传播研究》，上海交通大学出版社2013年版，第49页。
③ 西线筹募南方学院建校基金会委员编：《南方学院之夜》，1992年，第32页。

宗教色彩比较浓厚，华文学校则不存在这种问题。

无论从大的语言环境抑或是中马经济合作与交流的紧迫性来看，马来西亚政府文教观念的转变是顺势而为的一种明智举措。1992年教育部副部长冯镇安在一次联欢晚会上讲话，指出华文是马国主流教育的一部分，支持独中发展并扩大学习华文的范围。之后，华文的学习范围扩大到很多大中小学，而且规模比较宏大。比如国民型中学开设华文班2268个，学生10万余名。国民中学开设有华文班6226个，学生19万余名。此外，马大、农大等大学也开设有华文班。[①]

1997年以来马来西亚华文教育实现了"四个"突破。[②] 一是1997年3月教育部批准南方学院创设中文系，满足独中生升学需要；二是1997年5月教育部批准董教总提交的新世纪学院的创办，1998年招生；三是1997年6月中马达成教育合作谅解备忘录；四是1999年7月将原来的韩江中学新闻专修班升格为韩江学院。可以说，到20世纪末期，马来西亚华文教育已经形成了较为完备的体系，大学的开办也大大增加了独中学生的升学和就业的机会。

21世纪，马来西亚教育部在对华文政策上又有新的变化。从2003年新学年开始，所有国民学校要把华文科作为正课来学习。当年10月中马关系又升级为全面战略合作伙伴关系，为当地人带来更大的学习汉语言文化的热情，很多非华裔的当地家庭愿意将子女送到华文学校就读。可以说，目前马国的华文教育已经发展为除中国内地、台湾地区以外，全世界最为系统、最具规模的汉语言文化教育体系。

（二）马来西亚华文教育存在的问题

1. 政策层面上，华文教育的发展还有种种限制

1995年马来西亚教育部推出《宏愿学校计划书》为促成未来国家

[①] 高玛莉：《马来西亚华文教育的发展》，《八桂侨史》1996年第2期。

[②] 林去病：《马来西亚华文教育三个突破的意义及其发展的前景》，《华侨华人历史研究》1998年第2期。

的团结目标,国语作为一个十分重要的因素,必须在所有类型学校的教学媒介语逐步推行。① 近年来,政府为应对"政府合法性与国家认同"的挑战,在文教政策方面有所放宽,但是一些种族主义极端分子并没有放弃"用一种语文、一种源流教育统领整个马来西亚教育"的目标,而且有大肆宣扬的气势。在《2013—2025年马来西亚教育发展大蓝图》中,国小为全民首选学校依然为政府所倡导。由于种族及文化的原因,政府一直边缘化独立中学文凭,也拒绝承认独立中学统考文凭。② 独中毕业生只有参加政府方组织的同等水平考试,才有资格进入高中或大学学习,因此很多独中毕业生不得不放弃在本国就业或读大学而转向国外。③ 再者,从英语教育来看,政府也给予远远高于华文的重视力度。时至21世纪,英文学校在消失20年后,2003年政府各个源流小学的一年级推行数学、科学科目均采用英文教学,这样造成原来华语为各科教学和考试媒介语的局面不复存在,而且因为华文教师不再是华小的必备师资,因此很多不熟悉华文的教师调入华小。随着非华裔师资的增加,华小的行政语言也随之改变。可以说,英语教育回流,增加了华文教育发展的阻力。

2. 教材使用受限,师资不足

在2015年"华小不使用国小课本,须用各自源流课本"一场争论中,马来西亚华人取得使用华语教材的权利,但是教材的统一配备缺乏趣味性,且上课时间有限,没有可以拓展阅读资料和课外资源的机会,而且中文书店少,适合推荐给学生阅读的华文读本也不足,这些都是挫伤华裔学习华文的重要因素。此外,马来西亚独中编写和使用的《华文》教科书,尽管是以华语为母语的体例编写的,但是从教材内容上

---

① 王焕芝、洪明:《马来西亚华文教育政策的演变及未来走势》,《福建师范大学学报》(哲学社会科学版)2011年第4期。

② 赵胜玉:《马来西亚华总促政府承认独立中学统考文凭》,http://www.chinanews.com/。

③ 王焕芝:《马来西亚华文独立中学教师教育的特点、问题与对策》,《教育评论》2014年第12期。

看，既没有很好地反映中华优秀传统文化，也没有很好地反映马来西亚多元社会的生活面貌和风土人情。① 再者，华文师资短缺现象严重，教师专业化程度不高。有资料显示，近40年来华小师资短缺人数在1172名至5688名之间，其中2011年上半年仅华文独中各学科教师短缺112人。2017年《国民型华文中学行动路线图》表明："国民型中学的教师种族比率至少50%是华裔，但现实情况是目前马来西亚全国一半的华中（笔者注：华中为国民型华文中学的简称，取代"国中"的称呼），华裔教师已少于50%，这些华中都位于乡区。②"华文中学的华裔教师比率下跌，主要原因是马来西亚政府不重视华中，教育部没有设立华文改制中学部门，在调派中学组教师上，没有把华裔教师派往华中，没有关注华中缺少华裔师资等。华文学校为弥补教师人数的不足，不得不聘请大批临时教师。这些临时教师工作时间短、待遇低大都不安心工作，这种现象也导致了教师整体水平的低下。有时候一些国民型中学不得不临时安排非主修华文教师来任教，这又无形中拉低了华教的水准，同时这些教师因自身汉语功底差，也不利于中华文化的传播。国民型中学也面临着同样的华文师资问题。独中师资方面，教师学历背景不一，素质参差不齐，也未能获得政府的培训。此外，教育部在2013年度PISMP课程中增加了新的条件，要求报考者需具有马来西亚教育文凭"中国文学"及格资格，这一限制也减小了华小的师资来源。据《2015年全国华文独立中学基本资料统计》显示，独中不具备华文教师资格有近60%。可见华文师资专业化进程较为缓慢。③

3. 增设校舍困难，经费缺乏，设备简陋现象普遍

多年来，大部分获得批准兴建或搬迁的华文小学，多是每一次大选

---

① 林国安：《独中华文课程教材改革的素质教育导向》，《海外华文教育》2000年第1期。
② 《马来西亚国民型华文中学华裔教师告急》，http://www.gqb.gov.cn/news/2017/0424/42368.shtml。
③ 郭晓莹：《"一带一路"背景下马来西亚华文教育的现状与对策》，《海外华文教育》2017年第10期。

时才获批的计划，但因为马来西亚政府并没有从教育大局考虑华文小学校舍等问题，所以即使批准了也是受到百般阻挠，很难得到很好的落实。比如1998—2008年，三次大选时期获批兴建华文小学12所，仍有5所没动工兴建，1所在2011年才动工，1所在2012年下半年竣工使用。① 在办学方面，华文学校基础设施较差，即便这样，政府还多次大幅削减华文学校的教育拨款，使得华文学校难以为继。如1996—2002年，在小学的教育拨款中，政府对华小的拨款仅占总额的2.44%，经费少得可怜，制约了华文小学的发展。在2012年和2013年，华小在财政预算案中均获得1亿令吉特别拨款，但过后却又被削减至5000万令吉，微薄的经费很难满足华文小学的发展需求。2017年财政预算案共拨出6亿令吉特别基金支持8类学校（国小、华小、淡小、教会学校、全寄宿学校、政府资助宗教学校、有注册的宗教私塾学校、玛拉初级理科学院）的发展，其中国小获2.5亿令吉，而华小、淡小等其他学校仅获5000万令吉。国民型中学在2013年只获政府3000万令吉拨款，2014年后每年仅获少量拨款甚至零拨款。而独立中学向来都不在政府的财政预算之中，教育经费历来不足。

（三）马来西亚华文教育的发展策略

1. 加强华教组织建设，为华教事业谋取更大利益

马来西亚华教组织要有自己的规章制度，不断加强自身的组织建设。一是提升领导层的素质；二是强化各州董联会、各区发展华校工委会及各校董事会；三是加强地方领导培养接班人；四是借鉴国外现代管理学经验，发展华教理论。在争取华文教育利益的斗争中，要坚持"超越政党，不超越政治"的原则，团结一切可以团结的力量，包括争取各族群、朝野政党及各大华人社团对华语的认同和支持，努力创造各种有利形势，促使华文教育利益获取最大化。打铁还需自身硬，只有华人教育组织实力强大了，才可以争取更多政策的支持，为华文教育营造

---

① 数据来源：教总整理（截至2011年10月14日的进展）。

宽松的发展环境，多方筹集资金，不断改善办学条件，缩小与全额资助的"国民学校"的差距。

2. 增加文化认同，明确办学目标，提升华文教育质量

当前，由于马来西亚政府主导政策的影响，马来西亚的华文地位较低，很多新一代华裔学习母语的积极性不高，因此华教界有必要通过各种举措加强他们的文化认同心理，因为这是华文教育的根基。① 例如，1996 年在马来西亚吉隆坡曾举办的被誉为文明对话的盛会——"回儒对话"，共同探讨大马华人与马来人两大民族的共同价值观，对促进两个民族的文化交流和民族融合团结产生了积极影响。② 同时还要争取获得国家教育政策的支持，首先，应明确学校的办学目标与定位，以培养社会需要的人才为宗旨，着力提升华文教育质量。其次，随着全球化进程的加快，华文教育应在提高学生汉语言文化水平的前提下，提升他们应对社会生活的能力，为社会培养高素质的劳动人才。再次，大力推广独中华教的经验与成果，以面向社会、面向世界、面向实际需要为办学宗旨，重视母语教育，同时兼授三种语文，广泛吸收国内外的文化精华并融会贯通。华文教育通过更好地服务于马来社会，加快马来西亚全球化进程，将有助于赢得马来社会与政府的认同与支持，促使中华文化落地生根，发挥持久的影响力。

3. 继续推进课程、教材建设，加大师资培养力度

在课程设置方面，要对入学新生华语水平摸底测试，基于实际水平按照大纲安排学时，同时要有适合学情的多元化教材使用，以照顾多元化背景下学习者的文化背景和学习水平，并据此设置相应的班级安排学生学习。在教材的编写方面，要避免与当局的政策冲突，否则容易使学习者产生抵触中国语言文化学习的情绪。同时要注意教材的配套资料和

---

① 郭晓莹：《"一带一路"背景下马来西亚华文教育的现状与对策》，《海外华文教育》2017 年第 10 期。

② 陈荣岚：《全球化与本土化：东南亚华文教育发展策略研究》，厦门大学出版社 2007 年版，第 137 页。

辅助教材的开发以及多媒体教材、针对各行业发展需要的专业教材的开发，不断推进教材的本土化进程。① 针对师资问题，要有完善的培训与管理制度。首先，要多给一些优秀的临时代课教师转正，提高他们的福利待遇。其次，国家高校内部培养华文教育人才，并准许一年内获得华文教师任教资格。再次，针对马来西亚华文教师所需开展有针对性的培训，如中国语文、应用语言学、华语文教育、资讯传媒等方面的内容是欠缺的，因此在培训课程的开设中就需要突出汉语作为第二语言教学的专业性和实用性。② 此外，马来西亚各华文学校应积极与国外联系，包括中国内地、港澳台地区和新加坡等国家和地区，分批次派出大量华文教师去进修，提高师资整体水平。③

综上，马来西亚的华文教育已经走过了170多年的历程。《华光永耀》的前言曾将华文教育的发展史概括为："披荆斩棘的血汗史，挣扎求存的血泪史，华社自动自发、不屈不挠、自力更生、为华教而牺牲的可歌可泣的历史。④" 的确如此，华侨华人的不屈不挠是华文教育生存和发展的根本保证。正是一代又一代华教人士为华文教育奋斗不息，孜孜以求，无私奉献，勇于牺牲，才换来了今天汉语言文化教育的光辉业绩。目前，马来西亚是一个拥有华文小学、独立华文中学和华文大专院校于一体华文教育国家。"马来西亚的华文教育在全球华语传播体系中独树一帜，其教育体系的完整性、教育教学的规范性以及学习群体的大众性，在中国两岸四地之外的世界各国可谓绝无仅有。⑤" 展望未来，马来西亚正鼓足干劲以实现工业化的宏愿，其教育政策必然因此走向开

---

① 郭晓莹：《"一带一路"背景下马来西亚华文教育的现状与对策》，《海外华文教育》2017年第10期。

② 柯雯靖：《马来西亚华文教育师资发展问题——基于〈海外华文教育动态〉的研究发现》，《海外华文教育》2017年第3期。

③ 王焕芝、洪明：《马来西亚华文教育政策的演变及未来趋势》，《福建师范大学学报》（哲学社会科学版）2011年第4期。

④ ［马来西亚］郑良树：《马来西亚、新加坡华人文化史论丛》（第二卷），新加坡南洋学会，1986年，第114页。

⑤ 徐云彪：《从小学华文教育看马来西亚华人文化传承》，《教师教育学报》2018年第1期。

放，并改变其封闭的高等教育政策。马来西亚的华文教育任重而道远。随着中国国际地位的日益提升和中马外交的不断深入，两国的关系更加密切，加之马来西亚与世界各国贸易的频繁往来，将进一步提升华文的实用价值。目前，马来西亚政府为鼓励国民学习华文，修改了马来语作为唯一教学语言的政策。这些都暗示着马来西亚华文教育的前景是光明的、朝气蓬勃的、充满信心的。

三 新加坡华文教育

新加坡是除了中国之外，第二个以华人为主体民族的国家。华人是新加坡人口当中最大的族群，截至 2015 年 11 月，华人大概有 400 多万，占居民总人口的 74.2%，即 4 个新加坡人中，就有 3 个是华人。华文在 1965 年新加坡（此前是马来亚联合帮的组成部分）建国之前一直是华侨华人的母语，位于第一语文的地位。新加坡独立后，政府长期推行以英语为主导的双语教育政策，英语名义上与华语并列为第一语文，实际上代替了华语第一语文的位置，华语变成形式上的"第一语文"（实际则为第二语文）。正是由于该政策的影响，使新加坡华文教育长期以来没有得到足够的重视。有数据表明，截至 2007 年，新加坡仅有 30 多所中小学开设中文课程，周末性质的中文学校 80 多所，学习汉语的中小学生 1 万多人，另外有 10 所大学都设有中文部。[①] 近些年来，新加坡政府积极进行教学改革，使得华文学习的氛围有所改善，华文教育的地位有所提高。

（一）新加坡华文教育的历史演进

1. 新加坡华文教育的兴起

据德国传教士 Thomson 记载，大约在 1829 年，新加坡最早建立两个粤语私塾，学生有 34 名。1849 年闽帮领袖陈金声兴办崇文阁，1852

---

① 任梦：《探讨华文教育的发展方向——以新加坡华文教育为例的研究》，《教育研究》2007 年第 7 期。

年落成，后又创办萃英书院，延续到 1857 年因不符合新加坡注册条例而被迫停办。1867 年以后华侨创办的义学还有培兰书院、进修义学、养正书院等十余所。这些义学几乎完全效仿中国私塾的做法，学习内容无外乎《三字经》、《百家姓》、《千字文》等字书和《中庸》《论语》等浅易的经书，多数塾师也不合格。随后于 1899 年首创华侨女校。不过有史料可知，自 19 世纪末期新加坡已经开始偏重英语教育了。[①]

新加坡近代华文学校的兴起以 1904 年"中华学校"的创办为标志。1905 年新加坡华侨创办了崇文学校和广肇学堂（后改为养正学校），1906 年开办了启发学校、应新学校和端蒙学校，1907 年又开办了道南学校，以上均是小学教育。1918 年由陈嘉庚发起创建的"新加坡南洋华侨中学"标志华文教育迈入中等教育阶段。据统计，1905—1920 年间，新加坡开办华侨中小学、女子学校至少 36 所。就办学学制而言，初小 4 年，高小 2 年，学习内容为读经、中国文学、修身以及自然科学、体育等课程。[②]

1919 年中国爆发五四新文化运动，倡导的科学与民主新思想和新理念波及海外，对华侨办学有一定的影响。尽管在 1920 年 10 月 27 日新加坡殖民政府颁布了《学校注册条例》，加强对华文教育的管制，取消和关闭了 14 所华校，但是依然挡不住华侨的兴学热情。从 1920 年到 1942 年，新加坡的华文学校发展较快，新办华校有 226 所。截至 1940 年共有华文学校 351 所。[③] 这一时期，新加坡华文教育有了新的突破，普通话教学逐步代替方言，幼儿、师范教育陆续创办，实行华文会考制度。教学模式依然是中国教育的复制版。中华语言文化是华侨学习的主体，得以继承与弘扬。

2. 新加坡华文教育在挫折中行进

1942 年新加坡被日本占领，300 多所华校仅有 21 所开课，而到 1945 年，所有华校被迫全部关闭。1945 年 9 月英国又恢复对新加坡的

---

① 郭熙：《华文教育概论》，商务印书馆 2007 年版，第 62 页。
② 向远菲、高伟浓：《略论新加坡的华文教育》，《广西社会科学》2006 年第 7 期。
③ 臧慕莲：《新加坡的华文教育》，《八桂侨史》1994 年第 3 期。

殖民统治。抗日战争的胜利极大鼓舞了新加坡华侨华人对中国的认同，1946年在华人领袖领导下成立"战后复校辅导委员会"，商量复校大计，从而推动了新加坡轰轰烈烈的华校复校运动。从1946年到1949年，新加坡正规华校从284所增加到345所，同期还有一些华文夜校、华文聋哑学校等其他教育形式出现。

1949年英国殖民政府颁布"五年补助教育计划"，规定所有学校都教授英文，对华文教育实行限制政策，华校的发展趋势得到遏止。[①] 1955年发表了《两种语文教育白皮书》，要求华校必须用英语和华文两种语言教育。[②] 1956年颁布了《新加坡立法议院各党派华文教育委员会报告》，提出要平等对待四种语言，鼓励不同语言源流的彼此融合等建议，多数被政府采纳。在这种情况下，1956年新加坡又新办5所华文中学。从1950年开始新加坡华校学生人数呈下降趋势，而英文学校则相反。到了1964年，华校学生下降到36.91%，英校学生则增加为55.58%。

1965年新加坡建国以后推行"英语至上"的文教政策，不论政府部门还是民间，不论是法律文书还是一般契约，包括街道、车站等公共场所，凡是能运用英语的地方都提倡使用英文。在这种情况下，华校学生人数急剧减少。1980年新加坡唯一一所华文大学南洋大学被关闭。1983年一年级新生进入华校的不足2%，1984年仅占0.7%。鉴于此，教育部决定从1984年开始，一些华文学校的非英文班转成英文班。仅保留英文和华文并列为第一语言的9所特选中学和15所特选小学。

可以说，20世纪50年代至70年代末期，新加坡殖民政府和新政府先后推行了"双语政策"和教材本土化政策，对于消除种族分歧和重塑新加坡国家意识具有重大作用，但也产生了诸如加深文化隔阂，华人学生母语生疏，有厌学情绪以及功利心强，不利于学生精神成长

[①] 黄皇宗：《港台文化与海外华文教育》，中山大学出版社1992年版，第123页。
[②] 王秀南：《新加坡华文教育演进史》，《星马教育反论》，香港：东南亚研究所，1970年，第116页。

等弊端。① 这些问题引起了新加坡政府及社会各界的高度重视。

改革开放以来,华文经济价值和商业价值在海外日益彰显,作为华人占大多数的新加坡,再不积极提倡学习华文显然是不明智的。1978年由李光耀总理发起于1979年9月正式展开的全国"讲华语运动",对于统一华人方言,提倡华人讲华语,推动华文教育振兴起着推波助澜的作用。1980—1990年的11年间,新加坡华语运动在政府大力支持与推广下取得了哪些成绩?我们现以1990年新加坡华族小一学生调查为例,看一下学生在家常用口语语言分布情况:

表2-1　　　华族小一学生家常用口语分布情况(1980—1990)

单位:%

年份	英语	华语	汉语方言	其他
1980	9.3	25.9	64.4	0.3
1981	10.7	35.9	52.9	0.4
1982	12.0	44.7	42.7	0.5
1983	13.4	54.4	31.9	0.5
1984	13.9	58.7	26.9	0.4
1985	16.9	66.7	16.1	0.2
1986	16.5	67.1	16.1	0.3
1987	19.1	68.0	12.5	0.4
1988	21.0	69.0	9.5	0.5
1989	23.3	69.1	7.2	0.4
1990	26.2	67	5.6	0.2

资源来源:全鸿翎:《新加坡的双语现象》,《新疆师范大学学报》(哲学社会科学版)1999年第3期。

从表2-1中可以看出,华裔一年级学生在华语的使用方面逐年增加,华语成为新加坡另一种广泛使用的语言,到1990年,华语在家中使用比例为67%,比1980年增加了41.1%。此外,从其他的数据统计

---

① 王海伦:《华文教育在东南亚之展望》,"中央日报社出版部"(中国台北市)2000年版,第35—36页。

中，也可以看出学习华语人数的变化。据 1988 年的调查，全国能流畅讲华语的华人占 87%，通过公务员华语会话考试的占报考人数的 74.5%，在家中用华语交谈的小学生占到 68%[①]。总之，在新加坡政府重视华语的前提下，华语运动收到良好的效果。

3. 新加坡华文教育的改进与发展

20 世纪 90 年代以来，新加坡文教政策有了很大的转变，为华文教育的发展增添了诸多有利因素。

第一，国家政策层面上支持华教的发展。1990 年教育部放开对华校开设母语课的限制，规定华文、英文两科均为华校的第一语文。比如，当时在新加坡众多学校中，有 11 所特选学校负责培养讲华语的专门人才，也担负着传授中华文化的任务。此类学校中华文的地位较高，与英文并列为第一语文授课。政策还规定：指定新加坡大学加强对华文教学的研究；指令初级学院、高级中学更改母语科名称，不再把母语称为第二外语；要求特选初级学院提供华文专修课程，让学生有机会修读更高水准的华文课；将华文课设为奖学金科目之一，等等。[②]

第二，贯彻 1992 年《建议报告书》有关规定，采取多种提高华文教育的措施：（1）从 1993 年起，逐步放宽政策，扩大高级语文的学习范围，鼓励学生学习。（2）从 1995 年开始，在一些初级学院增加一门"华文理解与写作"选修课程。（3）加强汉语拼音学习，由小四提前到小二或小三。（4）深化教材改革，聘请中国北京有关专家参与教材编写，1999 年问世的新编华文教材主要有《中学华文》（分快捷课程与普通课程两个版本）、《中学高级华文》等几种类型。教材难度提高，兼顾听、说、读、写四种技能的协调发展。讲读与自读相结合，兼顾到汉语言文化的趣味性材料的编选。[③] 此外，还采取了重视推广华文课外读

---

① 顾明远：《教育大辞典》（4），上海教育出版社 1992 年版，第 411 页。
② 臧慕莲：《新加坡的华文教育》，《八桂侨刊》1994 年第 3 期。
③ 吴晓霞：《九十年代新加坡华文教育的改革方向》，《厦门教育学院学报》1999 年第 2 期。

物及进一步加强师资培训等措施。新加坡政府和有关机构采取多种举措来提升汉语言的社会地位，时至2000年，有82%的新加坡华人可以讲华语，① 但是华语在新加坡依然属于象征性语言，因为英语是第一语言的政策没有改变。华语只是华人的语言文化符号，只是起到族群内交际交流和文化传承的作用。

（二）新加坡华文教育中存在的问题

母语教学不仅仅是一个语言教学的问题，更是一个国家语言政策的问题。新加坡是世界上为数不多的实施英语、华语双语教育的国家，而且还独具特色。新加坡政府表面上承诺英语、华语都是华校的第一语文，但实际上华文作为第一水准来实施教学的目标很难体现，这与政府早期的文教政策是息息相关的。新加坡脱离马来西亚建国初期，迫切地想要在世界上获得一席之地，于是政府没有将华语——"母语"规定为官方语言，而是选择了容易与发达国家沟通交流的英语。甚至为了推广英语，严格限制华语等其他母语的使用场合。在一定的时期，新加坡的英语教学取得了显著成果，但与之相对应的则是其他语种的衰落，尤其是华语，得不到应有的重视，在日常教学中更是存在着诸多问题。

1. 新加坡语言环境不利于华语学习

建国初期，新加坡为了经济发展的需要选择英语成为教学的"第一语文"，华文成为"第二语文"，尽管华裔占总人口的77%。由于政府的强制推行和学校教育大力实施，使英语教学成效良好，而华语教学则举步维艰。众所周知，新加坡华文教学对象基本都是华族学生，然而政府推行华文的目的却是"现在努力学习华文是为了以后不学华文"。早期的新加坡也是极其重视应试教育的国家，英语和数学被列为升学的必修科目，华文地位较低，这严重影响了华文的教学及日常应用，学校里教师用英语授课，而日常生活中，望子成龙、望女成凤的新加坡华裔

---

① 《新加坡华语》，https：//baike.baidu.com/item/%E6%96%B0%E5%8A%A0%E5%9D%A1%E5%8D%8E%E8%AF%AD/8286867？fr=aladdin。

家长也不得不为了孩子的升学慎重选择家庭用语，甚至在家庭里也谨慎使用华语交流，华文的运用环境缺乏。比如，很多父母在家中讲英语，每 10 名儿童中有 5 名很少有机会看见父母在家中阅读中文报纸杂志，46.9%的家庭拥有不超过 10 本华文儿童图书，36.3%的家长每半年才借或买一次新的华文图书让孩子阅读。① 政府尽管实行的是双语教育，但是将英语置于"高阶语言""顶层语言""强势语言""主导语言"的社会地位，无形中弱化了其他族裔的民族语言。

20 世纪 90 年代以后，新加坡政府名义上把华语作为与英语并列的"第一母语"，但实际上华语并没有得到重视，依然处于弱化的地位。1993 年《教育法》强调加强华文教学，而不是要让华文取代英文。加强华文教学要在法律允许的范围内才可以实现。就算是特选学校的学生，也深知新加坡社会对英文的重视。英语是新加坡的语言环境，学好华文的目的不是取代英文，而是旨在维持和巩固新加坡人的文化和语文根基。就学校用语而言，有学校规定"在校园里必须讲英语"，华文课可以用华语授课，其他科目都要把英语作为教学媒介语。所以说，华裔的民族语言运用环境迄今还不尽如人意。另据教育部的调查显示，1994—2004 年间，华族学生家庭的语言环境已发生很大的变化。家长与子女在家中用华语作为家庭用语的频率有减少趋势，而英语或华语并用的家庭逐渐增加，华语在新加坡已变成少数华人的母语。② 虽然华族学生在基础教育阶段要学习很长时间的华语，但华语只在课堂上使用并且授课时间有限，甚至一些教师使用英语讲授华文课，再加上社会环境的影响，新加坡的华语教学效果与政府所期望的塑造华英双语人才的目标差距很大。

2. 教材相对陈旧，师资匮乏，且教学方式落后

汉语拼音是华文教学中的重要内容之一，学会了汉语拼音的读与写，才能识别最基础的汉字，因此汉语拼音是华文教学的关键所在。而

---

① 刘培栋：《战后新加坡华文教育研究》，硕士学位论文，暨南大学，2006 年，第 41 页。
② 徐雪瑛：《新加坡华文教育评述》，《外国中小学教育》2009 年第 11 期。

在新加坡的华文教材中，小学教材却大都没有汉语拼音。学生连最基本的拼音问题都搞不清楚，却被要求会写大量汉字，这对于本身就缺乏语言环境的学生来说无疑是雪上加霜。即使升入中学，对于在正规的学校中从来没有正式、系统地学习过汉语拼音的学生来说，华文学习之路也是异常艰难。在华文教材方面，还存在诸如选材单调、内容肤浅、既无文学性也缺乏时代性等弊端。由于华文在新加坡长期得不到重视，因此学生学习华文的主动性和热情不高，这也就导致学校很难培养出优秀的华文教师，即使一些华文较好的毕业生也会因为大环境的影响，不愿意选择华文教师的岗位。而且新加坡华文课程也是华族中小学的必修课程，因此需要很多的华文教师。[①] 由于师资的匮乏，不得不进行大班授课，从而使学校遴选华文教师的标准大大降低，严重影响了中华语言文化的教学效果。此外，新加坡一些学校尽管拥有现代化的媒体设备，但是授课教师依然采用"填鸭式"教学方式，长此以往，学生的华文成绩很难得到显著提高。

3. 华文的社会地位下降

20世纪90年代以来，新加坡政府尽管试图采取一些支持华人发展母语的措施，但其走下坡路的趋势没有从根本上改变。首先，表现在中小学教育方面，进入英语、华语小学的学生比例相差很大，这一趋势不利于华文教学。其次，实行双语教学，实际上是单语教学，华语只能教华文，其他各科的媒介语都是英语。再次，从2004年起，华文不再是大学入学考试的科目，而是华文学习阶段的鉴定科目，华裔学生学习华文的动力全无。最后，学习华文就业压力大，因为政府部门和一些专业性工作明确提出要精通英文的人才，因此要想有更好的就业出路，华裔不得不放弃华语的学习而改学英语。显然，从华文的社会地位和应用价值来看，中华语言文化学习被弱化已成为不争的事实。

---

① 余可华：《新加坡华文教师教育及其启示》，《云南师范大学学报》（对外汉语教学与研究版）2017年第5期。

(三)新加坡华文教育的发展策略

1. 实行教育制度改革,倡导新教育理念

新加坡向来是一个实用主义国家,政府对华文的重视程度也随着与中国的经贸往来水涨船高。进入 21 世纪以来,新加坡华文教育经历了几次重要变革。2002 年教育部颁布《华文课程和教学法检讨报告书》,主要从因材施教,推行单元制课程,从让学生有讲华语、读华文能力等八个方面进行改革。[1] 2005 年实施华文创意教学法,通过有效接触与开发学习华文的方法,以激发学生的学习兴趣。旨在营造汉语言文化学习环境,让华语成为新加坡的生活用语。并决定在 2005 年第二学期 12 所学校一年级试行,而后再推广到其他小学。2006 年颁布《育人为本——新加坡学校的灵活性与多元性》白皮书,突出强调要"赋予华文课程更大灵活性,使教学更能配合学生的能力和要求"。2010 年颁布《乐学善用——2010 母语检讨委员会报告书》,指出要进一步加强华文课程的实用性,让华文的学习与学生的生活经验结合得更紧密,最终目的是让华文成为华族学生生活中的一部分。[2] 新加坡政府对于华文教育开始有所作为,这对于长期处于教育底层的华文来说无疑是赋予了新的生命,同时也为学习华文的学生带来了希望,使他们意识到华文并非是"一纸空文",而是有着重要的社会价值。

2. 实行课程、教材改革,重视师资培训

在课程改革方面,首先实行"量体裁衣"式华文课程。从 2005 年起,华校一年级班级人数控制在 30 人,依据学生兴趣、爱好、特长及家庭背景等因素,分组设置华文必修和选修课,以营造更好的华文学习环境。[3] 其次删繁就简,注重教学含金量。2005 年教育部要求小六华文

---

[1] 《新加坡教育部将从八个方面全面改革华文教学》,http//www.xinhuanet.com.2004-11-15。

[2] 赵丽秋:《基于"乐学善用"理念的新加坡华裔儿童华文课例研究——以南洋理工大学孔子学院儿童课程为例》,硕士学位论文,山东大学,2014 年,第 7—24 页。

[3] 秦朝霞:《新加坡中小学华文教育改革》,《泰州职业技术学院学报》2008 年第 8 期。

（核心课程）从 28 课中删去 17 课，删减率达 61%。小一至小五课文删减率介于 10%—15% 不等。删减的目的是减轻师生负担，配合"少教多学"的政策。[1] 在教材编选方面，凸现华文教材的"文化融合"特性，教学篇章的选择范围辐射全球"华语文化圈"的著名汉学家文章，同时还要有意选择本国华文作者的文章和英雄事迹，让华语学习"润物细无声"地影响新一代的内心，不自觉地受到中华文化的浸染。此外，汉语拼音的学习也要本土化，有针对性。比如，2015 年改版的华文课本，独具特色，不再有单独的声母、韵母的学习，而是通过对话的模式来引出发音，让孩子能够在交流中学会每个词的正确发音。注重拼音系统的学习，并且与现实生活联系起来，使得教学变得更加生动有趣，有利于进一步激发学生学习华文的兴趣。

在师资培训方面，新加坡政府规定，中小学教师每年参加培训类课程不得少于 100 课时，以便及时掌握新课程的内容编排和教学方法。[2] 同时，拓展培训内容，除了常规的语言训练以外，应把中国历史、中国文学、中国文化等列入其中，并加大投资力度，多引进一些华文精英来充实华文教师队伍，使其成为新加坡华族的中坚力量。[3] 政府还可以通过提供奖学金送华文教师出国进修以及高薪聘请有关专家到本国送培的方式，提高华文教师的专业水平。

3. 开展丰富的校园活动和文化活动

目前，新加坡的华文教育主要集中在基础教育阶段，通过多样化手段使教学活动丰富多彩。自 2005 年始，新加坡道南学校创设了双语校园学习环境，如所有告示牌、宣传栏、楼宇间等都附有华文，班级都启用华文名称（爱班、博班、诚班、德班、勉班）等。该华文学校的制度文化精神文化环境的建设，也充分体现了华人的中华文化情结。新加

---

[1] 王琳：《世界华文教育现状研究》，商务印书馆 2016 年版，第 86 页。
[2] 秦朝霞：《新加坡中小学华文教育改革》，《泰州职业技术学院学报》2008 年第 8 期。
[3] 徐峰：《新加坡华语地位的变迁与华文教育所面临的挑战》，《中文自学指导》2008 年第 6 期。

坡圣婴小学设立校园表演中心，有关学习内容允许学生借用道具上台表演，在参与表演体验中，感受到中华文化的民族性和独特性。此外，还有创意教学法在新加坡宏文学校的具体运用，让学生以歌唱、漫画、讲故事、戏剧表演多种形式展演中国名著中自我熟悉的人物，比如曹操、梁山好汉、孙悟空等，进一步理解中国传统文化丰富多彩的一面。① 此外，教育部还出面筹建华文阅读俱乐部，营造了良好的华文学习氛围；举办土生杯华语即席演讲比赛等社会活动，有利于将中华语言文化的学习与传播进一步引向深入。

综上，新加坡华文教育经历了一个曲折的发展过程，尽管当下又兴起了汉语言文化热，但是被边缘化的华语华文社会地位极其尴尬，作为文化载体的功能很难在短期内发挥广泛的辐射作用。2005年6月新加坡建立了南洋理工大学孔子学院，是迄今唯一的一所孔子学院，开设有汉语言文化类课程，在推广汉语方面贡献了一份力量。未来的新加坡华文教育如何发展，才能更好地推动汉语言文化的弘扬与传播，尚很难定论。

四　印度尼西亚华文教育

印度尼西亚被誉为"千岛之国"，面积约190.5万平方公里（陆地面积）。印尼是人口大国，总人口达2亿多。1957年华人人口为300万，1995年为770万，21世纪初约为800万。② 现有1000余万华侨华人，占印度尼西亚各族第三位，是全球华侨华人最多的国家。印尼华侨华人的祖籍以福建、广东为主，约占总数的80%以上，也有来自江苏、浙江、山东、河北、湖北和湖南的。据史料记载，汉代就有中国人定居印尼，宋代随着移民增多逐步形成华侨社会。为了解决子女的教育问

---

① 刘振平：《国际汉语教育师资培养策略的调整与模式的创新》，《海外华文教育》2012年第4期。
② 黄昆章：《印度尼西亚华文教育发展史》，外语教学与研究出版社2007年版，第12页。

题，17世纪末期华侨华人开始创办私塾教育，发展道路比较曲折和缓慢。目前，印尼以华文补习学校为主，有300多所，学生5000—10000人，有20多所高校设立中文专业，学生1000—5000人；三语学校学生约3万人，以华裔为主。接受华文教育学生总数为5万余人，执教华文教师有4000余人。①

（一）印度尼西亚华文教育的历史沿革

1. 华文教育的创办与发展

长期移居印尼的华侨为了子女的语言文化教育，保留民族特性和文化之根，纷纷捐资办学。据资料记载，印尼的华文教育始于1690年创办的明诚书院。之后不断有各类义学兴办。截至1899年，印尼有私塾和义学439所。其中巴城（今雅加达）有28所，爪哇多达257所，共有学生7835人。②

1901年中华会馆创办中华学堂，是印尼华文教育走向正规化的重要标志。当时的中华会馆为了发展教育还拟定有详细的兴学计划。第一，按照中国的学堂制参照日本学制创办男子学校，学习汉语、历史、修身、算术等课程；第二，从中国聘请懂得福建方言和新式教育者任校长；第三，以"正音"（即官话）为教学用语。这一设想和规划在中华学堂中得以体现，使该学堂在当时有一定的影响力。1906年印尼华侨成立中华总会，1907年改为爪哇学务总会，它是荷印侨团和华校的中心组织，专门负责华文教育的管理工作，并在华侨办学方面提供诸多支持。有数据显示，1908年印尼有华校44所，到1911年已达100多所。③

1905年荷印政府对华侨实行同化政策，建立荷印学校，鼓励华侨办学和华侨子女入学，荷兰语授课，但不可以讲授汉语和中华文化知

---

① 王刘波：《印尼华文教育的历史、现状及发展》，http://lzwh.zknu.edu.cn/2017/0630/c3778a52908/page.htm。
② 黄昆章：《印度尼西亚华文教育发展史》，外语教学与研究出版社2007年版，第26页。
③ 乐天：《东印度华侨国民教育概论》，《新报》1935年二十五周年纪念刊。

识，以此限制华文学校的发展速度。荷华学校（见表 2-2）发展到 1928 年已有 100 多所，形成与华校并存的局面。①

表 2-2　　　　　　　　　荷华学校发展简表②

年份	1910	1911	1912	1913	1914
学校数量（所）	17	20	24	24	27
学生人数（人）	2780	3426	4096	4443	5203

辛亥革命成功后，陆续有60.8万中国人移居印尼，同期，民国政府十分重视印尼华文教育工作，多次派官员视察华校，为其发展提供了新的契机。荷印华侨学务总会（前身爪哇学务总会）发动建立了"南侨教育研究会"（爪哇）、"教职工联合会"（泗水），出版刊物《教育周刊》《儿童与教育》等负责宣传华教工作。在总会的规划、组织、管理下，有诸多新的华文学校建立。据统计，属于总会的学校，1912 年爪哇岛有 65 所华校，有 5451 名学生；到了 1926 年达到 173 所华校，有 17440 名学生。

2. 华文教育的分化与复兴

1928 年到 1941 年，日本占领印尼前，印尼华文教育进入分化阶段。1927 年南京国民政府成立，名义上是采取发展保护措施，实则为了加强对华文教育的监督和控制。1928 年 6 月，成立中华民国大学院，行使民国教育部的职能。并设立华侨教育委员会，出台《华侨学校立案条例》《华侨补习学校暂行条例》《华侨小学暂行条例》《华侨视学员条例》《驻外华侨劝学员条例》等一系列政策法规。1929 年 11 月，国民党中央训练部召开第一次南洋华侨教育会议，通过驻外领事代表中国管理华侨教育、在海外成立师范学校等诸多决议。1929 年民国教育部设立华侨教育设计委员会，负责对华侨教育方案的制订、华侨学校的调

---

① 周聿峨：《东南亚华文教育》，暨南大学出版社 1995 年版，第 313—330 页。
② 根据黄昆章《印度尼西亚华文教育发展史》，外语教学与研究出版社 2007 年版，第 43 页有关图表改造而成。

研以及拟定使用经费等事宜，试图全面加强对海外华文教育的控制，当然也包括华文教育大国——印度尼西亚。

中华民国关于对印尼华文教育管理的做法，引起了荷印政府的极大不满。1932年颁布了《取缔私立学校条例》，取消了一些华文教师的任职资格，关闭一些华校，大力审查华文教科书。1935年政府禁止采购包括中国语文、历史等在内的12类600多种书籍（教科书）。① 再加上印尼华侨未能处理好华文教育当地化问题，使印尼华文教育受到双重打击，简直是雪上加霜，以至于一些土生土长的华裔被西化的现象十分严重，到1936年有4万多华裔无条件地接受了荷语教育。

二战期间，印尼华文教育受到重创。1945年之后印尼华教走向短暂的复兴之路。1950年中印建交，印尼政府对华文教育的敌视态度有所缓和。尽管不给华校提供资助，但允许华裔在华校就读。在1952年《外侨学校监督条例》中明确表示不再对华文教科书、师生实行监督，只要保证三年级以上每周讲授不低于4小时印尼语课程即可。在较为宽松的政策环境下，更多工商界人士投身华文教育，不少新校又得以兴办。1957年华文学校发展最盛，华侨办校的规模达1800所（1952—1953年仅为1371所），在校生40余万名（1952—1953年约25万余名），"在东南亚诸国中，与马来亚的华侨教育事业可谓并驾齐驱"。②

3. 华文教育的衰弱

1957年以后，印尼政府采取了比以前更为严厉的限制并取缔华校的措施，使华文教育逐步走向衰弱。

1957年11月6日，政府颁布《监督外侨教育条例》规定从1958年起，外侨学校禁止招收印尼籍学生就读；教科书不经文教部批准禁止使用；将1100所华校改制为印尼国民学校，汉语变成一个教学科目；

---

① 姚浪笙：《荷属东印度华侨教育目前的危机及其补救办法》，《新亚细亚》1935年第5期。
② 温广益：《1967年以来印尼华文教育的沉浮》，《华侨华人历史研究》1997年第3期。

接受改制的学校专招印尼籍华人学生，加快华人子女当地化进程。① 这些规定使华侨华人办学场所由 750 处减至 158 处。此时的华校继续实行中国教育制度，传播中华文化。② 1958 年 4 月政府颁布《关于设立外侨学校的城市和地点的决定》，规定只准在全国 17 个地区 158 个地点兴办外侨学校，使限制区域适龄儿童失去在华校就读的机会，有些家长不得不把孩子送到国民学校读书，错失了对中国语言文字和文化的学习。

历经 1958 年、1960 年、1965 年三次大型的排华事件，几乎所有的华侨华人学校都是被取缔的对象。仅 1959 年被迫停办的华校就达总数的 72%。面对印尼政府的高压政策和苛刻的华教制度，华人社团不畏权势，不畏艰险，绝地反击，使华文教育事业没有一路颓废下去。有数据显示，1958 年华校有 510 所，发展到 1966 年为 629 所，教师多达 6000 余人，学生 27 万之多。③

排华风潮平息后，被关闭的华校相继复办。但好景不长，1967 年 6 月 7 日，苏哈托总统颁布《解决华人问题的基本政策》规定："除了外国使节为他们的家庭成员所办的学校外，一概不得有外国学校。"④ 但到了 1968 年，政府对华文教育的政策又有一点松动，比如，1968 年总统第 B12 号法令，允许私人团体在华人社会办"特种计划国民学校"。随后，1969 年 3 月，第一所"特校"大同中小学在雅加达开办。此类学校因每周可以开设若干小时的华语课程，所以自开办以来颇受华侨华人的欢迎。到 1973 年底，全印尼有学生 5 万余人在 50 所"特校"学习华文，这又引起当局的不安，又以华语作为教学媒介语不符合政策规定为由，于 1974 年 3 月对"特校"加以取缔，或改制为普通印尼学校。此外，印尼规定全印尼公共场所不得讲华语，不得进口中文报刊，提倡华人改姓，这一系列措施旨在消灭中华语言文化，事实上也的确加快了

---

① 黄昆章：《印尼华文教育的回顾与展望》，《八桂侨刊》1998 年第 2 期。
② 同上。
③ 温广益：《1967 年以来印尼华文教育的沉浮》，《华侨华人历史研究》1997 年第 3 期。
④ 周聿峨：《东南亚华文教育》，暨南大学出版社 1995 年版，第 345 页。

华人当地化的过程，致使华文教育在印尼大地上彻底衰落了。

4. 华文教育的振兴

1990年印尼和中国复交，1994年印尼政府逐步放宽了华文教育政策，华文教育又稳步发展起来。

1994年8月，政府宣布华文印刷品、传单之类的可在酒店、旅行社使用，1995年还批准开办几家华语补习班，11月允许电台、电视台使用汉字和播放中文歌曲。随着人权运动的高涨，印尼雅加达地区有关领导于1998年6月明确宣布"华裔身份证的特殊记号'0'和身份证上的特殊间隔将被废除"。① 到了2000年底，政府颁布2000（6）号法令，宣布撤销30年的华人文化限制，声称"华人自此可以自由过春节"。② 2001年瓦希德总统在华人庆典会上强调说："那些被迫更改华人姓名的人，现在可以恢复他们原来的名字。"③ 至此，华侨华人长期被剥夺的公民权利逐步恢复。

2001年中国广东汉语专家团到印尼进行师资培训，从而使印尼华文教育事业枯木逢春，迎来一片生机。2001年10月，雅加达四地举办首次汉语水平考试是华文教育里程碑意义的大事。2002年决定在高中开设汉语课程，到2004年短短两年时间就有19所国民学校高中实施了汉语教学。还拟定有2004—2007年四年发展规划，即在全国80个城市的8000所国民高中开设汉语选修课。2005年底，有250所华文补习班（补习学校）或三语学校开办，班级多，人数多，规模大，遍及全印尼各地。④ 其中三语学校是2000年以后一些华人社团开办的新式学校。教学媒介语主要是印尼语。主要有巴厘岛巴塘华人创办的印尼三语学校，雅加达客属联谊总会开办的崇德三语学校，巴厘文化桥梁三语国民学校，此外，泗水新中华中学校友会、万隆等一些原华校相继开办了三语

---

① 《印尼罗盘报》（KOMPAS），《雅加达》1998年6月30日第1版。
② 颜天惠：《印尼华文教育的新发展》，《东南亚研究》2001年第4期。
③ 同上。
④ 黄昆章、陈维国：《关于印尼发展华文教育的几点思考》，《东南亚纵横》2002年第12期。

学校，三语学校与 1966 年前由华侨开办的、属于独立的华校体系的学校不同，都纳入了印尼政府管辖的教育体系。属于国民学校的范畴。[①] 政府还批准在一些旅游院校开设汉语选修课。此外，印尼华人还兴办了雅加达新雅学院、泗水智星大学、万隆外语学院以及玛琅中文大学等高校，借此培养华文高级人才。雅加达的特立刹迪大学、泗水的伯特拉基督教大学、印度尼西亚大学和私立珀尔沙达大学等 20 多所官方公私立大学，为了适应"汉语热"的形势下对汉语人才的发展需要，纷纷开设了汉语系或汉语专业，有的高校还将汉语列为必修课。2008 年，印尼已有 500 万人在幼儿园、小学、中学、大学及补习班学习华语，华语已经成为仅次于英语的国际商务交流语言。[②]

在相对宽松的政策环境下，很多华文媒体也相继复办和创办起来。国家承认中文报刊为官方合法刊物，可以自由发行。当前流行的中文报刊如《指南针报》《拓荒月刊》等有数十种，还有多种双语、三语报刊。这些新闻媒介为华人读书学习，了解中华文化习俗等提供了平台。

（二）印尼华文教育的审视与展望

目前，印尼华文教育不再是早期的华侨教育，而是印尼国民教育的一部分。由于印尼政府放宽了对华文教育的限制，使沉寂多年的华文教育又再次逢生，华文补习班大量创办，少量全日制华文学校也得以复办和新办，一些国民中小学、大学也都开设有汉语课，全印尼的华文教育呈现出振兴的迹象。但是，在发展中还有很多困难。

自 20 世纪 60 年代苏哈托政府实行华文教育的灭绝政策长达 30 多年，华文教育除了零星的补习班外，几乎处于空白期。很多华文教师多已转行，出现师资断层和不足的局面一时难以改变。随着华人结构和身份的变化，过去的老华文教材已经不适用，比如，印尼约有 15 种华文教材，其中小学华文教材为中国内地的《千岛娃娃学汉语》、中国台湾

[①] 黄昆章：《印度尼西亚华文教育发展史》，外语教学与研究出版社 2007 年版，第 184 页。
[②] 王望波、庄国土：《2008 年海外华人华侨概述》，世界知识出版社 2010 年版，第 109 页。

地区的《印尼版新编华语课本》、新加坡的《好学生华文》，目前在使用中还存在各自为政、缺乏针对性、配套的教师指导手册有限、缺乏教材教法指导、不重视汉字的系统教学、不符合当地儿童语言学习的特点、教材知识性错误多等问题。①一些华文教育工作者无暇编写真正意义上的适合印尼籍华人学生学习的华文教材，临时采购的中国内地和新加坡的华文教材又多少存在水土不服的弊端。②由于印尼的同化政策及华文教育的多年断层等因素，华文学校的生源不足已是必然。

在印度尼西亚推行全面同化政策下，印尼华人融入印尼社会是一种不可逆转的趋势。华语相对于华裔新生代而言就是一门外语，是一种谋生的工具，以往传承中华文化的意义被弱化了，以往华人自己办学的局面被政府主导下发展华文教育的局面所代替。③但是从近些年印尼政府的政策导向来看，华文教育的发展环境越来越宽松了。正如梅加瓦蒂总统在2002年访华期间发言说，印尼华人与全国各族一样享受公正、平等的地位，华人对印尼的政治、经济和社会发展做出了巨大贡献。梅加瓦蒂总统与中国政府在友好合作方面达成了诸多共识，签订了5项协议和谅解备忘录。④今后，只要印尼当局能够秉承"和平与发展"的国际理念，继续实行民族平等、多元文化并存与发展的方针，扩大华侨华人的人权，放宽对华文教育的控制和限制，为华文教育的持续生存、发展与壮大提供适宜的土壤和条件，再加上一代又一代华侨华人的不懈斗争和艰苦卓绝的努力，印尼华文教育定会有一个新的发展契机出现。

五　泰国华文教育

2017年泰国总人口大约6903万人，30多个民族，其中华侨华人有

---

① 邹工成：《华文教材编写研究》，商务印书馆2015年版，第170—184页。
② 蔡仁龙：《印尼华文教育刍议》（下），《海外华文教育》2001年第1期。
③ 陈荣岚：《全球化与本土化：东南亚华文教育发展策略研究》，厦门大学出版社2007年版，第131—132页。
④ 李璐：《印尼华文教育的现状问题及对策研究综述》，《当代经理人》2006年第12期。

1000万，是除泰人之外最大的族群。目前，约有93%的华侨加入了泰国国籍，因为华泰通婚而泰化现象很是普遍。① 泰国是东南亚最早直接管辖当地华侨的国家，也是东南亚华侨华人众多的国家。泰国华文教育经过曲折的发展历程，自1992年解禁至2012年，华文教育得以复苏并很快进入发展阶段。全国2587所中小学、227所高校和192所职业技术学校开设汉语课程，学习汉语人数超过80万。②

（一）泰国华文教育的历史沿革

1. 华侨学校的兴办与发展（1909—1917）

据史书记载，两千多年前中泰开始友好交往，宋元时期，去泰国的中国人人数快速增加。早期的华侨大多为商人或贫下中农，经济生活条件有限，所以他们更多把子女送到教会或者寺庙接受华文教育，这属于华文教育的萌芽阶段。③ 有学者认为，1852年美国传教士江国新在吞武里府（曼谷附近）创办第一所华校。④ 还有学者认为泰国第一所华文学校于1782年在大城府成立，只教授中文课程，总计学生有200名，因其未得到泰国官方承认，故该学校是泰国最早成立的非正规华文学校。⑤ 但更多学者认为，1908年中国同盟会会员创办的华益学堂为泰国第一所新式华文学校，也是泰国华文教育的起步阶段。⑥ 同年，中国保皇派在泰国创办了中华学校，潮州等五家帮派联合创办了新民学校。

辛亥革命后，各大帮派纷纷办学，如大同学堂（潮州帮）、明德学校（1912年，客家帮）、培源学校（闽帮）、泰国第一所坤德女子学校（1917年，广肇帮）等，多以本帮方言授课，因潮州人最多，所以创办

---

① 《泰国简介》，http://www.thaiwind.net。
② 陈艳艺：《从华人认同看泰国华文教育的复苏与发展（1992—2012）》，《东南亚纵横》2013年第3期。
③ 黄丽玮：《泰国华文教育的历史与现状研究——以中等教育阶段为例》，硕士学位论文，广西民族大学，2014年，第5页。
④ 周聿峨：《东南亚华文教育》，暨南大学出版社1995年版，第186页。
⑤ 洪林：《泰国华文学校史》，泰国泰中学会，2005年，第1—2页。
⑥ 参见周聿峨《东南亚华文教育》，暨南大学出版社1995年版，第272页；顾明远主编《教育大辞典》（4），上海教育出版社1992年版，第396页。

学校众多。① 1913年5月30日，被泰国政府承认的正规华文学校在普吉府成立。② 在一战前后，孙中山在为辛亥革命传播革命思想而奋斗，华人移居泰国的时间正值孙中山成立同盟会的前期，他发动了爱国华侨的革命力量，华侨积极投身革命，在课堂上宣传反帝反封思想，开展革命活动，遭到政府方的干预而使华文学校日渐没落。

2. 华文教育从限制到封闭（1918—1945）

随着华文学校数量的增加，引起了泰国当局的不安。1918年政府颁布《暹罗民立学校法》对华文学校校长和华文教师的任职资格做了严格的限定，并要求华文学校的学生必须通晓暹罗语，每周学泰文不低于3小时，等等。③ 政府在文化领域潜移默化地同化着广大华侨，无形中弱化了其母语教育。不过，该法令在颁布之初并没有严格执行。1921年政府又颁布了《暹罗强迫教育实施条例》，规定7—14岁儿童必须接受泰文初小四年的强迫教育。由于遭到华侨华人反对，最初十年未得到实施。因此华校的数量也在增多，从1915年的12所发展到1932年的117所。④ 究其原因，主要是由于华侨华人的宣传吸引了更多的移民涌入，中国商人群体的扩大等诸多因素造成的。

1932年泰国新政府成立。1933年新政府强制执行《暹罗强迫教育实施条例》，规定7—14岁的华校学生必须进强迫班，学习华文时间每周6小时，而学习泰文要达到25小时，华文教师要取得教学资格必须参加泰文考试，且华文只可当成外语来教，等等。新政府还时常派人视察华文学校办学情况，不合乎规定者便要强行关闭。⑤ 即便如此，依然挡不住华侨华人的办学热情，1936—1939年，泰国华文教育又出现一个短暂的发

---

① ［泰］萨维·维萨瓦南：《泰国华文教育的背景》，朱拉隆功大学出版社1997年版，第5页。
② 洪林：《泰国华文学校史》，泰国泰中学会，2005年，第1—2页。
③ 丁身展：《泰国华教》，中国海外交流协会文教部《第三届国际华文教育研讨会论文集》，华语教学出版社2001年版，第154页。
④ 周聿峨：《东南亚华文教育》，暨南大学出版社1995年版，第274页。
⑤ 傅增有：《泰国华文教育历史与现状研究》，《华侨华人历史研究》1994年第2期。

第二章 汉语言文化传播与发展的典型国家举隅

展期,还出现了高中部。① 抗战初期,泰国政府放松了对华文教育的管教,新华校有所增加,1938 年已有 293 所华文学校,到 1939 年泰国华校总数接近 300 所。②

1939 年 8 月,銮披汶·松堪执政期间改暹罗为泰国,推行"大泰文主义"和狭隘的民族主义政策,对华文学校做出了一些诸如每周不超过 2 小时教授华文,课程和课本有违背于条例规定者一律查封等异常苛刻的规定。1940 年宣布停办 51 所华校,③ 关闭 240 多所,仅存两所可以兼教中文。1941 年太平洋战争爆发,泰国因日军进驻而再无华校存在,仅有少量的家教小组在零星开展。可以说,1939—1945 年间,莘莘学子求学无门,华文学校已告绝迹,是泰国华文史上的断层期、空白期。

3. 同化政策下华文教育的日益式微(1946 年至 20 世纪 80 年代)

1946 年 1 月 23 日,中泰正式建交,在宽松的环境下,曼谷等地的华文学校得以复办。如华人黄征创建"华侨青年服务社泰国分社"及华校。1947 年 11 月,銮披汶·松堪再次上台执政,坚决取缔华教。1948 年 5 月,泰国政府对华校进行注册管理;限定每周学习华文课 10 小时;使用教材必须是本国教育部所编,不得涉及中华文化等敏感内容;校长必须是泰国人等。在当年的"六一五事件"中,有 53 名华校人士被捕,关闭了南洋中学、中华中学,改黄魂中学为泰文中学,至此,华文中学已无存在。到 1951 年,全泰的华校仅剩下 240 所,④ 而且大多是华文家庭班和华文夜校补习班性质的。

1960 年泰国政府公布《发展国家教育方案》以及改变学制,进一步压缩华文课时。1967 年规定不再允许建立华文学校。中国的改革开放政策对泰国有一定的影响,泰国政府对华文学校的态度有所转变。教育部规定,1980 年起华校在专教英文的前提下,可以增设五六年级;前四年

---

① 周聿峨:《东南亚华文教育》,暨南大学出版社 1995 年版,第 277 页。
② 顾明远:《教育大辞典》(4),上海教育出版社 1992 年版,第 396 页。
③ 高玛莉:《泰国华文教育的现状与前景》,《八桂侨史》1995 年第 2 期。
④ 高玛莉:《泰国华文教育的现状及其前景》,《海外华文教育》1993 年第 3 期。

级每周 5 小时华文课。① 到 1987 年华校仅存 125 所，不足 3 万名学生。②泰国中小学华文教育备受打击的原因有二：一是为了广泛深入推行同化政策；二是认为华文是"社会主义语文"有害于国家安全。这一政策很是奏效，1987 年泰国华裔进入泰文学校的占 94.6%。③

这期间，中小学华文教育极度衰落的同时，以泰国成人学习为主的汉语教学在持续发展。1972 年甘兰杏大学东方文学系开设汉语选修课，1978 年泰国准许所有商业院校开设汉语课，1980 年清迈大学开设汉语课，1981 年朱拉隆功大学的汉语课变成主修科，1989 年法政大学成立华语系。④ 此外，还有一些中专开设汉语课，一些大学开班短期培训班和夜校，提高学习者的汉语言文字运用能力。

4. 拓展华文教育新局面（20 世纪 90 年代以来）

20 世纪 90 年代初期，泰国仅有 110 多所华小，学生少，1—4 年级开课，每周 5 小时。自从 1992 年 2 月 4 日泰国工商界"关于放宽华文教育政策的提案"被泰国政府通过后，进一步放宽了华文教育的政策，情况有所改观。允许民校创设幼儿园，将小学华文学习时间从三年级延长至六年级，不少学校新开华文课，还新建了诸如潮州中学等少数华校，还批准成立第一所大学。随着中泰双方贸易不断深入发展，泰国政府认识到华文的商业价值，华文教育重新被重视，几乎所有的学校都可以开设汉语课程，如私立学校、公立学校、职业学校、国际学校、非正规学校。⑤ 同期，随处在泰国各大媒体可以看到某些领导人关于放宽华文教育的讲话。如 1995 年 3 月，阿龙·真拉攀（教育部民校特别政策局局长）鼓励民校并保证进一步放宽对华文教育的限制。

---

① 暨南大学东南亚研究所编：《战后东南亚国家的华侨华人政策》，暨南大学出版社 1989 年版，第 93 页。
② 顾明远：《教育大辞典》（4），上海教育出版社 1992 年版，第 396 页。
③ 郭熙：《华文教学概论》，商务印书馆 2007 年版，第 71 页。
④ 周聿峨：《东南亚华文教育》，暨南大学出版社 1995 年版，第 288 页。
⑤ 何丽英：《泰国华侨学校汉语教学研究》，硕士学位论文，西南大学，2010 年，第 1—62 页。

第二章　汉语言文化传播与发展的典型国家举隅

如今，泰国已发展成为一个具有完备华文教育体系的国家。

第一，各华文幼儿园、中小学相继创办。截至 2003 年，泰国有正规的华文学校 110 所，可从幼儿园、小学办到初中、高中班，教授华文的同时，还学习泰语、英文课程以应对升入大学深造的需要。由各姓氏宗亲会、华人社会团体以及《中华日报》《京华中原报》《星暹日报》《世界日报》等 6 家华文报社创办的华文班也在不断增多，各企业职员开办的汉语培训班以及华裔家长在家里开设的汉语小组更是不计其数。此外，中国台湾地区支持泰国山地学校开设华文学校达 50 多所，多分布在泰国北部、泰缅边境一带。

第二，兴建高等院校以满足不同层次的人们学习华文的需要。1991 年提出申请、1992 年被批准、1994 年 3 月开办的华侨崇圣大学，是泰国第一所综合性华文大学，以注重汉语言文化研究、沟通中泰文化以及培养社会需要人才为己任，开设有人文、理工、法商和医学四个学院，华文是人文学院的学习重点科目。此外，还有东方文化学院、"泰国国际文化学院"等少数华文高校相继开办。这几个高校的创办可以说是东方及中华文化的盛举之事。[①] 除了为数不多的专门华文学院外，"泰国的每个主要大学，不管是公立还是私立、国立、师范学院都开设有汉语课程"。[②] 到 2003 年，全泰 15 所国立及 18 所私立大学，5 所国立及 17 所私立大专学院开设有中文选修课，36 所师范学院，几十所技艺学院及其他类型的专科学院都开设中文选修课。但由于规定中文考试成绩与升级或留级无关，因此导致学生学习汉语言文化的积极性不高。截至 2006 年，全泰国学习华文的人数估计有 25 万余人。[③] 到了 2008 年，泰国学习华文的人数超过 56.6 万人，其中有 40 万人属于正规教育系统的

[①] 张启：《泰国当前的华文教育》，《世界汉语教学》1995 年第 4 期。
[②] 徐创业：《泰国的华文教育与华侨华人社会》，中国海外交流协会文教部《第三届国际华文教育研讨会论文集》，华语教学出版社 2001 年版，第 154 页。
[③] 刘振廷等：《全球竞学中文，泰国订为第一外语》，《亚洲周刊》2006 年 3 月 5 日。

在校就读学生。①

（二）泰国华文教育的现状分析

近些年来，泰国无论是学前教育、基础教育，还是民办教育、职业教育，抑或是高等教育，汉语都是一门必修或选修的课程。各地汉语辅导机构繁多，培训班、补习班、夜校随处可见，泰国华文教育事业呈现出良好的发展局面。但在发展中还存在以下问题。

1. 教材缺乏适应性，华文师资人才缺乏，薪水普遍偏低

目前，泰国约有90%的华文教材来自中国内地，个别学校的教材来自中国台湾地区。但教材呈现的内容中国化程度太严重，不太契合当地实际需要。比如，中国侨办组织专家针对亚洲编写的《汉语》教材，共50册，在使用中反响还不错，但是这套书高年级很多内容太难，可以说对中国国内学生而言学习起来都不容易，更何况很多册的内容在教学中不好选择，也用不上。再者教材是从中国母语教学角度出发的，与当地教学实际相差很远。中国台湾地区的汉语教材，也在泰国使用，但是只教繁体字，很多内容又有政治意识和倾向，与泰国的教育实际出入很大。我们说，既然是泰国人学习的华文教材，那么课文内容就不应当只是涉及中国的文学、文化（节日、民俗等），而应当也有泰国的文化习俗，如果学生对学习的内容背景都不了解，就很难真正理解教材，更谈不上会喜欢上此教材。② 目前，也有泰国自编的教材问世。比如为了远程教育专门编写的《实用汉语教程》共6册，整体编写还不错，但问题是涵盖的内容太少，过于简单，三年下来学习到的东西并不多。

泰国的华文教师主要由泰籍汉语教师和中国籍汉语教师构成，前者在通晓泰语、了解学生习惯等方面较后者优势更突出。据调查，泰国公、私立华校取得汉语教育资格的泰籍华文教师仅占33.2%，考取

---

① 王望波、庄国土：《2008年海外华人华侨概述》，世界知识出版社2010年版，第108页。
② 转引自温明亮《泰国孔子学院发展研究》，硕士学位论文，暨南大学，2010年，第28页。

HSK 证书的教师占 4.3%，无任何证书约占 23.9%。① 随着泰国华文教育的发展，教师出现明显不足，不得不聘请一些既不通晓汉语，又无教学经验的人担任授课教师。2008 年教育部调查显示，公、私立中学的华籍华文教师不断增加，学历都比较高，其中有本科学历的占 77%，但能听懂或者会说泰语者仅占 35%，有 60% 左右未接受岗前培训。这样的现状不利于泰国华文教学水平的提高。② 此外，泰国华文教师薪金待遇普遍偏低，一般一个月只能领到五、六千泰铢，为华校服务几十年的教师月薪也不过一万泰铢。他们为了生活，不得不寻求额外收入，以应付日益高涨的生活费，以至于很难全心全意为华文教育事业服务。以上多种因素使得华文教师队伍整体素质有所下降。

2. 学习者动机不明，教师教法不当，影响学生的学习效率

目前在华校的学习者不只是泰国华裔，还有更多非华裔学生。他们的学习目的和动机都不尽相同。有的华裔被家长逼着学习，目的是不忘祖籍国的中华语言文化，而一些非华裔是基于觉得学华文对将来找工作等有用。华文教师如不注意教学方法和手段的使用，就会影响课堂教学的效率。由于汉字属于象形文字，与泰国的母语不同，与拼音文字的英语也不同，若采用单一的教学方法就会使学生丧失学习兴趣，影响汉语教学的展开。泰国的华文老师本土的少一些，多是中国国家汉办派遣的汉语志愿者，他们的泰语不好，所教学生的汉语水平又不高，使师生无法沟通，教学内容不能被很好地消化和理解。缺乏经验的教师大多实施灌输式教学，学生索然无味，只能应付抄写，这种枯燥的教学方法严重降低了学生学习华文的积极性。当然，设备落后也是影响教学效果的一个重要因素。据了解，泰国的课堂上很少有多媒体设备，除了曼谷的城市学校以外。缺少多媒体的课堂应用，会使学生丧

---

① 孙世伟：《泰国中文教育情况探究》，硕士学位论文，吉林大学，2016 年，第 5 页。
② 黄丽玮：《泰国华文教育的历史与现状研究——以中等教育阶段为例》，硕士学位论文，广西民族大学，2014 年，第 5 页。

失许多生动活泼的直观表象,学生的学习兴趣不那么高涨,而华文教师只能生硬地讲解或借助拼音挂图来进行课堂教学。教师在课堂上只能用到15%的教具,教具的过少使用,对学生的学习效率也会产生不利的影响。

当前,尽管泰国华文教育在发展中还有诸多困境,但在多方努力下,华文学校的办学状况有所缓解。首先,在教材方面,泰国教育部在请学历高的中泰汉语专家一起编写适合各层次学生的华文教材方面取得一定的成果,比如由泰国汪盖岗翁卫星远程教育电视台组织编写的《实用汉语教材》,内容涵盖了旅游、饮食、文娱、音乐、体育、新闻等领域,集难易度、质量、实用性、趣味性于一体,受到不少高中生的欢迎。其次,在师资方面,除了本土培养以外,还要与中国有关部门合作培养。比如由华侨团体创办的广肇学校通过联系中国侨办,常年从中国招聘华文教师;泰国中央语言学院也注重师资水平,先后多次到广西民族学院的对外汉语专业挑选优秀毕业生担任教师。此外,还有对中国政府派送的泰国汉语志愿者,通过岗前培训学习泰语,让他们了解泰国的语言、社会习俗、风土人情等,入职后能尽快适应汉语教学工作,做一个合格的教师。[①] 再次,教学氛围营造方面,目前,在泰国无论是纳入国民教育体系的全日制华文学校,还是民营私立华文学校或是周末制中文学校,都把汉语教学作为首要的办学任务,比如泰国国光慈善中学,从幼儿园二年级到初中三年级均开设有中文课。同时还有很多学校专门开设中华文化课程,如泰国南邦公立育华学校为丰富中文教学,还开展诸如书法、中国画、中国手工、中国歌舞等课程,此外,还注意打造校园文化环境,在学校的墙上写着"十年树木,百年育人"的校训,校园的角角落落都传达着中国文化,充满着浓郁的人文气息,这样的开课和文化渲染方式,不仅可以使学生们接受中国文化的熏陶,而且为更

---

① 游辉彩:《泰国华文教育现状分析》,《东南亚纵横》2005年第12期。

高质量的汉语言教学奠定了基础。①

尤其在中国推广国际汉语教育的背景下，孔子学院的开设促使"汉语热"在全球不断升温。截至2008年1月，泰国在清莱皇太后大学等大学和机构开设12所孔子学院，对于全泰人学习汉语言文化有一定的促进作用，对于华文教育的发展也提供了诸多方面的帮助，汉语言文化在泰国的传播与发展前景可观。

六　菲律宾华文教育

菲律宾，2017年人口1.049亿，有100多万华侨华人。西班牙统治时期，华侨受种族歧视，无暇办学兴教。19世纪中期后，有少量华侨子女回中国国内读私塾，或在本地私塾学汉语。1898年菲律宾独立，但同年又沦为美国殖民地。美国以教育统治和笼络人心，1899年菲律宾华文教育萌发，历经曲折发展，现在已成规模。据资料显示，全菲华校有205所，仅大马尼拉地区就有91所。在校学生十多万人，华文教师3000余人。② 现今的菲律宾华文教育已进入比较常态的发展阶段。

（一）菲律宾华文教育的发展历程

1. 1899—1945年华文教育的兴办及自由发展

1899年至1945年间，菲律宾殖民政府对华侨学校的兴办不怎么过问。1899年4月，中国驻菲领事陈刚提出设立华校的倡议，得到华商的广泛支持，在马尼拉甲必丹衙门设置蒙馆，用领事馆余款和私人捐款办学，当时学生20多人，学习"四书""五经"以及尺牍等实用课程。四年后该蒙馆正式更名为小吕宋华侨中西学校，成为菲律宾历史上第一所华侨学校。③ 该校办学形式灵活，开设有夜校，分中文部和英文部，供一些打工华侨青年学习汉语和英语，不仅提高了他们

---

① 耿虎：《华文教育文化传播及建设——以东南亚为中心的考察》，厦门大学出版社2018年版，第39—40页。
② 戴家毅：《菲律宾华文教育发展研究》，硕士学位论文，广西师范大学，2010年，第16页。
③ 刘士木等：《华侨教育论文集》，国立暨南大学南洋文化事业部，1929年，第289页。

的汉语言文化水平和英文水平，也使他们掌握了一些实用技能，增加了应对当地生活的能力。

　　1914年菲律宾华侨教育会成立，该会以振兴华侨教育为宗旨，在筹款、统筹建立和管理华文学校方面发挥了很大作用。1915年华侨小学纷纷创办。1918—1923年，华侨又相继创办了培元中学、华侨第一女中、华侨中学等华校。"大约每三间侨校，就有一间在马尼拉。"外省各地基本上也做到了"一地一校"①。到1924年菲律宾已有华校32所。②

　　为了纪念孙中山先生，以他的名字命名的华侨中小学在马尼拉、岷埠多地建立。之后，华侨华人进入大肆办学阶段，到1935年菲律宾侨校已有80所，1万名学生。二战前夕，华校为了谋求更好的发展，多实行与"双督察"制相适应的"双学制"管理制度。抗战初期，因中国国内逃难到菲律宾人员增多，华文学校自然也随之增加了许多，到1940年菲律宾已有华校124所。1941年华校达126所，2.1万名在校生。③ 其中增办的18所初高中华校是菲律宾中等教育发展的一大亮点。④

　　2. 1946—1972年华文教育的恢复与督查

　　二战期间，华文教育停办。日本投降后，菲律宾华校纷纷复办。因停战期间，很多华校没有招生，复办学校不能满足大批适龄儿童的入学要求，因此又新办了不少华校。到1946年下半年，各个华校才步入正常发展的轨道。据记载，1946年菲律宾有93所华校，1947年有149所华校。⑤

　　1947年与中国台北签订《中菲友好条约》，规定华侨有设校自由和开设中文课的权利，同时要接受菲方的督察立案。由此华文学校又多一

---

① 周聿峨：《东南亚华文教育》，暨南大学出版社1995年版，第223页。
② 吴端阳：《菲律宾华文教育的历史演变及其振兴对策初探》，《教育研究》1996年第2期。
③ 王爱伦：《华文教育在东南亚之展望》，"中央日报社出版部"（中国台北市）2000年版，第63页。
④ 陈国华：《先驱者的脚印——海外华文教育300年》，Royal Kingsway Inc., Toronto, Canana, 1992：470。
⑤ 《小吕宋华侨中西学校五十周年纪念刊》，马尼拉：小吕宋华侨中西学校，1949年，第105页。

个顶头上司——菲律宾私立教育局,加强了对华校的控制。1956年私立教育局对全菲华校实行督察,关闭了一些不合乎有关规定的华校。1956年5月,菲律宾私立教育局对华校的中英文课时数作了调整,中文课时有所减少。全面督察最直接的影响就是学生的华文水准大大下降。

到了20世纪60年代,有不少华裔失去了说闽南语的能力,很多华裔说菲语比闽南语更流利。1962年菲律宾教育部"调整华校中、英文授课时间,即英文课程一律改为上午上课,中文课程则移到下午上课"。① 顺序的调整表明当局对英语的重视,因此也无形中弱化了孩童对汉语的重视程度,上课顺序的调整其实恰恰反映了学好英语有好的就业前景这一现实问题。1965年后,菲律宾同化华人的步伐不断加快,如1967年规定不准华人新增华校。但是华校的数量并没有呈现明显下降趋势。有数据表明这一时期华校的发展情况:1956年有华校153所,48000多名学生,1649名华文教师;1962年有225所,其中19所完中,33所初中和173所小学;② 到1973年,有华校212所,学生六七万人。③

这期间值得一提的是,1965年隶属于华侨华人的四年制本科院校——中正学院(有华侨师专与中正学校合并而成)的创办,进一步完备了菲律宾华文教育体系。

3. 1973—1990年华文教育的菲化

为了进一步限制华文教育的发展,1973年1月,菲律宾新宪法明确规定:"教育机构不能专为外人而设立,外侨学生在任何学校之学生总数中,不得超过1/3。"④ 1973年4月13日,马科斯总统颁布有关境内外侨学校菲化的"总统第176号法令",到了1976年,95%的华校实现了菲化,学校教授华文的课时受到限制,进而限制招收中国籍学生的

---

① 吴端阳:《菲律宾华文教育的历史演变及其振兴对策初探》,《教育研究》1996年第2期。
② 温广益:《菲律宾华人重振华文教育》,《华人华侨历史研究》1997年第S1期。
③ 吴端阳:《菲律宾华文教育的历史演变及其振兴对策初探》,《教育研究》1996年第2期。
④ 周聿峨:《东南亚华文教育》,暨南大学出版社1995年版,第239页。

比例，从而使原来的侨办学校转变为菲籍华人为主的菲律宾学校。

自菲化以来，先是限制学校教授华文的课时数，进而限制招收中国籍学生的比例，最后完全菲化华文学校。由于官方语言是菲语和英语，因此，菲化后的华校主要开设英文和菲文课程，而华文只能作为外语选修科目讲授，每天限制在120分钟以内，无论是幼儿园还是大学。华校禁止使用中国台湾地区编印的教材；学校名也不得出现"中国""中华"字样，否则必须修改；对于华文教师不得外聘，必须在当地聘请。① 菲化后的华文教育急剧衰落，因为华人家长不重视、教师不想教，学生也不想学；也因为菲律宾没有及时调整办学方针。1974年有华校154所，菲化后仅存126所。这一局面引起华人教育界的深深忧虑，纷纷联合起来，振臂高呼，陆续采取成立华文教育研究机构和华文教师培训中心、提高教育待遇等措施，竭力抢救华文教育，为华文教育走出低谷储备了源动力。到20世纪80年代，华文学校又有所回升，达140所。②

4. 20世纪90年代以后华文教育的改革努力

菲化后，在华文教育界改革和拯救华文教育的呼声越来越高，也引起当局的重视。在华文教学讲习班上，教育局董副局长巴拉强调，"不只是华人，菲律宾人必须修读华语"。在华语教学研讨会上，教育部比安戈副部长签发1993年第19号"教育部备忘录"及研讨会出席证书。1994年7月，教育局宣布"将华语列入菲律宾学校课程，同意华校外聘教师"。③

同期，华社各界为拯救衰落的华文教育不断做出努力。1991年5月，华界应时成立"菲律宾华文教育研究中心"。中心提出一些新主张：新时期的华文教育要转轨，以培养具有中华文化气质的菲律宾公民

---

① 黄皇宗：《港台文化与海外华文教育》，中山大学出版社1992年版，第134—135页；顾明远：《教育大辞典》（4），上海教育出版社1992年版，第416—417页。
② 郭熙：《华文教学概论》，商务印书馆2007年版，第75页。
③ 周聿峨：《东南亚华文教育》，暨南大学出版社1995年版，第262页。

为目标；合理设置课程，走华语作为第二语言教学的新路子，实行教材和教学改革等。为进一步推动中心工作的顺利开展，还出版有《华文教育》月报及有关华文教学方面的书籍资料。1993年5月，中心召开"菲律宾华校华文教学研讨会"，呼吁华社、华校团结起来重振昔日光辉。① 中心与侨中学院以第二语言教学法为指导原则合编《菲律宾中小学十年制中学课本》，很快投入使用。② 1993年11月，中心又专门成立"菲律宾华文学校联合会"，用以协调华校的改革与发展。中心还在一些规模大的华校设立教师福利基金，提高华文教师待遇。此外，中心于2009年与中国暨南大学在密三密斯光华中学进行合作办学试点，有效解决了该校管理混乱、生源短缺等问题。可以说，该中心的成立很快成为菲律宾华文教育改革的中坚力量，发挥着极其重要的作用。

（二）菲律宾华文教育存在的问题与发展策略

目前，菲律宾华文教育的发展日趋规模化，中正学院有各类学生6000多人，圣公会中学、灵慧中学等中学的学生也多在三五千人。但在发展中还存在诸多制约因素。

第一，菲律宾华文教育缺少宽松的政策环境和语言环境，主流社会的中文教育滞后。由于历史和国情原因，菲律宾华文教育与东南亚其他国家相比，有很多不同之处。菲律宾受中国文化影响一向较少，采取政教合一的政治体制，对中华文化一直存在抵触心理和防备态度。虽然名义上将华文教育纳入国家教育体系，实际上始终对其打压，汉语只是第二外语，根本没有机会进入主流社会。菲律宾华裔学生学习汉语时间、场所都受限制。很显然，在政府处处干预的非母语环境中学习汉语，几乎没有多大效果。③ 菲律宾的华文教育长期局限在华人圈子里，在主流教育中基本不学汉语。2006年第一所孔子学院在雅典耀大学成立，带

---

① 吴端阳：《菲律宾华文教育的历史演变及其振兴对策初探》，《教育研究》1996年第2期。
② 田燕：《海外华文教育概况》，《民族教育研究》2000年第3期。
③ 夏雯君：《菲律宾华文教育现状调查分析——以怡朗市四所华校中小学生为例》，硕士学位论文，广西师范大学，2015年，第18—19页。

动当地几所大学开设汉语课。受此风潮的影响，2011年2月，教育部决定在公立中学开设汉语课，到2012年才有五所。华人后裔要转变学习观念，不妨也可以到公立学校学习汉语，而目前在这些大中学校学习汉语的多是非华裔学生。

第二，华文教材有待改进，师资数量和质量尚需提高。当下使用的教材多是中国母语教材，重文言文学习，轻现代实用文学习，重视中华传统文化熏陶，而忽视汉语言文字的训练，而且学习内容对于菲律宾华裔学生而言都十分深奥。因此，容易造成学生厌学现象的产生。20世纪90年代末期以来，很多菲律宾华人建议多编写一些符合当地实际、能提高学生听说能力的华文教材。比如本地编写的《菲律宾华语课本》，尽管很多素材很贴近生活，第二语言元素也有体现和运用，但在教学中不太适合华校学生，[①] 不能很好地提高他们的语言交际能力，更不要谈传播中华文化的问题。还有华文教师多来源于当地，不懂教法。而且富有教学经验的华文老教师偏多，女教师的比例又过高，有的学校甚至达到90%。华文教师待遇低，月薪多在80—200美元，因此多不愿意长期执教。据了解，两个学期更换教师一半以上的华校不在少数。人员不稳定也加大了培训的难度。[②]

基于菲律宾华文教育中还存在诸多制约因素，因此需要统筹考虑具体的发展策略。

第一，政府要转变观念，促进华文教育的改革与发展。东盟各国对华文教育的积极态度应引起菲律宾政府的重视，也应顺应时代发展的洪流，推动菲律宾华文教育的改革。建议政府放宽华文进入公立学校的条件，多开华文课，使更多菲律宾人接受国民教育的同时，又可以学习汉语言文化；建议菲律宾向泰国学习，提高汉语的地位，至少作为二外授

[①] 夏雯君：《菲律宾华文教育现状调查分析——以怡朗市四所华校中小学生为例》，硕士学位论文，广西师范大学，2015年，第18—19页。

[②] 吴建平：《菲律宾华文教育的现状、问题及对策》，《荆楚学刊》2012年第4期。

第二章　汉语言文化传播与发展的典型国家举隅

课；建议政府筹建更多的菲律宾中文大学或者在更多大学中设立中文专业，使菲律宾华文教育上层次、上台阶；建议政府放宽对华侨华人学习汉语的限制，营造宽松的语言环境，允许多元文化并存，让更多的华裔学生接触到母族文化，增强文化归属意识和认同感。在政治、经济、文化、旅游等方面允许广泛使用华文，尽可能多地创设良好的第二语言环境，以促进华文教育的顺利开展。

第二，编写或使用符合实际的华文教材，并加大本土师资的培养力度。菲律宾华人社会要与中国的同行专家合作，拟定全国统一教学大纲并据此编写一套适应本国国情的华文教材（小学至高中）。[①] 广西师范大学曾立足东南亚诸国本土编写了一套《魅力汉语》，可以为菲律宾编写本土化华文教材提供一些参考。此外，使用多年的《新编菲律宾华语课本》（吕必松等编写），随着社会生活、语言面貌、师生状况、二语教学理念等方面的变化，需要进行删减和修订。菲律宾华教中心、中方编写组以及国内权威出版社等多方合作，广泛调研，最终保证了修订版的针对性、适用性和本土化。[②] 在师资队伍方面，当下菲律宾汉语志愿者居多，一般而言，服务周期2—3年。因此要想提高整体师资力量，必须在本土师资培养上下功夫。采用"送出去"和"请进来"的方式，提高华文教师的专业化水平以及本地执教能力。"送出去"：比如，菲律宾商总资送一批有志从事华文教育的本土青年到中国华侨大学、福建师范大学接受系统的师资培训，以充实师资阵容。"请进来"：比如，2004年，由福建师范大学和华侨大学选派的84名汉语志愿者分布到菲律宾北、中、南部24所华文学校，一定程度上缓解了菲律宾华文专业师资的"饥渴"问题。[③]

第三，把主流社会中文教育作为汉语言文化推广和传播的重点。纯

[①] 戴家毅：《菲律宾华文教育的发展研究》，硕士学位论文，广西师范大学，2010年，第39页。
[②] 邹工成：《华文教材编写研究》，商务印书馆2015年版，第125—137页。
[③] 王琳：《世界华文教育现状研究》，商务印书馆2016年版，第76—77页。

菲律宾人在华文学校学生中的比例逐年增大，山顶州府华校甚至达到80%以上，华文教育得到菲律宾社会和政府的广泛认可。① 因此可以借助菲律宾教育部在国立大学和中学开设汉语课的机会，争取继续扩大开设范围，先从公立的重点中学做起，再逐步推广；先从孔子学院做起再逐步推广到其他国立大学；教育部也可以分批次组织相关人员到中国内地或港台地区参加系统的汉语培训，扩大汉语在菲律宾主流社会的影响。②

近些年来的汉语热潮与华人经济圈蓬勃发展，带动了菲律宾华侨华人子女学习汉语的意愿，华文学校的学生也逐步增加。华文学校不仅重视汉语言的教学，更趋向于中华文化活动的开展，比如，菲律宾侨中学院举行讲华语故事比赛，中西学院举行小学华语歌曲独唱比赛，描戈律大同中学组织"爱中华、品文化"欢度校庆、喜迎校庆系列活动，三宝颜中华中学定期举办中文书法比赛、华语演讲比赛、华语歌曲比赛、华语话剧比赛等，大大激发了学生学习汉语和中华文化的兴趣。③ 此外，孔子学院的开办可以说是菲律宾语言文化学习的一大盛事。自2006年10月3日与中山大学合办雅典耀大学孔子学院以来，孔子学院、汉语课堂在全菲大地遍地开花，孔子学院每年都在马尼拉等地市举办多场中国文化推广宣传活动，如中国春节、中秋节、国庆庆祝活动、电影周活动、汉语桥比赛菲律宾赛区预赛、菲律宾大学生中国知识竞赛、中国画展览以及举办有关中国文化学术讲座等，扩大了中国文化在菲律宾社会的影响，也有力推动了华文教育事业再上新台阶。目前，在菲律宾政府相对宽松的政策下，在华文教育界的不懈努力下，在中国政府的大力支持下，汉语言文化教育在菲律宾的传播与发展前景较为明朗。

---

① 王琳：《世界华文教育现状研究》，商务印书馆2016年版，第74页。
② 吴建平：《菲律宾华文教育的现状、问题及对策》，《荆楚学刊》2012年第4期。
③ 《菲律宾三宝颜中华中学暨附小》，http://www.hwjyw.com/info/content/2010/12/16/13627.shtml。

第二章 汉语言文化传播与发展的典型国家举隅

七 缅甸华文教育

缅甸，面积 67.6578 万平方公里，人口 5288.5223 万（2016 年）。主要民族为缅族，占总人口的 68%。主要的少数民族为掸族（9%）、克伦族（7%）、孟族（2%）、克钦族、克伦尼族（1%）、钦族（2%）、若开族以及华人（3%）、印度人、孟加拉人。官方语言为缅甸语，也有为数不多的人懂英语和汉语。[①] 目前有 250 多万华侨华人在缅甸居住，并热心于华文教育事业的发展。从 1904 年缅甸华侨创办第一所正规华校始至今已有一百多年历史。缅甸华文教育历经曲折和沧桑，20 世纪 90 年代以来才有了新的变化和发展。缅甸华文教育从区域上分为缅南（"下缅甸"）华文教育和缅北（"上缅甸"）华文教育，其中 21 世纪以来，缅北的华文教育发展较快。有调查数据显示：缅北地区大概有华校 101 所，学生达 58309 人，教师为 1798 人，其中腊戍地区的在校生和教师最多，分别为 30202 人和 859 人，其次是曼德勒地区为 9100 人和 341 人。[②]

（一）缅甸华文教育的历史沿革

缅甸华文教育和其他国家一样，都经历过私塾教育阶段。早在 1872 年，就有华侨在仰光开设私塾、蒙馆，传授中国传统文化经典。之后，在缅甸的关帝庙、寺庙之内都设立有蒙馆、中文私塾，甚至凡有华侨商店或工厂一间或住家十户以上的地方，都设有蒙馆以教育华侨子弟读书识字，接受中国传统文化的熏陶与浸染。

创办于 1904 年的仰光"中华义学"，是缅甸近代第一所华文学校。这基本上与清末政府颁布"学堂章程"实施新学制（1903 年）、兴学堂等同步进行的。戊戌变法后，康有为于 1903 年在缅甸成立了缅甸保皇

[①] 《缅甸概况》，https://baike.baidu.com/item/%E7%BC%85%E7%94%B8/205923？fr=aladdin#6。

[②] 刘立伟、祝湘辉：《新时期缅甸华文教育的变化、形势和问题》，《语文学刊》2016 年第 5 期。

— 113 —

会分会，在新风气的影响下，林国重、陈金在、杜诚浩等人于 1904 年设立中华义学。将中华义学改名为中华学堂，后又改为中华学校。

　　1909 年之后，华侨纷纷办校，影响较大的主要有中华女子学校福建女校、英华学校、挽华学校、礼义学校、光育学校、思明学校等华校。其中的教会学校开设有华语班，或兼授中英文。1912 年缅甸两个最大的城市仰光和曼德勒有华侨学校十多所。辛亥革命后，华文教育得到迅速发展，1915 年全缅有华校 100 多所，遍布华侨所在的城乡。[①]

　　缅甸华文教育的大发展是在 1911 年到二战前。首先，中华民国的成立激发了华侨的办学热情，到 1930 年华校总数达到了 208 所，二战爆发前又增至 250 多所，其中有 5 所中学，1000 多教职工，2 万多名学生。[②] 华校还建立了统一的领导机构，以便于各校之间的沟通与联系。同时，缅甸华校的课程设置较为合理，除了国文、国语外，还有历史、地理等人文和自然学科的课程。有的华校还开设了英文和缅甸文。这是缅甸华文教育的鼎盛时期，华校不仅致力于培养学生德、智、体、美全面发展，还十分重视学生与当地文化的结合。

　　日本入侵缅甸后，华校全部停办。华侨中学等个别华校迁往缅北八莫，仰光中华国民学校迁往杰柳。日军强迫推行奴化教育，创办新中华学校，编制为高初两级小学，教科书用原有课本，删去不利于日本的内容，增设日语课程。[③]

　　直到 20 世纪 40 年代末 50 年代初，缅甸的华文学校才得以复办，汉语言文化教学才得以延续。据统计，1950 年缅甸有华文中学 1 所，华文小学兼中学 7 所，有学生六七千人。复办学校校舍简陋，经费紧张，生源不足，学生华文水平低。1951 年缅甸政府开始对私人办学有所控制，《私立学校注册条例》明确规定：20 人以上的私校必须在开学

[①] 周聿峨：《东南亚华文教育》，暨南大学出版社 1995 年版，第 368 页。
[②] 陈荣岚：《全球化与本土化：东南亚华文教育发展策略研究》，厦门大学出版社 2007 年版，第 78 页。
[③] 林锡星：《缅甸华文教育产生的背景与发展态势》，《东南亚研究》2003 年第 3 期。

第二章　汉语言文化传播与发展的典型国家举隅

前三个月申请注册，但并没有限制华校的教材、课程等自由权。在这种背景下，战后的华文教育又重新抬头。20世纪50年代末到60年代初，仰光的华文学校和南洋中学兴办外文班，培养了大量优秀人才。到1962年，缅甸有259所华文学校，39000名学生。[1]

奈温政府执政期间，缅甸政府在文化教育上推行"缅甸化政策"。1963年开始严格管制华校，规定缅甸文课程必须授足，否则不得在课余时间增加华文课程。1965年4月，政府颁布《私立学校国有化条例》，将私立中小学全部国有化，包括200多所华校。同时规定，除了单科补习学校可以存在，其他正式的私校一律不得兴办，从此以后正规的华校便销声匿迹。到1967年"6·26"排华事件发生后，政府又禁止了为数不多的华文补习班。自此，缅甸华文教育的发展一落千丈，[2]但并不禁止宗教办学。众所周知，缅甸政府是外侨创办宗教学校的，缅甸的印度人一直以教授古兰经的名义坚持办学，华人也开始效仿这种模式，大小规模不等的华文宗教学校相继成立。一些华侨华人子弟就可以借助到寺庙念中文佛经，以此来接触和学习汉语言文化。

20世纪80年代末，缅甸政府开始调整内外政策，华文教育有了较为宽松的发展环境。于是，一些华文补习班经过整合升格为正式的华文学校。缅北发展华文教育迫切，因此有更多的华校创办，相比而言，曾经一度红火的仰光地区发展很慢，原有的几所华校尚处于顽强生存状态。此阶段新办以及合并成立的华校，规模一般都比较大，几百人到上千人不等。

到20世纪90年代以后，缅甸华文教育进入复苏阶段。除了华文学校、华文补习班外，还开办各种中文电脑班。此时的华文教育基本放弃了佛教色彩。如2002年华侨新办的"福星语言与电脑学苑"，很是红

---

[1] Douglas P. Murray, "Chinese education in southeast Asia", *The China Quarterly*, No. 20, 1964.

[2] 陈仙卿：《缅甸华人与华文教学发展状况》，《红河学院学报》2014年第6期。

火,仅汉语程度班就有 8 个、电脑培训班有 5 个,还包括水平考试班、汉语会话班等班级,很好地满足了不同年龄的人们学习汉语言文化的需要。① 此外,原来亲中国台湾的学校也开始放弃政治分歧,坚持"一个中国"的原则,把华校创办得有声有色,风生水起。

(二) 发展中面临的形势与挑战

现今,福建、广东华侨华人主要聚集在"下缅甸"(仰光及中南一带)即缅南地区,云南华侨华人集中在"上缅甸"(北部曼德勒等区域)即缅北地区。上下缅甸地域划分没有明显的界线。"上缅甸"华文教育发展较好,其中东枝市的学校规模较大,有数千名学生在学习华文。这些华校多采用中国教材,学生的华文水平较高,一般能用华语沟通和华文书写。② 准确地说,目前缅甸在发展华文教育方面有着较好的形势。第一,私立中小学办学有了合法地位。私立学校一度被禁办,直到 2011 年 12 月政府颁布法令,兴办私立学校的禁令得以解除。尽管没有给华文教育以明确的办学态度,但的确借助兴办私立学校的东风,使华文学校尤其是补习学校发展起来。在仰光有不少国际学校将中文纳入课程体系,作为一门外语来开设,这是一个可喜的进步。第二,中国台湾地区对缅甸华文教育态度的转变。以往中国台湾地区的大学是缅甸华裔学生升学的主渠道。2007—2009 年因多种因素关闭对缅甸的招生。2009 年以后又开始招生,每年 50—100 人不等。中国台湾地区对缅甸侨务态度的回暖,大大激发了缅甸高中阶段的教育和华文教育。第三,与中国内地的合作力度加大。除了在师资培养、教材编写、组织华裔开展活动等方面的常规支持外,近些年来,中国政府和有关部门又进一步拓宽了与缅甸方合作的渠道。2010 年 8 月云南海外文化教育中心缅甸中心在曼德勒设立;2009 年起中国侨办在缅甸设立 12 所"海外华文教

---

① 陈荣岚:《全球化与本土化:东南亚华文教育发展策略研究》,厦门大学出版社 2007 年版,第 79 页。
② 林锡星:《缅甸华文教育产生的背景与发展态势》,《东南亚研究》2003 年第 3 期。

育示范学校";2015年1月缅甸第一所孔子学院在曼德勒外国语大学成立。同时,为了丰富缅甸华裔青少年的课余生活,增强他们对祖(籍)国文化的认识,多次举办"中国寻根之旅"夏令营活动。如2017年5月25日,举行"中国寻根之旅"夏令营(德宏营),缅甸九谷、洋人街等地方的120名华裔青少年参加本次以探寻中华文化,寻找民族认同感为主要活动目的的夏令营。① 这些措施为汉语言文化在缅甸的广泛学习与传播打下了坚实的基础。但是,尽管面临如此好的发展机遇,依然存在一些问题和挑战。

1. 华文教育地位问题

20世纪60年代缅甸排华运动以及华文教育的国有化运动,使华侨华人社会受到深深的伤害,以至于长期以来不敢放手大胆地发展华文学校。尤其是一些华文学校的兴办还要靠关系或借助政府对私立学校的宽松政策来进行,没有合法的地位和保障,以至于华文教育的兴衰起伏全在人为。这种得不到政府承认,与当地国民教育不接轨的办学境遇,从根本上阻碍了缅甸华侨华人的办学积极性。因此,缅甸华文学校很难做到全日制授课,一般都是缅甸官方学校上午上课前和下午放学后教授华文,只是在暑假期间,才有机会实行全日制授课,很显然,华文教学质量得不到有效的保证。②

2. 华文教材问题

缅甸迄今尚无本土化的华文教材。大部分华校采用的都是暨南大学出版社出版的《汉语》《说话》以及北京语言大学出版社出版的《桥梁》《高级汉语》,而学习者大都是缅甸人,只有少部分是混血华裔,汉语教学多是呈现第二语言的特征,因此这些教材的针对性不强。当然,也有中国台湾地区的《国语》教材。采用中国内地教材的华校使用缅甸语或双语教学,偏重语言、文化的学习,而采用台湾地区教材的

---

① 崔汶:《缅甸华裔青少年云南德宏开始"寻根之旅"》,http://www.chinanews.com/。
② 王琳:《世界华文教育现状研究》,商务印书馆2016年版,第101页。

华校则是使用母语教育的语文教学，侧重知识的灌输和中华文化的学习。即使这样，选用什么样的华文教材以及保证教材数量问题也成了当前缅甸华文教育的一大困扰。[①] 在缅甸广东工商总会补习班义务教授白话（广东话）的会长赵业华透露："我们目前最缺乏的是教科书。"他呼吁海外热心人士捐助华文的教育课本："不论是简体字还是繁体字，我们都要。"对于缅甸政府禁止华文书本入境问题，将通过合法途径申请。另外，缅甸华校的教学设备、图书资料也十分匮乏。由于政府投入的资金不足，又不允许学校创收，因而校方无力购置汉语教学必需的设备和资料。缅甸两所外国语大学图书馆所藏的中文书籍几乎全部是中国国家汉办赠送的，种类和数量均十分有限。汉语系的电脑、语音室等也皆为中方所赠。

3. 华文师资问题

目前，师资断层、老龄化、后继乏人是缅甸师资方面存在的主要问题。具体而言，年级低的班级，教师缺乏问题不明显，而年级越高，教师越少。比如，"下缅甸"华文教师以 50 岁以上为主。华文补习班虽也培养了一些年轻人补充到教师队伍中，但杯水车薪，不能改善教师队伍老化、后继乏人的状况，特别是"越是高班老师越少"。[②] 此外，由于受教育经费的制约，缅甸各华校教师的待遇普遍偏低，2010 年时约等于人民币 500 元。工资待遇低，很难吸引年轻人从教。即便有年轻教师任教，一般坚持 1—2 年就会辞职，不是说教师不敬业，总要能养家糊口有一个基本的生活保障，而这些都成了华文教师的渴望。此外，缅甸华文教师的教学水平亟待提高。华语对华侨华人而言，在缅甸基本是作为第二外语来开设，很多华文教师根本不懂第二语言教学理论，因此教学缺乏针对性，教学效果不甚理想。所在单位因资金匮乏又不能为其提供外出学习和培训的机会，所以全缅华文教师的专业化程度一时

[①] 邹工成：《华文教材编写研究》，商务印书馆 2015 年版，第 203—205 页。
[②] 范宏伟：《缅甸华文教育的现状与前景》，《东南亚研究》2006 年第 6 期。

难以提高。

4. 生源及出路问题

由于缅甸华文学校没有合法的地位，所以多以补习班的形式存在，因此学习汉语言文化的时间就得不到保证，多是在政府学校授课时间之外来学习，有时因政府学校调课、加课等因素，也会造成与预定学习华文的时间相冲突，不得不停止华文授课。鉴于此原因，造成华文生源流失严重。更何况很多高中华裔要准备高考，所以高级华文补习班的生源会更少。再说，学习华文在缅甸的出路也不广阔，其地位远远赶不上英文。对于华侨华人子弟而言，在长期的语言环境和社会环境中早就种下了一种根深蒂固的观念，即学好英文可以有更多出国的机会，而且留在他国就业的概率也大一些。由于大部分缅甸华人子女的学习时间得不到保证，导致其只能掌握一定数量的中华语言文字而已，谈不上进行熟练的听、说、读、写，从而影响其对中华文化的传承与发扬光大。[1]

（三）缅甸华文教育的发展策略

如今的缅甸根本没有把华族作为当地的少数民族看待，也没有给予一个少数民族应有的待遇。更不要说谋求母语的发展了。这就需要在以下几个方面作出努力。第一，争取华文学校的合法地位。除了华侨华人社会进行捍卫汉语言文化的斗争以外，可以借助中缅教育部高层互访的平台，加大汉语在缅甸的推广力度，采取高校学习汉语引领政府学校学习汉语的"自上而下"模式，逐步扩大汉语的影响力，让缅甸政府看到国民学习汉语的潜在价值，从而促使华文教育早日实现合法化。第二，多方努力提高华文教师的待遇和专业能力。在待遇提升方面，华文学校可以多发动缅甸或其他国家华商大亨捐赠，成立教师发展基金会，也可以通过与官方学校合作办学方式，争取一定的经费支持，以改善教师的工资待遇，等等。同时，通过选拔优秀教师到国外参加华文专业培

---

[1] 寸晓红：《缅甸华文教育发展的趋势与策略》，《德宏师范高等专科学校学报》2014年第2期。

训、进修和学历提升等方式提高自身水平。比如，2005年10月，缅甸14所华校的16位校长和领导应邀访华，参观访问中国内地教育的发展状况。① 也可以不出家门，在本地接受援缅机构的华文教师培训，如2001—2010年，云南省侨办聘请国内教师到缅甸作短期培训，这种送培形式有利于提高本地华文教师的教学水平。② 第三，积极营造良好的华文教育发展环境。缅甸华侨华人社会要为华文教育事业的发展做长远谋划，首先，要与当地政府及社区人员搞好关系。其次，编写符合本地华文教育特点的教材，以满足华文教学的需要。编写本土化教材要注意几个要点：第一，缅甸学生比较保守，要编写一套具有丰富的语言素材又可开发学生思维能力的汉语教材；第二，要分类编写以母语教学为主和第二语言教学为主的本土化教材；第三，要编写中国文化和缅甸文化融合的教材，要有一支高素质的教材编订队伍，教材要降低难度，有趣味性。③ 再次，要淡化与中国的政治关系，多与祖（籍）国进行语言文化交流，多争取中方在政策、经济等方面的支持。

未来的缅甸华文教育发展前景还不明朗，能否走出低谷，走上健康的发展之路，那就要看"缅甸国内政治、经济格局的演变；华人的影响力和诉求；中缅关系的走向；国际形势的变化"。④

八　越南华文教育

越南位于亚洲中南半岛东侧，北邻中国，现有华侨华人100多万，大部分加入越南国籍，主要聚集在胡志明市和湄公河三角洲一带，其他分布在后江、坚江、安江、九江、明海、前江等南部平原省份。越南与中国的关系源远流长，宋元时期，中国的海外移民活动开始大量出现，并形成了一个高潮。原因是对外贸易日趋兴旺，大批华商出洋经商。据

---

① 范宏伟：《缅甸华文教育的现状与前景》，《东南亚研究》2006年第6期。
② 寸晓红：《缅甸华文教育发展趋势与策略》，《德宏师范高等专科学校学报》2014年第2期。
③ 邹工成：《华文教材编写研究》，商务印书馆2015年版，第207—208页。
④ 王琳：《世界华文教育现状研究》，商务印书馆2016年版，第111页。

记载，宋代时期，越南中部已经有第二代华侨，那时的中小商人主要集中在高丽、日本、真腊、暹罗、占城（今越南中部）、苏门答腊岛、爪哇岛等地。与印支地区其他地方相比，越南华侨移居的历史颇为悠久。越南的华侨主要有福建、广东、潮州、海南、客家五个群体，过去都从事兴学活动，后被国家收为国有。自19世纪后期越南华文私塾教育兴办以来，经过曲折而艰辛的发展，进入21世纪，呈现出比较蓬勃发展的态势，由胡志明市华文教育的发展即可窥见一斑。胡志明市共有35所华文中心，有学生10299人，华文教师407人。其中，小学259个班，学生8528人，教师297人；初中84个班，学生1771人，教师110人。迄今为止，小学的华文教育发展相对依然较好。①

（一）越南华文教育的历史沿革

1. 初创阶段

在20世纪以前，越南华侨是以私塾的形式教育其子女识字知礼、写信记账，所用的教材多为《三字经》、"四书"、"五经"等中国传统文化典籍，此外还有珠算和尺牍。

1908年，闽籍华侨在越南堤岸创办闽漳学校为越南华文教育的开端。此后，各地华侨陆续创办了一些华校。②旧式华文教育属于私塾办学，散见于乡村一带，后与新学堂并存于20世纪初期，直到民国初年，按照孙中山三民主义思想进行改革延续至20世纪30年代逐步消失。

20世纪20年代，越南的华文教育有较大发展，凡是华侨聚集地都有华校的创办，只不过仅限于小学。到了1930年以后，华文中学开始创办，很多规模较大的华小扩建为华文中学，1931年暨南学校和重庆学校又新建了两所中学，以满足华侨学童的升学需要。同期，在一些很偏僻的集镇也陆续兴办了一些华文小学。到了抗战时期，因为很多越南

---

① 刘小妃：《越南南部华族华文教育现状、问题与对策研究——蓄臻省培青学校及薄辽省新华学校为例》，硕士学位论文，中央民族大学，2012年，第1页。

② 衣远：《越南华文教育发展现状与思考》，《东南亚纵横》2014年第7期。

学生去中国留学的门路中断，因此就自建了很多华校。经费来自会馆会费、华侨捐资及学费。教学语言是普通话与各家方言并存，教师从中国聘请，有的学校还兼授英语或法语。1937—1938年，新增23所华校，总数达191所，其中有417名教师，12128名学生。① 同时，为了满足华侨成人的学习需要，一些短平快的夜校、书报社应运而生。这一时期，可以说，以学习和弘扬中华语言文化为目的的华校几乎涵盖了华侨社会各个阶层，也有力地促进了当地华侨社会的团结。

2. 恢复阶段

1945—1954年为越南华文教育的恢复发展阶段。1945年8月日本投降后，法国殖民者随即卷土重来。1946年2月，法国殖民当局与中国国民党政权签订《中法条约》，明确了越南华侨组织的功能及华侨子女在华校读书的权利，促使华文教育在二战的重创中恢复与发展。1946年南越华校因受战争影响减到142所，学生19804人，但此时的数量和规模都比北越大。到1949年，仅西贡、堤岸两地就有华校97所，学生25227人，其中中学11所，学生3166人。

中国内战期间，由于局势动荡不安，南方一些知识分子移居越南等地，大大补充了师资。1950年以后，越南还出现了"双语"（华文、越语）和"多语"（华文、越语、英语和法语）教育的学校，丰富了越南教育的形式。② 1954年以前，北越抗法期间，法国殖民当局以华校宣传政治与中国国民党勾结为由，对师生大加迫害，很多华侨又逃往中国内地。河内地区仅有的中华学校和福建学校还曾一度合并，北越华文教育呈现低迷之势。相反，南越华文教育发展形势较好。至1954年，西贡堤岸的华侨中学增至16所（含7所附中），1135名中小学教员，38954名学生。

---

① 陈荣岚：《全球化与本土化：东南亚华文教育发展策略研究》，厦门大学出版社2007年版，第11页。

② 同上书，第82页。

3. 被改制、消亡阶段

1955年至20世纪80年代中期，为越南华文教育的被改制、消亡阶段。1955年越南南方正式成立"越南共和国"。自1956年起，南越当局开始对华校实现"越化"，各华校必须按照私立学校申办手续，重新登记注册。华校必须使用越南公立学校教材，用越语授课，过渡期可以兼用华语教学，华文在中学和英文、法文一样都是选修的外语课。

自1958年起，北越开始接管华校，将华校由全日制改为半日制，更改课程设置与教材内容，中学以教授越文为主，华文为选修课不计成绩。但由于北越当局奉行的是"尊重华侨的语言、文字、风俗、习惯，保持和发展华侨的教育事业"的文教政策，因此使萎靡不振的北越华文教育得以发展。有数据表明，北越华校由1955年的45所增加到1962年127所。1959年第一个华侨师范学校在北约创办。自此，北约的初等、中等和师范教育体系初步形成。

在1975年，南越被北越兼并之前，越南的华文教育呈现出良好的发展态势，仅南越首都就有200多华侨学校，每所学校有二三千人，学制从幼儿园到高中阶段。[①] 1975年南北统一后，华校全部由政府接管，有的被迫停办。越南当局明确规定，不允许新办华校，在华人聚集地教授越文的普通学校可以保留华语科目，使用政府编写的教材，绝不允许私人教授华语。授课时间限定在每周3—5个小时。准确地讲，在越南政府的高压政策下，几乎没有正规的华文学校存在，多以补习性质的华文培训班、夜校和下午班的形式存在。统计，允许教授华语科目的普通学校有64所，有学生8400人，1985年减至32所，仅存学生7200人。[②] 这类学校华文科目形同虚设，中国汉语言文化教育名存实亡。

[①] 陈青文：《语言、媒介与文化认同：汉语的全球传播研究》，上海交通大学出版社2013年版，第50页。

[②] 郭熙：《华文教育概论》，商务印书馆2007年版，第18—80页。

4. 重扩发展阶段

20世纪80年代中后期至今，为越南华文教育的重扩发展阶段。随着华商投资越南人数的不断增多，使华文的"市场价值"不断提升，越来越多的越南人希望能够学习华文，以便和前来投资的华商更好地沟通和商谈，寻找商机或者为将来谋一个好的职业做准备。尤其是越南实施改革开放以后，华语和英语一样都成了经贸洽谈的重要语言工具。因此学习华语对华裔而言不只是传承中华语言文化的需要，更是一种社会需求。

1986年越共"六大"以来，政府开始将排斥华侨华人政策调整为平等对待的政策，同时也给其所办教育较为优厚的待遇。1989年越南256号《指示》规定：华裔可以学习华文，可以成立自己的文化文艺组织，将华文列入中小学课程之一。越南政府还进一步提出"国家有关部门应该创造条件让华人学习民族语言和民族文化"的建议。1995年越南加入世贸组织后，一些热心华文教育人士与地方机关合作，积极创办形式多样的"华语补习班"。在胡志明市，华文学校及成人华语补习班如雨后春笋般兴起，呈现蓬勃发展的情景。如，2002年成立的胡志明市商业华语培训中心，到2012年已有1所正校、5所分校、140个班、2000名学生、80名教师；胡志明市开设的亲子华语辅导班，是面向家庭成员的华文学习机构，呈现出教学对象多样化的局面。[①] 同期，很多高校也相继开办了华文专业和课程。截至2003年，越南已有74所大学和高等专科学校，其中有17所民办大学，包括上百个专业学科，大部分大学都设有中文系，开设华文课程，[②] 包括中国学、汉语经贸学、汉语言及文化管理学等。

2005年中越两国教育部签署《中越2005至2009年教育交流协议》，表示今后五年要不断加强教育合作，尤其是汉语教学。每年暑

[①] 衣远：《越南华文教育发展现状与思考》，《东南亚纵横》2014年第7期。
[②] 陈吉雄：《越南大学汉语教学》，《中国新教育杂志》2003年第1期。

假，中方向越南提供一定的汉语教师进修奖学金名额，来提高越南汉语教师专业水平，并在教材编写与当地汉语教师培训等方面进行合作。

(二) 越南华文教育的审视与反思

随着越南与整个华语地区在经济、文化等方面的进一步交流，越南的华文教育事业也发展迅速。越南华人子弟学习华语的机构主要有华文学校、华人民立学校，华文夜校及华文（培训）中心等。目前，快速发展中的越南华文教育还面临诸多问题亟待解决。

第一，越南华文教材质量不高，且缺少配套资料。比如，越南培青华文学校使用的华文教材是越南国家为华文教育编写的，但没其他的教师用书和练习本、CD光盘等教学配套资料。建议在借鉴中国、东南亚各国的华文教材的同时，还要结合越南本国的实际情况来科学地编排。第二，华文教师不足。华校师生比多在1∶50—1∶100之间。[1] 更为严重的是，相当数量的华文教师未受过专业培训。原因之一是当地华人机构资金短缺造成的，越南方可以向中国汉办提出申请，增派汉语志愿者赴越以此暂时缓解师资短缺的压力。同时，华文教育机构选派教师到国外知名师范大学或培训机构接受培训，学成归来再服务于母校或本单位。比如，2006年7月，越南华文学校校长和教师共15人在广西华侨学校接受为期两周的培训，熟练掌握了有关教育理念、教学内容和教学方法，提高了自身的教学技能。这种符合国际规范的师资培训方式越来越符合越南当前华文教育的发展需要。[2] 第三，越南华文学校发展资金不足。越南华文学校的学费较低：小学每月4万—5万越盾，初中每月6万越盾，高中每月8万—12万越盾。有的学校是象征性收费如岘港树人华文学校，每三个月7.5万越盾，一个月上12次课。同时，经费开支较大，比如教师工资、日常的教学开支、向上级管理部门缴纳管理费

---

[1] 黄明焕：《战后印支三国华文教育研究》，硕士学位论文，暨南大学，2006年，第7—15页。
[2] 刘小妃：《越南南部华族华文教育现状、问题与对策研究——蓄臻省培青学校及薄辽省新华学校为例》，硕士学位论文，中央民族大学，2012年，第48页。

以及场地租赁费等。除去正常的开支，华文学校的办学经费几乎都是所剩无几。① 建议成立国家级华文教学基金会或汉语教学基金会，多方筹措基金，推动和支持越南汉语言文化的学习与传播。

越南与中国是邻居，有相似的国情和文化结构，有相同的社会制度，因此趋同的地方很多，在政治、经贸、文化、教育领域的合作前景还很广阔。目前，越南实施华文教育的大环境已经具备，只要抱着虚心的态度，多与中国及其他开展华文教育的国家开展合作与交流，采取实际行动，自上而下地推动并支持华文教育，鼓励中越两国高校联合培养高层次汉语师资人才，在越南多开设孔子学院，就可以有效推动汉语言文化在越南的广泛传播与深入发展。

九 日本华文教育

日本，位于东亚，国名意为"日出之国"，领土由北海道、本州、四国、九州四个大岛及 6800 多个小岛组成，总面积 37.8 万平方公里。主体民族为大和族，通用日语，总人口约 1.268 亿（2017 年）。② 日本作为中国一衣带水的近邻，早在唐朝时期就和中国有着密切的往来。日本华文教育从 19 世纪末期创建，发展比较缓慢。目前在日本仅有五个全日制华文学校，华文教师六七十人，学生约 2000 人。此外，华文周末学校、华文媒体教育、中国语教室也接受在日华人子女学习汉语言文化。四种途径可接受华人子女 4000 余人，也只是在日华侨华人子女的十分之一。日本大学开设汉语专业进一步拓宽了学习的途径，日本"汉语热"日渐升温。③

（一）日本华文教育的历史演进

1897 年孙中山第一次广州起义失败后，远走日本横滨，为宣扬革

---

① 李红蕾：《越南华文教育兴起的原因和问题分析》，《现代交际》2016 年第 7 期。
② 《日本概况》，https://baike.baidu.com/item/%E6%97%A5 E6%9C% AC/111617#6。
③ 郭兰冰：《在日华人子女汉语教育现状及对策研究——以同源中文学校名古屋分校为例》，硕士学位论文，沈阳师范大学，2006 年，第 9—10 页。

命思想，孙中山和陈少白在横滨共同创办了日本近代第一所华侨学校——"中西学校"。次年，戊戌变法失败，康有为和梁启超等人亡命日本，梁启超控制"中西学校"，把"中西学校"改名为"大同学校"。①1907年革命党人在横滨建第二所华侨学校。这两所学校都使用粤语教学。辛亥革命前，在日本共建华侨学校7所。1923年浙江籍华侨创建中华学校，使用宁波语教学。1929年又建东京华侨学校。此后，在神户、长崎等地相继创办一些华校。又因二战几乎所有华校都停办。

二战后，日本对华侨学校的政策比战前宽松一些。日本宪法规定，学校是超党派的学术阵地，侨学除登记注册外，其他事宜不加过问。官方还不断视察侨校的办学情况，对于学校发展规划、课程设置、教材内容等不予干涉。1946年1月，华侨学校成立的留日华校教育会是日本华文教育史上的一件大事，对日本华侨团体建设和华文教育的发展都有推动作用。在众多因素的影响下，华侨学校得以快速恢复。1946年3月，华侨在大阪创办中华国文学校。1946年9月，在横滨新建中华学校（原广东小学校）。有调查表明，1948年9月，日本9所华校有学生3500人，另有1500名华侨子弟在日本学校就读。②

1972年中日恢复邦交关系。当时华侨学校因受日本教育法的制约，为数不多的华校也倒闭了。到了20世纪70年代末期，仅存东京中华学校、横滨中华学院等5所，这些学校的体制属于初中等教育的小学和中学。日本华文教育的萎靡状态一直持续到20世纪80年代末期。

20世纪90年代以来，由于国际形势的变化、中国经济的持续发展，中日两国的交流合作日益加深以及日本华人社会的变迁，前往日本的移民人数显著增加，尤其是到2000年，占据外国留学生50%以上的

---

① 日本横滨山手中华学校编：《横滨山手中华学校百年校志（1898—2004）》，2005年，第92页。

② 参见臧广恩《日本华侨教育》，华侨教育丛书编辑委员会，1959年，第79—82页。

中国留学生队伍，一股脑儿影响着华侨华人社会的规模，也促进了日本华文教育的发展。据统计，日本华侨华人2004年45643人，比1995年23314人增加了两倍。① 人数的增加与华文教育的需求呈正比。2002年名华中文学校创办，起初有近40名学生。2003年横滨山手中华学校又新建校舍。2003年4月，新华侨华人与日本友好人士联合筹建了一所全日制华文学校——日中学校，突出新华人优势，主要实行双语教育。同期，更多的教学形式则是中文班、周末中文学校、中文教室以及电视远程学校，等等。据报道，仅在日本东京附近的中文班、中文教室就达40余家，每天学习汉语人数不低于500人。②

日本华裔青少年除了通过华文学校学习汉语言文化外，还可以通过日本政府学校来学习汉语。2003年日本有353所高中开设汉语课，一年后增加到475所。1996年汉语列入大学入学考试科目促进了大学汉语课程的开设。据统计，到21世纪初期，开设汉语课的大学有500余所，设立汉语专业的大学有85所。把汉语作为二外学习的高校高于95%。到了2008年，日本有公、私立大学756所开办中文教育，其中有85所大学设有中文专业课程，还有154所高中与中国的中学结为姐妹校。③

（二）日本华文教育的现状

据中国驻日本大使馆和华侨报刊统计，如今在日的华侨华人、留学生等有70余万。越来越多的中国人变成了长期居住者，并拥有日本国籍，他们和日本人一样生活、工作，给日本社会带来了多文化、多民族的课题。大批新移民的注入使新时期的日本华文教育呈现以下发展特点。第一，沿用传统的教学理念。华侨学校的实力日益壮大的一个主要原因就在于华校多以坚持研习中国文化为传统教育特色，严格要求学

---

① 任江辉：《日本华文教育现状探究》，《内蒙古农业大学学报》（社会科学版）2010年第4期。
② 郭熙：《华文教育概论》，商务印书馆2007年版，第79页。
③ 陈青文：《语言、媒介与文化认同：汉语的全球传播研究》，上海交通大学出版社2013年版，第46页。

生，尊敬师长，爱护学生。这与日本学校的"宽松教育"不同，横滨山手中华学校的潘校长说："我们……教育学生以作为……中国人而骄傲。……上下课的钟声还是《东方红》乐曲。"① 第二，办学形式多样化。除了少量全日制华侨学校，出现了中国课外补习学校、日本电视中文学校等新的教育形态弥补了旧式华教不足，形式灵活又可以接受中华语言文字的熏陶。此外，日本官方大、中小学开设汉语课吸纳大量日本人学习汉语，也有利于中华文化的传播。② 第三，授课对象广泛。老华侨的日化以及新华侨的不断加入，使日本的社会结构多样化，也影响着日本华教的变化。学习对象日趋多元化，既有华侨华人子女，也有中日人结婚所生子女，还有日本人子女，甚至还有韩国人子女等。第四，试图融入主流教育。日本的华文教育多实行汉语、日语、英语三语教学。学生既可以学到日本学校的课程以及汉语知识，还可以从小学习英语，这种多样化的教育内容，有利于培养学生的社会竞争力。此外，日本的华侨学校在讲授中国传统文化、中国历史的同时，还讲授日本文化、日本语言、日本风土人情等方面的内容。这种把中日两国文化都编入教材的做法，有利于华侨华人学生掌握与日本普通学校学生所应具备的知识和文化。

但是日本华文教育在发展中仍然面临着一些问题。第一，师资的匮乏。华文教师主要由原来华侨学校的毕业生和在日本留学的中国留学生两部分担任。原来毕业于华侨学校的毕业生，多是在日长大的三、四代华裔，中文水平有限。而中国留学生，虽然在语言交际方面有优势，但他们多是非专业出身，不熟悉华文教学理论，教学经验匮乏。③ 第二，经费问题。按照日本学校教育法规定，华侨华人办学经费需自筹，自主经营，日本各级政府不予以援助经费捐款和学费，因此财政来源不固

---

① 鞠玉华：《对当前日本华侨学校发展状况的思考》，《华文教学与研究》2008年第1期。
② 任江辉：《东南亚与日本华文教育比较研究》，《东南亚纵横》2010年第7期。
③ 任江辉：《日本华文教育现状探究》，《内蒙古农业大学学报》（社会科学版）2010年第7期。

定，造成教学设备老化、教职工得不到充实等问题。比如，日本课外华文补习学校教师报酬和设备的费用是一大支出，对华侨华人子女以低标准收学费，显然入不敷出。21世纪电视中文学校在电视频道的设立、节目的设置、教师的培养等方面都需要大量资金，而低学费和高支出给其发展带来很大的资金压力。① 第三，学校规模问题。根据日本法务省数据，6—15岁的中国国籍学龄儿童就有4万余人，而全日制的华侨学校仅有5所，其他都是小规模的中文补习班；全日制华校数量少又过于集中，相对分散在日本各地居住的华侨华人子女而言难以接受正规学习，造成无法系统地、持续地学习中文和中华文化，甚至很难理解身在海外的归属感。② 因此大部分华裔选择日本学校或者回祖（籍）国学习。显然，华校相对集中和数量过少严重制约了华文教育的深入发展。

在今后的日本华文教育中，需要采取多种措施予以解决。师资方面，应建立日本政府与中国政府及民间的华文师资交互派遣机制，以缓解日本华文师资短缺的压力。同时，日本华侨学校应大量录用赴日本的新华侨中的优秀分子，因为他们了解甚至熟悉中文文化背景，会汉语、日语双语教学，如果他们能够加入进来，则会进一步提高教学质量，推动日本华文教育的发展。此外，华侨学校积极开展文化活动也是传播民族文化、拓展办学规模、提高教学效果的举措。如日本同源学校，每年都组织中秋联欢会、暑期郊游、春游、春节华人儿童联欢会、儿童中文发表会、华人少年作文比赛等。③ 在资金方面，由于日本的华文教育均为私人经营，各项经费大都源自学生的学费，而非日本政府的支持和扶助，因此，可以扩大华文学校招生的范围，不仅招收华侨华人子女，而

---

① 任江辉：《日本华文教育现状探究》，《内蒙古农业大学学报》（社会科学版）2010年第4期。
② 《外媒：百年侨校服务华侨华人，促日本华教不断发展》，http://www.gqb.gov.cn/news/2017/0808/43220.shtml。
③ 耿虎：《华文教育文化传播及建设——以东南亚为中心的考察》，厦门大学出版社2018年版，第42页。

且也招收日本族裔子女,以学生数量的增多来增加华文教育经费;可以对华文学校各种教学资料和仪器设备进行回收和再循环利用,以降低学生的学习成本和学校的办学成本。① 当然,也可以在各国或各地区的华文教育基金会大力募集华文教育经费及争取当地日本经济实体的支持,以彻底解决经费短缺的问题。

当前日本华文教育已由旧式近代华侨学校过渡到新式华文补习学校及远程华文教育阶段。日本新式华文教育的创办和发展,对于整合和增强华侨华人的凝聚力,对于发扬他们对汉语言文化教育的公益意识,促进中日文化交流和外交关系的进一步发展具有重要作用。

第二节 美洲华文教育

一 美洲华文教育概况

美洲,在自然地理上分为南美洲、中美洲和北美洲;在人文地理上分为南美洲和北美洲。不管是南美洲还是北美洲,都曾受到殖民者的入侵,所以美洲的民族成分相对复杂。因而在美洲同时传播着很多种民族语言,汉语即是其中传播范围较大的一种。自华侨创办华文教育以来,汉语和中华文化在美洲得到了广泛传播与发展,有数据表明:2010 年,美洲有华文学校和中文班 812 所。②

(一) 美洲华文教育的历史与现状

16 世纪末至 17 世纪初,世界资本主义进入高速发展时期,各资本主义列强开始在世界范围内争夺市场和原料产地,美洲便是他们争夺的重点之一。西班牙为寻求财富,在中国招募了一批劳工来到墨西哥,从而揭开了美洲华侨史的序幕。鸦片战争后,中国沦为半殖民地半封建社

---

① 任江辉:《日本华文教育现状探究》,《内蒙古农业大学学报》(社会科学版)2010 年第 4 期。

② 陈青文:《语言、媒介与文化认同:汉语的全球传播研究》,上海交通大学出版社 2013 年版,第 44 页。

会，大批中国人也以各种身份移居美洲，华侨人数大增，使得子女的教育问题凸显出来，于是美洲的华文教育随之诞生。历经近200年的发展，特别是随着中国综合国力和国际影响力的不断提升，华文教育在美洲的影响越来越大。在美洲各国中，由于北美的美国、加拿大经济发达、教育科技领先以及实行多元的文化政策等因素，所以这两个国家的华文教育最为突出，南美的巴西、智利等国的华文教育也有新的进展。以2008年为例，美国已经有包括耶鲁、哈佛在内的260所大学开设了中文课程；有600多所中小学开设了汉语课程，遍布美国40多个州。南美洲最发达的国家当数巴西，有不到20所大学开设有中文课程。智利有20多所大学开设了汉语课程。2005年智利有6所市政中学开设汉语课程，至2008年已经超过了20所。

（二）美洲华文教育的发展特点

1. 教育的分布不均衡

南美洲和北美洲之间由于历史、地理、民族、经济等原因，差别很大。与此对应，华文教育的发展在南、北美洲也不平衡。历史上，北美洲长期是英国的殖民地，在民族意识觉醒后，当地人推翻了英国的统治，建立了美国、加拿大等新的国家。而南美洲同时是葡萄牙、西班牙等国家的殖民地。南美解放运动后，建立了许多独立国家，其中巴西是南美最大的国家。这一历史原因造成了北美洲的华人相对集中，而南美洲的华人相对分散。在经济上，美国和加拿大是当今世界发达的资本主义国家，吸引了许多优秀的中国人来工作，客观上也促进了当地华文教育的发展。而南美洲则主要以发展中国家为主，这些国家由于经济不发达、华侨相对较少，所以华文教育发展得不如北美洲。

2. 教育的层次逐渐多元化

在美洲的华文教育中，不仅有幼儿阶段的汉语启蒙教学，也有中小学汉语教学，更有大学层次的汉语教学，这体现了华文教育在美洲呈现出多层次的发展特点。第一，在美洲一些华人聚集的大城市，如纽约、旧金山、里约热内卢等，由于华侨聚集，所以自然而然地产生了一些对华裔下一代进行华文教育的初级语言学校——幼儿教育学校。这类学校往往是由一些非专业的教师授课，教授的知识也只是简单的识字写字、汉语口语等初级知识。第二，在美洲一些国家正规教育阶段的中小学也开设有汉语课程。这些课程是本国依据国情开设的法定课程，供青少年学习。这些课程往往有正式的教材，有专业的教师讲授，还会有正规的考试检测。第三，随着社会发展的需要，在美国、加拿大、巴西、墨西哥等国家的大学，开设汉语课程为本国培养更多的汉语人才。比如，自2006年始，国家汉办在墨西哥开办的孔子学院有5所，一所独办，四所合办。独办的是"墨西哥城孔子学院"（隶属华人的学院）。生源为华裔，后扩展到外裔中小学生，教学点由孔子学院拓展到当地学校，以向当地青少年传播汉语言文化为办学宗旨。

3. 教育的对象逐渐扩大

在华文教育开展的早期，其主要目的是为了培养华侨后代的汉语能力。而随着20世纪七八十年代中国经济的腾飞、当地华资机构日渐增多等原因，美洲华文教育的对象已经从早期单一的华侨后代扩大到华人、华裔和非华裔。比如，美国最早的华文学校是1865年在旧金山创办的一所私塾学校，当时在校学生二三十人，且都是当地华侨子弟。随着历史的发展，华文教育接受对象发生了重大改变。据美国教育部的统计，截至2009年美国各级各类学校中，学习汉语的学生已经超过14万，其中非华裔的其他民族或国籍的学生占大多数。

4. 教育的内容逐渐深化

早期华文教育的目的是为了培养华侨子弟的简单的口语交流和识字写字能力，所以传授的多是基础性语言知识。随着华文教育的不断发展以及中文课程在美洲各国的地位不断提高，华文教育的内容也不断深化，从汉语言技能发展到对中华文化的深入学习和研究。据普林斯顿大学的一项调查显示，在全美开设中文课程的大学中，其课程设置不仅包括"汉语""汉语语法"等基础语言课程,还包括"中国文学""中国文化概要""中国历史"等文化课程;甚至在一些师资力量雄厚的大学,如哈佛、耶鲁等名校,还开设有"音韵学""训诂学"等中国国内大学中文系的课程。这说明美洲的华文教育已经由最基础的阶段发展到了高级阶段,教育内容已经深化至对中华文化的学习和研究。这无疑是全球"中文热"在美洲华文教育中的一个重要回应。

当下,美洲华文教育在世界各大洲中为后起之秀,发展很快,尤其是中国实行汉语国际推广政策以来,孔子学院的大量开办,并与华文教育相互扶持,共同发展,使中国语言文化在美洲各国的传播与发展呈现出喜人的局面。

二 美国华文教育

美国,面积937万平方公里,人口为3.257亿(截至2017年1月),是一个以移民为主的多民族国家。其中非拉美裔白人占62.1%,拉丁裔占17.4%,非洲裔美国人占13.2%,亚裔占5.4%,混血占2.5%,美国印第安人和阿拉斯加州原住民占1.2%,夏威夷原住民或其他太平洋岛居民占0.2%。通用英语。① 据纽约《世界日报》1991年8月1日报道,华人在美国的人数已接近170万人。到20世纪末,华人有200多万,其中大陆新移民有30多万。② 随着新移民的增加,美国华人增长迅速,截至2015年,美国华人总数达到452万人。③ 有华人的地方就有自己的母语教育,19世纪下半期华文私塾的设立,标志着美国华文教育的发轫,历经曲折的发展之后,20世纪末期以来,美国本土掀起

---

① 《美国概况》,https://baike.baidu.com/item/%E7%BE%8E%E5%9B%BD/125486?fr=aladdin#6。

② 赵红英:《试论中国大陆新移民的特征——北美与欧洲的比较》,《八桂侨刊》2001年第3期。

③ 《最新数据指美国华人总数达452万,受教育程度高》,http://www.chinanews.com/2015-5-4。

了"华文热"。有资料显示,到 2008 年底,全美开设汉语课程的中小学有 1000 多所,开设汉语课程的大学有 800 多所,"孔子学院""孔子课堂"有 57 所,学习汉语的学生总数已超过 10 万人。① 目前,汉语已成为美国第三大语言,华文教育日益升温。

(一)美国华文教育的历史沿革

1. 华文教育的兴起

资本主义萌芽的兴起,使人们的思想观念逐渐发生变化,时刻做着发财梦。清政府对外战争的失败和大量不平等条约的签订,刺激了国人涌出国门,走向海外。适逢 19 世纪中叶,美国西海岸加利福尼亚州大量金矿被发现,一时轰动世界,在美国西海岸掀起了一场"淘金潮"。早期华侨以广东和福建沿海地域的破产农民为主。一部分劳工怀着"发财梦"来旧金山淘金,移居海外的华侨为了长远生存发展,就需要接受教育,尤其是教育子女能在美国保持祖国民族文化传统。此时,华侨社会开始在美国本土和夏威夷群岛形成,因孩童数量少一般以家教形式进行母语教育。②

到了 19 世纪 60 年代末期,15 岁以下的儿童近 500 人,已基本具备创办华文学校的条件。70 年代初期,私塾式的华文教育开始出现。每个私塾馆收学生 20 人或 30 人。有固定的授课时间:每天下午 5—8 点。学校教授的内容有所差别,有私塾式的,也有文史专科性的。教授教材为国内的蒙学读物《三字经》《百家姓》《千字文》《千家诗》等童蒙读物,有的还教授中国封建社会的经学类、诗词类的教材,甚至涉及"八股文"等深奥的古文知识,此外受国内"经世致用"思想的影响,有的也教授写信、珠算等实用性知识。由于美国国内掀起排华浪潮,1870 年以后华人儿童禁止在加利福尼亚州公立学校读书。受此影响,1881 年在檀香山建立一所华童学堂,到 1875 年,华侨社会有十几所私塾或专馆(高级私

---

① 陈倩:《美国华文教育的现状与启示》,《比较教育研究》2010 年第 3 期。
② 朱杰勤:《美国华侨史》,广东高等教育出版社 1989 年版,第 452—455 页。

塾）创办。①

1882年美国通过了"排华法案"，规定华侨子弟不许在全美的公立学校就读，但这一规定并没有影响社会各界兴办华文学校的积极性。1885年旧金山有一所华侨小学创办。同期，旧金山侨社在驻美公使张荫桓的支持下集资兴办子弟学校，按照中国传统的书院形式，于1888年开办了一所"金山学堂"，不久更名为"大清书院"。该书院属于旧式学堂，有学生60多名，学习《幼学琼林》及中国古代专经，有时候也练习对联创作。1909年大清书院改为大清侨民小学，开设国文等课程，课余时间上课。此后大清侨民学堂在纽约、芝加哥等多地市兴办。大清侨民学堂（学校）的教学水平大体相当于中国国内私塾专馆，成绩优异者回国升学应无太大问题。早期美国的华文教育还有其他办学形式，比如，1860年传教士在檀香山创办英文学校，开设有中文班。1890年圣彼得教堂开设有中文班，以客家方言授课。1899年基督教徒与华人领袖连续两次合办中西学院，兼授中英文课程，但不久均停办。

据统计，"截至中国辛亥革命前，美国共创办侨民学堂12所"。②这一时期，开设的课程有中国语文、历史、地理、书法、体操、歌咏，教学内容涉及儒家经典、文学常识等多种。然而，美国华文学校从一开始就是英文学校的辅助。因为华文学校面临经费不足的困扰，华裔学生白天上英文学校，业余时间才可以去华文学校学习，诸多限制导致华校发展缓慢。

受五四新文化运动的影响，美国华人社会掀起一股学习新文化、兴办新学校的热潮。各地华侨社区、华侨文化团体、同乡会等社会团体以及私人纷纷捐资兴校。二战前夕，新办华校遍及美国一些大中城市。据

---

① ［美］梁培炽：《美国华文教育发展新理念》，《暨南学报》（哲学社会科学版）1998年第4期。
② 李天锡：《北美洲华文教育的历程及其特点》，《华侨大学学报》（哲学社会科学版）2000年第4期。

— 136 —

统计，"在旧金山有 14 所，在夏威夷有 23 所，在加州其他城市有 12 所，在美国大陆除加州以外的城市，如纽约、华盛顿、芝加哥、波士顿以及西雅图等地有 10 多所，合计全美不下 60 所左右"。[①]

2. 华文教育的停滞、复兴

1943 年 12 月 17 日，美国国会废除 1882 年通过的排华法案，允许华人享受归化入籍的权力，但移民数额仍有限定。从此，新环境成长起来的年轻一代华人，很快融入了美国的主流社会，英语变成了他们的日常用语，这对中国语言和中华传统文化的保持是一大冲击。二战开始后，美国的华侨学校特别是檀香山的华校以及夏威夷岛的华校受到重创，几乎都被迫关闭。借着废除排华法案的东风，1943 年才重新开放中国语言学校。1948 年在檀香山及周边地区，有 5 所学校复办，当年招生 781 人。1949 年随着中美关系的恶化，美国华侨华人与中国内地的文化交流被切断。20 世纪 50 年代，战后人口生育高峰带来华人人口的激增，学校新的生源不断增多。由于华人移民的成分发生了变化，华文教育渐渐融入美国的公立教育体系，成为美国教育系统的一个组成部分。此时的美国华人青少年中文水平下降很多，很多华校在读生很少讲中文，有的根本就不会讲中文，更谈不上对中华文化有深刻的了解。

1965 年美国国会通过《移民和国籍修正法案》，放宽对华人移民的限制，使中国内地、港台地区的中国人和越南、老挝、柬埔寨等国的华人竞相移民美国，打破了原来只有珠江三角洲的粤籍移民和教授粤语语言的一元化局面。与此同时，1972 年尼克松访华开启中美关系的"融冰之旅"，1979 年中美邦交正常化。1981 年 12 月，中美两国文化教育交流复苏及新移民法令的颁布，掀起了新一轮华人（中国内地和台湾地区）移民高潮，投身于美国华文教育之中。另外，大型华人财团的崛起为振兴华文教育提供了资金保障。诸多因素共同促进了美国华文教

---

① 麦礼谦：《美国华侨简史》，《旧金山时代报》1981 年 1 月 7 日，1 月 21 日，2 月 18 日。

育的中兴及华文学校规模的扩大。有数据显示，20世纪60年代，美国华文学校仅有几十所，1979年有127所，到1985年增加为304所。① 仅纽约市就有30多所，有华人社团办、热心华文教育人士办、教会办以及家长联合办等多种形式。华校除培养华裔学生讲写中文的能力外，还举行书法、国画等丰富多彩的文体活动，激发他们学习汉语言文化的兴趣。此外，有的学校为鼓励家长陪读，还专门增设了陶冶身心的课程和体验课程。②

3. 华文教育的发展与兴盛

1985年美国已有250多所华文中小学纳入国民教育体系，促使20世纪90年代美国华文教育进入快速发展期。首先表现在华侨华人社会呈现联合倾向。1994年4月16日华侨华人组建了"全美中文学校联合总会"；1994年12月5日又成立了"全美中文学校协会"。此外，在北加州、南加州、美东南、美西南等地区也成立有华文学校的协会或联会。学会的办会宗旨是大力发展会员学校，积极推动美国华文教育事业的发展。据统计，1998年全美有中文学校600多所，其中旧金山就有135所。2000年老校学生约8万人，新校学生2万多人。而且学校规模大小不一，从几十人到数千人不等。如全美中文协会所属最大学校有分校11所，横跨三个州，学生人数超过两千。③ 其中中国内地新移民开办华文学校起步较晚，但是发展十分迅速，成为旧有的华校、中国台湾移民办的学校、印支华人建立的华校、中国香港新移民所建的学校等办学类型中最红火的一个，占据重要位置。2003年年底，中国内地新移民学校已达284所，遍布美国41个州的大、中城市，学生约5万人。④

---

① [美]梁培炽：《美国华文教育发展新理念》，《暨南学报》（哲学社会科学版）1998年第4期。
② 顾明远：《教育大辞典》（4），上海教育出版社1992年版，第438—439页。
③ 李允晨：《改革开放以来美国华文教育的新发展及中文学校的功能、运作和发展前景》，中国海外交流协会文教部《第三届国际华文教育研讨会论文集》，华语教学出版社2001年版，第16页。
④ 郭熙：《华文教育概论》，商务印书馆2007年版，第86页。

截至2017年，全美49个州学习华文的学生有20多万人次，教师上万名。①

目前，美国除了全日制华校以外，周末中文学校、培训班、夜班、早晚班等新型的教育形式发展最快。同时，美国官方的公私立学校（包括大学）也开设汉语课，推动了汉语言文化教育的多样化发展。正如美籍华人梁培炽所说："尽管已从事多年的华文教育，但让我感触最深的还是最近这几年，越来越多的高校设置了华文专业，华文已经成为美国最主要的外国语言。"②

从1992年起，纽约教育局规定中文作为官方学校第二外国语开设。1993年5月，旧金山教委会承认华文（考试需合格）可作为申请大学的外语分数。1994年4月，美国开始在高考中考试中文，中文成绩可作为大学入学参考分和大学期间的中文积分，还可授予大学外语资格文凭。1997年，规定中文会考成绩可计入报考大学总分。到20世纪末，全美开设中文课程的公、私立中学已达200所，很多大学也开设了中文课程③。2003年年底，美国大学委员会决定：启动汉语和中国文化进阶先修课程和考试（简称AP课程），高中生通过AP课程的学习，可提前拿到大学学分，使汉语正式进入美国国民教育体系。这项计划的启动不仅有利于向美国主流社会推广汉语，而且还有利于改善美国各地华裔子女学习中文的情况。④ 2006年秋季，全美正式启动AP中文项目，从而开启了美国中文教育新时代，不仅学中文的人数大增，而且也将改变华

---

① 南如卓玛、魏建军：《全美中文学校校长团访甘肃：美国华文教育飞速发展》，http://www.chinanews.com。

② 刘华、程浩兵：《近年来海外华文教育发展的现状、问题及趋势》，《东南亚研究》2014年第2期。

③ 20世纪50年代美国开设中文课的大学只有四五十所，到60年代约有200余所，目前有300多所大学开设有中文课程，每年选修中文的学生近万名，并且选修人数呈持续上升的趋势，已超过日文，成为亚洲第一语种。（袁慧芳：《20世纪90年代美国"中文热"述评》，《八桂侨刊》2001年第2期）

④ 陈青文：《语言、媒介与文化认同：汉语的全球传播研究》，上海交通大学出版社2013年版，第53页。

文教育的现状。① 据俄亥俄州教育厅统计，2006—2007 学年全州高中学习汉语者有 1616 人，每天都上课；而在小学、初中尝试性学习汉语者有近 4000 名，每周大概上 1—2 节课。②

（二）美国华文教育的特点

1. 融合性

作为一个族群，华侨华人融入主流社会是一种趋势，在融入过程中必然会与主流文化和其他文化交流碰撞，既要向主流文化靠拢又要有一定的张力，摒弃来自主流社会的各种歧视与偏见，保持中华文化的独立性。华侨华人正是在长期的自我重估与定位中与美国驯化文化决裂，探寻出一条融合多元文化的理想之路。美国华文教育成就体现了中西文化融合的优势，中西两种教育思想和教育制度的冲突、撞击、融合，必然会在美国华裔青少年身上体现出来。③ 美国华侨华人在教育上取得了极大成功，产生大量的学术精英，在某种程度上体现了中西文化融合的优势。来自东方文化家庭的孩子常常承受来自家庭甚至家族的强大的学习压力，秉承中华文化"望子成龙"与"出人头地"的传统理念，往往学习态度认真刻苦。华侨华人家庭一般和谐稳固，对孩子的教育通常倾尽全力，再加上美国教育方式注重培养学习兴趣、创造力、好奇心、冒险精神等因素，使其子女较容易脱颖而出，取得优异成绩。

以往的法律排斥、社会孤立、种族歧视几乎完全堵塞了华侨移民向上层社会流动的可行渠道，而一个以单身汉和寄居者为主的华侨社会也难以奢谈子女的教育问题，因此，二战前美国华文教育发展步伐缓慢。二战后，美国融合与开放的政策为华侨华人向上层社会流动与同化打开

---

① 郭熙：《华文教育概论》，商务印书馆 2007 年版，第 87 页。
② 史昆：《美国小学中文教育的机遇与挑战》，《云南师范大学学报》（对外汉语教学与研究版）2008 年第 2 期。
③ 陈迎雪：《隔离、融合与多元——美国华人教育发展研究》，博士学位论文，河北大学，2007 年，第 1 页。

了绿灯，与白人享有同样的、平等的公立教育是华侨华人融入主流社会的最好途径，由此子女的教育问题成为华侨华人家庭与族群愈加关注的核心内容。中文学校也由于这一原因而发生了很大变化，除了中华语言文化、道德教育之外，还增加了多样化的与美国正规教育系统相关的辅助教育功能。这一切为汉语言文化的传播与发展打下了基础，促成了20世纪60—70年代美国华文教育的起飞。

2. 复杂性

在华文教学上还表现出一定的复杂性。首先，教学用语上。中文学校授课语言主要为普通话，占79.7%，第二是粤语，占12.8%，另有1.2%用东南亚地区方言或其他汉语方言授课。其次，授课时间上。每次上课3—4个小时，包括中文和中华文化。有条件的学校也开办周末中文辅导班（周一至周五放学后）及暑期全日制夏令营。此外，由于周末中文学校较多，仅1995年已占华校总数的85.2%，[1] 因此，周末集中上1—2天的课已是教学常态。最后，教材上。老的中文学校多用中国台湾地区"侨委会"编的国语教材。多数新学校使用暨南大学编写的《中文》教材，也有一些用中国国内小学语文课本、《汉语》、人教社出版的《标准中文》或自编教材。

3. 国际性

一个时期以来，美国的华文教育同世界各地华文教育之间的联系和交流越来越密切和频繁。受教范围不再限于华侨华人之间，因美国官方教育机构参与主办中文教育，很多本国学生和外国学生均来学习，所以目前美国华文教育已发展成为一种国际化的华文教育。在华文教育交流方面也呈现出国际化趋势。许多州政府和民间团体，出面与相关国际教育组织、国家之间进行合作，不时召开中文教学的国际研讨会、交流会，开展师资培养和学生交流等多种活动。

---

[1] 肖炜蘅：《美国华文教育浅析》，《八桂侨史》1999年第3期。

(三) 美国华文教育存在的问题

1. 中西文化冲突，华文教育难以融入美国主流社会

21世纪初，越来越多的孔子学院落户美国，为两国的文化交流搭建了桥梁，同时也促进了美国华文教育的发展。然而在推动汉语学习和增进民间文化交流的同时，孔子学院也引起了一些争议，在一些地方甚至出现叫停"建办孔子学院"的尴尬局面。有不少美国人认为，孔子学院在美国的设立，为美国学生灌输孔子的三纲五常、君臣父子伦理，使他们明白了宗法观念、制度秩序，这在一定程度上束缚了美国人的自由，担心长此以往因被灌输束缚自由的思想，会抹杀掉美国人的创造力。尽管中国政府花费巨资投资于海外的孔子学院，为美国人的利益服务，而对中国西部偏远地区的教育投入却捉襟见肘，这种反差让美国当局潜意识地认为中国政府在海外投资孔子学院的动机不纯。此外，美国政府各部门多是出于国家安全角度考虑维系华文教育的发展，其目的性很强，正如2004年6月美国国防部在全国语言大会所倡导的那样："提高外语能力增进对世界文化的了解和尊重，改善美国在全球的领导地位。"[①] 种种因素，促使华文教育难以很好地融入美国主流社会。

2. 华文教育地位不高，华文学校管理松散

以定居美国的华侨华人子女为教学对象的华文教育，在美国国民教育中所占比重较小，且主要存在于华人聚集区；提供华文教育的机构，有营利性学校和非营利性学校两种。营利性中文学校包括幼儿园、日托中心和面对中学生的辅导课程。非营利性的中文学校包括那些完全由志愿者开办的中文学校和由非官方管理人员和董事会成员举办的中文学校。此类学校的管理阶层主要由学生的父母组成，孩子进入此类学校学习，父母就自动成为董事会成员，他们定期召开会议，制定与学校管理、教学活动、教学材料和教学方法等有关的规章制度，执行校长负责

[①] 王建勤：《美国国家语言战略与我国语言文化安全对策》，《国际汉语教学动态与研究》2007年第2期。

制定的管理制度。非营利性中文学校的教学经费一方面要依赖学生的学费，另一方面要依赖商业、华人团体及个人捐款，这就造成了中文学校经费紧张的问题，以至于教学资源受到限制。此外，以父母为主的管理阶层缺乏专业的学校管理经验，中文教学的时间安排上也不如其他学科合理，大部分的中文学校缺乏完善的班级组织形式和严密的教学管理系统，这样一来学生的学习效果势必会受到影响。中文学校的开放时间大多集中在周末或正规学校课程结束之后，中文教学在学生的学习生活中所占比重较小。这一点与华文教育在美国主体教育中的地位不高有很大关系，学习时间较分散使得学生不能系统地学习中文，增加了他们提升中文水平的难度。

3. 华文教材不适合学情

美国华文教育的教材无法与当地学生阅读水平相适应，这一问题早在20世纪中期即已存在，至今仍然是华文教育进一步发展的障碍。相当数量的中文学校教科书全部从中国港台地区引进，高年级的教材与台湾地区学校使用的甚至完全一样，而且常年没有任何改变，学生学习古典汉语时要用粤语口语来表达，这难免会扼杀学生学习汉语言文化的兴趣。很多学校的教学计划中缺乏富有趣味的课外活动与实践，略显枯燥的学习方式难以长时间维持学生学习中文的积极性。

4. 教学中存在诸多分歧

传统的华文学校的办学理念多是受老一代华侨华人的影响，多用繁体字、注音符号教学，这与当前美国大学教育不合拍，大学提倡简化字和汉语拼音教学。因此在衔接方面有难度。另外，还存在普通话与方言、繁体字与简体字在使用习惯等方面的差异。目前美国官方教育机构的中文教育测试方案使用的依旧是繁体字，中文报刊也是繁体字。对于经历过从繁体字到简体字的变革的中国内地而言，避简就繁、继续使用繁体字是语言文字的倒退。然而美国华文教育则是繁简并存的状况，如北美部分华校至今仍以广东话为教学媒介语教学，习惯书写繁体字。

5. 华文教师专业背景复杂，数量不足

美国华文教师有的以理工科为主，极少受过师范教育，在教育原理和方法方面有明显不足；有的来自中国退休的大、中小学教师，在国内具有丰富的教学经验，但这些经验不完全适用于美国的课堂，更何况还面临种种问题。正如有关人士指出："从中国聘雇来的教师，会遭遇到工作签证到期的问题，无法长期定居于美国，加州教师检定考（C – Best）只有英文的版本，对英文能力不足的中文教师来说是一大障碍。"[①] 还有的是本地华裔当教师的，熟悉当地教育情况，但中文程度不高，数量又极少。同时，在对美国人和华裔教授华文时，很多任课教师又不能很好地把握中西文化差异，不能恰当把握儿童身心发展规律和认知规律，最终导致教师教学质量低下，学生学习中文的兴致不高，学习效果大打折扣，长此以往不利于汉语言文化的推广。

（四）美国华文教育的发展策略

华文教育要想在美国主体教育中占据有利地位就必须走转型革新的道路。

1. 争取主流社会支持，确保华文教育地位

中国政府支持华人社团为维护华族的正当教育权利而进行的合法斗争，同时寄希望于美国华社要充分利用美国政府接受多元文化的相关政策，加强沟通，为华文教育争取更多的办学经费和切实的政策保障。同时，中国政府也希望美国政府当局多鼓励和帮助现有中文学校进入美国主流教育体系，要摆脱母语教育意识在内容和形式上的桎梏。同时，美国的中文教育也应当积极争取美国政府部门的政策支持，抓住"汉语热"的发展契机逐步获得美国主流教育机构的认同。据2012年的统计，绝大部分美国的大学和半数以上的社区学院，都设有中文科目，又有400多所高中已经或者即将开设中文课程，也有越来越多的高中接受华

---

① 《美国中文教育遇瓶颈 本土师资培养迫在眉睫》，http://www.chinanews.com/hwjy/news/2010/04 – 12/2220710.shtml。

文学校的华语华文成绩，为其认可的成绩。① 目前，美国教育部正开展一项国际研究计划项目，即"全美中文学校华人教育调查研究"，为期三年，由俄亥俄州托利大学的研究团队负责，这是美国第一次对中文学校实施资助性研究。② 透过美国政府的举措可以看出，"汉语热"的背景下美国中文教育的重要性正在日益凸显。美国的中文教育要想在提升物质条件的基础上完善学校管理制度，在美国政策的大力支持下培养高素质的师资队伍，除了发挥政府的政策推动力外，还要充分发挥民间的力量，华文教育组织应当更加广泛地联合居美华人，共同推动华文教育事业再上新台阶。华文教育要以提升华侨华人在美国社会的个人竞争力为基本目标，使中文学习成为他们在美国工作、生活的一大优势。

2. 完善教材编写制度，增加学习适用性

从华裔学生的实际出发，教材编写要适应他们的中文水平，摒弃传统华文教育中与美国主流意识不相适应的部分；面对学习者多层次、多水准、多背景、多起点等问题，华文教育工作者应因地制宜设计课程、教材与教学。近年来美国出版的一些教材：《快乐儿童华语》得到美国七个州政府的认可；《奇妙中文》（7—9年级）已在200多所学校使用；针对美国小学生学习汉语编写的教材——《飞向中文》，虽然此类教材多受使用者的好评，但是由于编者没有在中学教学的经验，对中国的汉字教学、阅读写作教学等没有过多了解，此类教材虽然符合美国中小学生的学情，却不太符合中文教学的规律。此外，美国的很多中文学校采用的是繁体字和注音符号教学，显然很多简体字和汉语拼音的中文教材不太适合。为此，一套由广东暨南大学针对北美华文教育特点，采用繁简对照方式编写的教材在美国各地的中文学校中试用发行，对于协调繁体字与简体字的矛盾，促进美国华文教材多元化发展有着一定的影响，

---

① ［美］梁培炽：《美国华文教育论丛》，中国华侨出版社2014年版，第29页。
② 李嘉郁：《"融入主流"的华文教育与华文教育工作的思考——以侨务部门对美国华文教育工作为例的研究》，《八桂侨刊》2012年第2期。

值得借鉴。① 因此，国内外教材界联合编排高质量的、本土化的华文教材应是今后教材编写的趋势。

3. 坚持多样化的教学形式

目前，美国新一代华裔，受主流文化同化严重，对中华文化观念日渐淡薄，因此原来的偏重语言教学的方式不太适合了。因此，应改变传统的教学方式，保护学生学习中文的兴趣，借鉴融合美国母语教学形式，在保留中文学习特性的基础上采用学生乐于接受的教学方法，以便提高教学质量。语言学习和文化教育并重的二元教学模式恰恰可以达到以上效果。教学内容上，语言学习与具体生活场景（比如点餐、打电话、打招呼等）相结合，与书法、绘画、武术、民风民俗等中华传统文化相结合，激发学生学习汉语言的兴趣。教学方式上，可采取征文比赛、华语演讲、剧本表演、文字游戏等方式，达到寓教于乐的效果。在教学方法上，可采用美国最流行"演练式教学法"，通过演练式教学，使汉语学以致用，形成文化迁移。② 此外，许多中文学校不但向华裔青少年传授民族语言文化，还为当地居民举办一系列具有鲜明中华民族色彩的文化活动和文化学习班，使其认识和了解中国历史与文化，从而有利于消除"华人办教育只是为了将自己与外界隔离"的误解和偏见。③

4. 营造华教氛围，稳步向前发展

美国华文教育经过百年来的风风雨雨，促使美国的华人社会认识到办好华文学校不只是华校师生的事情，还要加大宣传力度，让社区、社会团体及学生家长认识到不同族裔青少年学习汉语言文化的重要性，认识到营造良好的华教氛围对于促进华教发展的重要性。比如，有些做法值得提倡，过去有的华侨社团只是资助华校的本族子弟，如今拓展到美国各族裔学生，有的从没有出资相助华文教育的社会团体，现在拨专款

---

① 肖炜蘅：《当代美国华文教育浅析》，《八桂侨史》1999年第3期。
② 刘华、程浩兵：《近年来海外华文教育发展的现状、问题及趋势》，《东南亚研究》2014年第2期。
③ 肖炜蘅：《当代美国华文教育浅析》，《八桂侨史》1999年第3期。

资助华裔学生学习华语华文,以三藩市为例,"三邑总会馆""同宗公所"等社会团体在举办社团活动及宴会活动时,多邀请华校的校长出席,并当众为华校学生颁发奖学金,同时邀请记者传媒参加,加大华文教育的宣传与推广力度,营造良好的华教氛围,扩大其社会影响。①

21世纪,全世界华文教育进入了一个由规模拓展向内涵提升的转型期,也进入了一个与主流社会的融合期;在面临师资队伍、教学体系等传统挑战的同时,华文教育也面临着政治驱动、经济驱动、文化传播驱动、企业投资驱动、科技创新驱动等多元驱动发展的新机遇,美国华文教育正处于机遇与挑战并存的时期。美国华文教育的发展取得了丰硕的成果,但是美国华裔新生代对中国语言文化的学习和认知出现了断层,值得深思。在美国多元文化环境下,先不管政府是否干涉,就中西文化差异造成的碰撞与交流,也会使中华文化难以保持完全的独立性。走民族文化的融合之路已是大势所趋。我们认为在融合的基础上尽力追求多元化,并在适应文化大融合的背景下保持中华文化的相对独立性,力争在美国多元的文化背景下占据一席之地。如今,中国的崛起为海外华文教育注入了新的生机与活力。当前在美国不光有华社自办的华文学校,还有国家汉办创立的孔子学院和汉语课堂,美国的中小学乃至大学也有普及中文教学的趋势。中国汉语言文化在美国的广泛传播正迎来了一个前所未有的发展机遇。

三 加拿大华文教育

加拿大官方语言有英语和法语两种,是典型的双语国家。领土面积为998.467万平方公里,位居世界第二,总人口3628万(2016年),主要集中在南部五大湖沿岸。包括50多个民族,其中华族属于第二大少数民族,25%华裔为本土出生,其余多来自中国内地和港台地区。2011年大约有145万华侨华人分布在加拿大各地,近几年华社人口又有大幅

---

① [美]梁培炽:《美国华文教育论丛》,中国华侨出版社2014年版,第30—32页。

度增加。① 19世纪后半期，加拿大华文教育兴起，经历了曲折的发展之后，华文教育呈现出高涨的局面，目前除了各类民办华校外，"有近40所高校及300多所中学开设了中文课程"。②

（一）加拿大华文教育的历史嬗变

1. 华文教育的兴办与发展（1875—1941）

华侨移民加拿大始于19世纪末期，这段时间内华侨移民人口数量少，且不懂外语，不能适应当地生活，身份地位低下，受加拿大种族歧视政策的限制较多。然而，正是在这种恶劣的条件下，首批移民加拿大的华侨家庭自发筹办讲习班，设学塾。1875年，移居维多利亚的华侨筹办讲习班，讲授习字等课程。1884年维多利亚中华会馆成立，请塾师办学塾，到1890年约有八九所私塾学校。1899年侨商李梦九等在维多利亚中华会馆设立乐群义塾，是同期加拿大规模最大的侨校。共有四五十名学生，实行分班教学，近似于今天的快班和慢班，或高级班和初级班，快班教授内容多深奥，一般都是专经、史书类的；慢班多是三字经、百家姓、千字文类的蒙学读物。粤语方言授课，教师从中国国内聘请。③

到了20世纪初期，清政府支持开办的爱国学校是近代华文学校的发端。1900年维多利亚和温哥华成立爱国学校。同期还有华源私塾和泰源学校创立。1907年第一所近代新式学校——华侨公立学校（由乐群义塾改建而成）成立。1908年温哥华中华会馆创办爱国学堂后改为华侨学校（1912年）。1909年因白人歧视华侨，华侨子弟无法进入公立学校读书而失学。为此，1909年维多利亚中华会馆筹建了中华学堂。④ 此后华校在各地相继设立。1931—1941年，加拿大华文教育进入

---

① 《加拿大概况》，ike.baidu.com/item/%E5%8A%A0%E6%8B%BF%E5%A4%A7/145973?fr=aladdin#6。

② 叶静：《海外华文教育的历史与现状》，《佳木斯教育学院学报》2012年第11期。

③ 赵红英：《试论中国大陆新移民的特征——北美与欧洲的比较》，《八桂侨刊》2001年第3期。

④ 李天锡：《北美洲华文教育的历程及其特点》，《华侨大学学报》（哲学社会科学版）2000年第4期。

鼎盛时期。华校有 15 所，附小或幼稚园 11 所。其中维达利亚 7 所、温哥华 8 所。①

加拿大华侨为了生存，必须将中华民族文化特色的结构移植到新的陌生环境中来。由于加拿大对外来文化的排斥，使得华侨处于艰难的生活环境，为了发展教育，华侨认识到必须搞好与居住国的关系，建立自己独特的民族文化的重要性。这一时期的华侨学校之所以发展起来，与中国的部分资助有很大关系，因为它们都是在清政府或民国政府注册备案的华校。

2. 华文教育的停滞（1942 年至 20 世纪 60 年代末）

二战后，加拿大政府取消了禁止中国人入境的政策，1948 年准许中国人移居加拿大，但因 1967 年移民法令的修改等因素，到 20 世纪 60 年代末期加拿大华文教育的进展不大。1950 年全加共有华校 12 所，学生 1045 人；1959 年共 18 所；60 年代中期维持在 18 所；1968 年仅剩 14 所。其中温哥华华侨小学学生最多有六七百人。② 1970 年仅剩 10 所华校，而且都是小学。华校学生上课一般都在四点后，学习 2 个小时中文课程。由于居住分散、学费较高、好教材不足，教师匮乏、不固定以及民族同化政策下的华裔孩童学习中文的积极性不高、华文实际应用有限等问题，导致生源流失严重，因此原有学校都难以维持，更不要谈创办新校了。

3. 华文教育的复兴（20 世纪 70—80 年代）

20 世纪六七十年代以来，加拿大的同化政策遭到许多华侨华人移民的批判和抵制，因此加拿大政府不得不对移民政策作出重大调整，以改变种族歧视的现状。随着加拿大华侨华人人口的急剧增长，华文教育发展速度加快。

1971 年特鲁多总理宣布了多元文化政策，规定在一个国家前提下，政府促进各民族文化交流，并帮助移民学一种官方语言以投身于加拿大

---

① 李东海：《加拿大华侨史》，台北出版社 1967 年版，第 323 页。
② 顾明远：《教育大辞典》（4），上海教育出版社 1992 年版，第 437 页。

的社会发展之中。1982年将多元文化政策写入宪法，激发了华侨华人的办学热情。据不完全统计，1986年加拿大有56所华校，近万名学生。① 1988年7月12日，加政府又通过多元文化法，规定了教学思想、内容和实施方法，加强了其政策地位和法律保障。② 在华侨华人的要求下，1989年7月13日，安大略省通过了祖裔课程法制，将中文列为政府所承认的课程，华文教育不再是中国教育的外延，而是逐步融入加拿大语言文化教育体系之中。比如，仅多伦多市及周边地区，在公、私立学校读中文班的学生高达12778人。③

此后，在加拿大官方创办中文班的带动下，加拿大华文教育又有了明显进展，一些新办华校相继涌现。不过新办学校多为周末班，周六、日上课，无固定校舍，经费自筹，教材有外来的也有自编的，开设有华文等多门课程，根据学生学情分班授课，授课语言仅有1/3是普通话，其他为各家方言。在字体使用上，有的学校教师崇尚繁体字，有的学校则喜欢用简体字教学。④ 此外，1988年中国台湾移民还在温哥华创办了第一所国语学校，使用北美版汉语教材（中国台湾地区编写）。

4. 华文教育的快速发展（20世纪90年代以来）

随着加拿大政府多元文化法的实施以及大量新华人的移入，华文教育又快速发展起来。主要表现在：第一，政府重视。1994年9月，加拿大政府将华文成绩作为大学入学的一门外语来看待，激发了学习者学习华文的热情。另外，政府对华校的资助力度加大，如1994年温哥华76所华文小学获得政府的资助。⑤ 这标志着加拿大华文教育迈入一个崭新的阶段。第二，华教机构活动频繁。1994年温哥华中文教育学会举

---

① 李天锡：《北美洲华文教育的历程及其特点》，《华侨大学学报》（哲学社会科学版）2000年第4期。
② 李宝贵：《加拿大华裔中文教学现状分析》，《世界汉语教学》2005年第1期。
③ 顾明远：《教育大辞典》（4），上海教育出版社1992年版，第438页。
④ 黄皇宗：《港台文化与海外华文教育》，中山大学出版社1992年版，第225页。
⑤ 王燕燕、罗庆铭：《加拿大的祖语教育与华文教育》，《语文建设》1998年第3期。

办研讨会，传播中华语言文化。1997年不列颠哥伦比亚省中文学校联合会着手研发华文课程、教材，并建立华文教育交流网。2006年在蒙特利尔市召开了全加华文教育会议，就如何推广中华文化及解决经费不足等问题达成一致意见。① 第三，华校数量增多，规模扩大。1990年多伦多市汉语班约有20个，广东话班超过200个。1993年天主教会兴办了150个粤语班和5个普通话班。1994年仅温哥华在册华校50余所，未在册开课学校达130余所，其中76所华校获政府资助。1993年亚尔伯大省卡加利市开始设立中文课程，同年，安大略省中文学校达19所。1997年不牟利的亚省创办一所中文学校，两年不到有教职员工60余人，58个班级（幼稚园、小学、初中和高中）。② 近10年来，随着来自中国大陆的新移民人数的不断增加，中文学校也随之增多，仅温哥华、多伦多两个城市就有近400多所中文学校。③ 第四，学习华语的人数增速较快。从1991年到1996年，加拿大以汉语为母语人数增加了42%，达73.6万人，占总人口的2.6%④。据1996年加拿大政府统计资料显示：中文已成为继英、法文之后的第三大语言。⑤ 据2016年加拿大人口普查全国语言使用情况报告显示："八成国民的母语为英语或法语，而全国使用其他母语的人数，比5年前多了100万，达770万，当中以使用普通话的人数增幅最大。加拿大母语是普通话的人数从2011年的27万，升至去年的64万，排在其他语言类别之首；讲广东话人数则排第二，接近60万。母语讲普通话及广东话人数，共123万人。⑥" 第五，

---

① 张燕：《加拿大华文教育的历史发展及前景展望》，《八桂侨刊》2010年第4期。
② 中国海外交流协会文教部：《第三届国际华文教育研讨会论文集》，华语教学出版社2001年版，第49页。
③ 陈青文：《语言、媒介与文化认同：汉语的全球传播研究》，上海交通大学出版社2013年版，第53页。
④ ［拉美］社哈瓦拉：《汉语成为加拿大第三大语言》，《参考消息》1998年3月16日。
⑤ 中国海外交流协会文教部：《第三届国际华文教育研讨会论文集》，华语教学出版社2001年版，第45页。
⑥ 《加拿大讲中文的人数上升，中文普通话成第三大语言》，http://www.gqb.gov.cn/news/2017/0804/43197.shtml。

编写地方中文教材。针对外来教材针对性不强的问题，有地方色彩的教材编写出来。如缅尼托巴省从周末学校实际出发组织人员编写的《初级汉语读本》，在有关华校中使用。1998—1999 年安大略省教育部遥距课程中心编写一套适合高中学生的中文教材，还得到政府的资助。

（二）加拿大华文教育的问题与发展策略

1. 亟待提高华文教师的专业能力和社会地位

华文师资问题一直是制约加拿大华文教育可持续发展的关键因素。虽然加拿大中文学校的数量和生源在稳步增加，但教师的数目仍然维持在 5% 以下，而且多数是兼职教师，领取微薄的报酬，这其中还有一些不领薪水的义务教师。加拿大政府规定的最低限度为每小时 7 加元，可见加拿大华文教师的工资待遇和社会地位没有被提升到相应的高度，他们付出的时间和精力没有得到足够的尊重，使这份职业缺乏吸引力。[①] 这就要求大家认同华文教师职业，当地政府应当提高其工资待遇。社会各界应当给予华文教师更多的支持，使众多教师增强角色认同感，更好地服务于华文教育事业。造成本土师资问题的原因，主要是教育部门没有合理的华文师资培养计划，应开展多方调查，制定出华文教师专业发展标准，从而激发华文教师从教的热情。因此，建议加拿大教育部以及中国侨办、国家汉办多为华文教师的学历提高和专业培训创造良好的外部环境。同时充分发挥孔子学院华文师资培训（汉语作为第二语言的师资培训）的作用，通过研发本土培训教材等措施加快华文教师的专业化进程。

2. 有待提高中文教材的针对性和课程的灵活性

目前，加拿大中文学校没有统一的教材，都是根据需要选择中国内地、中国台湾地区及新加坡等地的，也有自编的，大都存在着内容呆板老化、缺少本土气息，枯燥乏味以及定位不准确等问题。[②] 比如，《中

[①] 王琳：《世界华文教育现状研究》，商务印书馆 2016 年版，第 187 页。
[②] 张燕：《加拿大华文教育的发展现状与主要问题研究》，《云南师范大学学报》（对外汉语教学与研究版）2011 年第 1 期。

文》《华文》《华语》等中文教材,多把中文定位于"第一语言"上,忽视语言的交际功能和祖裔文化教学的特点。传统的华文课程过于重视中华文化的宣传,容易引起当局的抵触。加拿大一套以华文为主的"双文化"交流课程值得借鉴,给予所有高中生学习中华文化的机会,以减少东西方人民接触时的诸多困扰。这套课程除了以"中华文化"的编纂为重点外,融合了华文、地理、历史和商学四个科目,四个共同主题相连,使学生对源远流长的中华文化有更加深入的理解。这套课程中涵括的"初级华文课程",尽管初级华文教学很难兼顾文化的内容,但教材的编纂者以英文故事引导学生进入课文情境,利用中学生已有的文化接触经验,学习与主题相关的华文表达。列入华文教材的主题包括:姓名、婚丧喜庆、送礼习俗、称谓、风水、信仰等华人的日常生活习惯,易引起文化差异困扰的部分,有系统地加以专题解说,并加入对话练习,以适应不同场合的应对礼节。同时,不少以"双文化"为主题的电影、电视节目,如"喜福会""李小龙传"等都有生动的文化接触实例,可以作为辅助教材进行课堂讨论以加深对中华文化的了解。此外,在教育经费上要多渠道筹集、在文化交流上要走出去和请进来。只有全方位努力才可以推动加拿大华文教育向更好的方向发展。

3. 华文学校数量多,但需要加大协调和联合力度

加拿大华文学校的办学形式有公、私立两种,公立学校属于国家教育计划内学校,可以得到政府一定的支持。但是,加拿大各省政府对其重视程度不同,而且各省之间缺少联络和交流,甚至同一城市的华校也各自为政,缺乏合作与交流。私立学校一般由中国内地、中国港台地区移民所办,属于非营利教育机构,租用公立学校的校舍进行教学,很少会得到加拿大各级政府的支持,经常会出现因资金短缺、校舍紧张问题而停止办学。同时,公、私立学校之间更是缺少合作。[①]鉴于此,全加中文学校协会及各省华文学校联合会要充分发挥桥梁与纽带作用,不断

---

① 梁霞、张应龙:《加拿大华文教育的现状分析》,《广西社会科学》2005 年第 12 期。

加强各华校之间以及与开设中文专业的学校联系，举办全国性或地区性的有关中文教育的会议或培训班，为广大中文教师提供交流学习的机会。共同推动加拿大华文教育事业的发展。比如，全加华文教育会议每隔2—4年在不同城市召开，讨论议题是华文教育的现状、问题及发展趋势。① 这些举措对于促进加拿大华校之间实行广泛的联合具有重要作用，值得推广和借鉴。

据加拿大联邦统计局调查数据显示，至2016年，加拿大有近130万人在家使用汉语。其中，说普通话的达64.1万人，首次超过说粤语的近59.8万人。② 中文教学应因地制宜，在教学理念、教学大纲、课程设计、教材编写、教育风格、教学对象等方面都要适应当地的自然、人文、语言生态环境，而这些目前做得还远远不够，可见华文教育在加拿大的发展任重而道远。

四 巴西华文教育

巴西位于南美洲东部，国土面积为851.49万平方公里，人口约2.09亿人（2017年），是拉丁美洲面积最大、人口最多的国家。其中白种人占53.74%，黑白混血种人占38.45%，黑种人占6.21%，其他如黄种人和印第安人等占1.6%。③ 巴西是拉丁美洲地区唯一以葡萄牙语作为官方语言的国家，也是当今华侨华人在拉美最多的国家。巴西华侨移居历史大概有200多年，正式创办华文教育的历史不长，和美洲其他国家一样，巴西的华文教育经历了一个由兴而衰、由衰而盛的演进过程。目前，巴西华文教育的办学形式主要有三种：家庭补习、学校和补

---

① 张燕：《加拿大华文教育的发展现状与主要问题研究》，《云南师范大学学报》（对外汉语教学与研究版）2011年第1期。
② 《加拿大逾百万人说汉语，中文教育任重道远》，https：//news.china.com/news100/11038989/20170807/31049442.html。
③ 《巴西概况》，https：//baike.baidu.com/item/%E5%B7%B4%E8%A5%BF/5422？fr=aladdin#6。

第二章　汉语言文化传播与发展的典型国家举隅

习班,有华文学校 38 所,学生人数约 6000 人,华文教师有 400 余人。①此外,还有官方学校的中文课堂及孔子学院开设汉语,在巴西学习汉语言文化者日益增多。

(一) 巴西华文教育的发展历史与现状

华文教育与华侨移民相应而生,巴西的华文教育源于 1812 年,华侨以"契约华工"的屈辱身份到巴西为当地人传授"茶艺"。最初只是为了满足华侨及其后裔的汉语学习,只能称之为侨民教育。在巴西华文教育的萌芽期,许多中文补习学校(班)借助或依附于宗教团体的帮助得以开办和发展。如,1956 年圣保罗中华会馆设立中华国语补习班,1959 年又设儿童国语文补习班,同期,在里约热内卢也成立有华文补习班;在天主教陈启明等神父的帮助下,1958 年 2 月 3 日,巴西成立"圣保罗第一中文学校",华侨天主教堂提供上课场地和资金支持。该校分幼稚园、小学部,有教师 6 名、学生 60 余名。1960 年,该校学生增至 200 名,在圣保罗市设立 3 所分校。② 后因台湾移民增加,1964 年设孔圣小学,又办有孙逸仙小学及华侨中文函授学校。综上,早期的中文学校多是台胞所办,因他们赴巴西较早。不论教会办还是台胞办,都使用中国台湾地区编写的汉语教材,用繁体字和注音符号授课,教师多来自中国台湾地区。

20 世纪 60 年代末,巴西政府大力发展公立学校,私立的中文学校的发展空间大大缩小,很多中文学校学生转入公立学校学习,华文教育步入"中落时期"。到了 70 年代,中国恢复在联合国中的地位,中国台湾地区涌现移民潮。面对华侨人口的激增,巴西华文教育"再度出发"。到 1976 年,圣保罗已发展有 3 所华文学校和 4 所华文补习班;里约热内卢则有 3 所补习班。③ 到了 20 世纪 80 年代,随着中国改革开放

---

① 王琳:《世界华文教育现状研究》,商务印书馆 2016 年版,第 195—200 页。
② 陈青文:《语言、媒介与文化认同:汉语的全球传播研究》,上海交通大学出版社 2013 年版,第 54 页。
③ 《中、南美洲华文教育》,http://www.hgzz.net/baike/107079.html。

政策的不断推进,来自中国内地的新移民不断增加,此时的华文教育有了很好的发展契机,到 80 年代中期,已有各种族学生千余人。

为了进一步推进巴西华文教育的发展,自 1989 年起,巴西中文学校联合起来举办中文教学研讨会,探讨办学理念、教材、师资及生源问题。1989 年全巴的中文学校(班)举办第一届中文教学研讨会,以后定期或不定期也会有不同形式的研讨会或座谈会的举办。1991 年又成立了"巴西中文教学协会"。1998 年 2 月,设有中文课程的"圣保罗仁德国际学校"成立,从幼儿园到高中,开设中、葡、英语课程,实行全日制综合教学。此外,20 世纪 90 年代,巴西师生受邀,经常去中国台湾地区参加各种文化活动,比如巴西华文教师参加"中南美洲地区华文教师研习会",提高自身的专业水平。

21 世纪全球"汉语热"的兴起,巴西华文教育进入"全盛时期"。大陆新移民日渐增多,到 2007 年已有 25 万华侨华人分布在圣保罗、里约热内卢等较大城市。大陆新移民主办的中文学校(中文班)开始出现:2002 年,圣保罗青田同乡会开办中文班;2004 年内地留学生开办"华光语言文化中心";2004 年 9 月,巴西华人协会与圣保罗中心联合开办"亚华中文班"等。[①] 截至 2014 年,民间私立中文学校和中文补习班达到 38 所,最初是由中国台湾人士开办,但是后来由于台湾移民逐渐减少,而且他们所办华校因用繁体字教授中文不利于学生同中国内地的文化交流而衰败。相反,中国内地人创设的中文补习学校(实际为补习班)则蒸蒸日上,教育规模也不断扩大。[②]

2014 年 9 月 23 日,巴西成立了巴中双语学校(高中),属于巴西第一所官方公立学校,以中英双语教学为特色。官方私立学校也仅有两所,一所是 1998 年兴办的仁德国际学校,该校实行中、英、葡三语全

[①] 陈青文:《语言、媒介与文化认同:汉语的全球传播研究》,上海交通大学出版社 2013 年版,第 55 页。

[②] 陈雯雯:《巴西华文教育现状探析》,《华文教学与研究》2015 年第 2 期。

日制教学,并采用小班制教学模式。另一所是正规的巴西教会学校——圣本笃学校,学校单独设立中文部。一般而言,私立学校中文课程安排较多,但学习者多为非华裔的巴西人。当前巴西办学形式主要有三种,既有合作办,也有私人办,还有团体办。比较盛行的私立中文补习学校大概有33所,其中团体办学仅占3%,私人办学为46%,侨团办学占15%,宗教团体办学约36%。其中侨团办学经常搞一些教学、文化活动,如中文演讲比赛、才艺比赛等,吸引大量的华裔参与。合作办学目前颇受欢迎,主要有孔子课堂与巴西正规私立学校合作、中文补习学校与巴西正规的私立学校合作、中文补习学校与中国国内的中小学合作三种形式。[①] 这类合作办学形式,将是巴西中文补习学校走向正规化阶段的一个重要补充。

(二) 巴西华文教育的发展特点

1. 基本都是周末补习班

巴西秉承多元、开放的文化教育政策,对来自全球各地的不论大小民族都给以极大的包容,因此各族移民都想积极融入主流社会与主流教育,愿意送自己的子女去接受正规教育。但是又不想放弃各自的母语教育而自成一体,兴办学校,即教育自己的子弟学习本民族的语言文字,传承本民族的文化。在这种错综复杂的背景下,周末补习班似乎满足了这一需求。一些中文补习班(学校)也就应运而生了。关于全日制中文学校也曾经尝试创办,但基本都失败了。比如,"圣保罗市第一中文学校"为全日制中文学校,起初有分校三所,学生数百名,后因管理不善和生源问题停办。

2. 多是义务办学

巴西中文补习学校基本都是义务办学,华侨华人中不乏富商,个人出资办的中文补习学校,由于形式灵活,授课教师报酬较高等因素,不论是幼儿园,还是中文学校,生源和社会效益都较好。而作为华人社团

---

① 陈雯雯:《巴西华文教育现状探析》,《华文教学与研究》2015年第2期。

和教会团体创办的中文学校，效果不太理想，办学力量分散，管理又不到位，很多学校不收取学生的学费，教师多为义务教学，一般坚持不长久，这些因素最终影响了学校的长远发展。如"中华会馆中文学校"、圣保罗"华侨天主堂中文学校"等义务补习中文的学校，都是由起初的每日开课而改成为周末补习。

3. 华人对祖（籍）国的认同感增强，办学之风日盛

改革开放以来，中巴关系持续友好发展，为巴西汉语言文化教育活动带来很大的吸引力。不论是早期移民的中国台胞，还是中国内地的后期移民，对开办中文学校都投入了极大热情。随着中国综合国力的昌盛，尤其是简体字、汉语拼音的大力推广，日益得到巴西华校的认可。早先台胞创办的华校多以繁体字、注音符号教学为主、使用中国台湾地区教材的局面被打破，转而开始教授简体字和汉语拼音了。原来与中国内地不相往来的华校也开始以开放的姿态进行文化和教育交流了。在巴西，不论哪一类华校，华侨华人都是身在异国，心系祖（籍）国，以中华文化为母体，大力兴办华文教育。

（三）巴西华文教育的问题与对策

目前，巴西华文教育在发展过程中还存在以下问题：第一，华文学校地位不高。在巴西的教育体系中，汉语并没有作为外语考试科目，所以大多数学生没有学习中文的意识，只有那些工作、生活与中文有联系的人才愿意学习汉语。再加上很多中文补习学校面临经费紧张的问题，缺少主流社会的认同，办学地位不高。第二，师资力量不足、专业化程度不高。巴西教师多是汉语志愿者、孔子学院教师，中文水平可以但对巴西本土文化不甚了解，而且非当地人，任教时间不固定。本地华文教师不多，虽熟悉当地风土人情，但专业水平不高。更何况，迄今为止，巴西没有一所专门培养中文教师的师范院校。师资问题严重制约了巴西华文教育的进一步发展。第三，教材及配套用书匮乏。巴西中葡双语对照的汉语教材少，主要有《循序渐进汉语》；中国台湾地区的教材多用

繁体字，不方便巴西华裔学习；中国国内的多数语文教材涉及德育、文化等方面的内容，不符合当地文化习俗，没有和当地的政治、经济、文化形式相结合。① 第四，校际缺少沟通。目前，巴西华校没有统一的协调机构，各自为政、相互竞争。华文教育缺乏整体协作与交流，不利于巴西华文教育的良性发展。

巴西华文教育困难重重，需要从以下方面加以改进。第一，提高中文在外语中的地位，承认中文的学分。建立统一教学大纲和考试制度，使中文补习学校的创办或者当地学校中文学习得到重视。当然也可以采取中国与巴西有条件、有需求的公立学校合作开设中文课程，推广中华优秀文化，争取得到主流社会的认同。第二，建立培育和输出相结合的师资培养模式，培养一支熟悉本土文化、了解西语国情的双语教师队伍。第三，组织编写中葡双语教材及配套读物，努力推进汉语教材的国别化。② 中巴教育界的有关人员合作，共同探讨适合巴西华裔（尤其是中国内地第一代华裔）的中文教材及读物。

中国与巴西相距遥远，但是中巴人民友谊源远流长。进入 21 世纪以来，随着中国国际影响力的不断提高，尤其是 2013 年来"一带一路"等倡议的推广与实施，中巴交流合作的机会也越来越多，极大地带动了中国文化在巴西的普及。③ 如今巴西中文补习班也特别多，掀起了当地大学生学习华文教育的热潮。如每天在巴西圣保罗州州立大学中文学习班学习者全部爆满。

第三节　欧洲华文教育

一　欧洲华文教育概况

欧洲国家均有华侨华人存在，英国、荷兰、法国、德国、意大利、

---

① 孙汝建：《华文教育的现象与本质》，《华侨大学学报》2011 年第 1 期。
② 王琳：《世界华文教育现状研究》，商务印书馆 2016 年版，第 210 页。
③ 向楠：《在巴西懂中文有很大就业优势》，《中国青年报》2014 年 7 月 22 日第 7 版。

俄罗斯、瑞典、罗马尼亚、西班牙、葡萄牙、比利时等国的华侨华人较多，较为集中，都在几万人以上，由于华人集中，因此华文教育开展得较好；在奥地利、丹麦、挪威、爱尔兰、波兰、匈牙利、保加利亚、希腊等国的华侨华人较少，各有数千人不等，由于人数少，华文教育开展得也相对薄弱。迄今，欧洲华文教育历史发展不足百年，早期因多种因素限制，规模较小。从20世纪70年代末期以来，欧洲成为仅次于美国华人的移入地，很多中国人以及东南亚华人不断移入欧洲各国，振兴了欧洲的华文教育。

（一）欧洲华文教育发展简史

19世纪50年代，欧洲华侨的身份多是中国商人和船员。一战期间，欧洲又多一些留学移民和少量因英、法、俄招募的"华工"定居者。1935年华侨总数约3.5万人。二战前，华侨为了让子女接受中文教育，开办了零星的中文补习班、识字班。二战后，华侨总数约6万人。随着国际政治、经济形势的剧变，20世纪70年代以来，由于越南、柬埔寨、老挝三国发起排华运动，对当地华侨华人大加迫害，因此造成大量的华侨华人难民涌向欧洲，欧洲华人社会借鉴当时在东南亚时期的华文办学经验兴办华校，以满足众多华侨子女的学习需求。不少华文学校和补习班在荷兰、英国、法国、德国、瑞典等国陆续开办。据统计，1980—1986年，英、法、德、比、荷五国创办有中文学校20所。

20世纪90年代以来，又掀起一次规模宏大的移民高潮，有很多留学生、对外工作人员及其亲属纷纷在欧洲多国定居，使得欧洲华侨华人人数激增，华文教育也随之兴盛。1997年英、法、荷等12国共有95万华侨华人，到2001年发展至近200万，是战后华侨华人增长最快的地区。[1] 2003年有各类华校300余所，其中英国最多，约160—180所。[2] 2009年全欧约有250万华侨华人，有800多个华社组织，有340所华

---

[1] 赵红英：《论中国大陆新移民的特征——北美与欧洲的比较》，《八桂侨刊》2001年第3期。
[2] 章志诚：《欧洲华文教育的历史与现状》，《八桂侨刊》2003年第1期。

校，有 5.5 万余名华裔学生。①

（二）欧洲华文教育的发展特点

近年来，欧洲的华文教育除了大量的中文补习班又出现一些大型中文学校。华文教育在办学形式、学习对象等方面呈现出新的特点。

1. 华文学校办学形式多样

华文学校的办学形式主要有以下三种：第一，以华侨华人社团集资为主、当地政府捐助为辅的联合办学形式。西班牙加泰罗尼亚五所公立学校，是典型的政府资助式华文学校，顺应"中文热"这一时代浪潮，中国驻西班牙巴塞罗那领事馆经不懈努力，争取到当地政府的资金支持，华侨华人也纷纷捐献资金，促进成立"加泰罗尼亚自治州政府华文教育管理委员会"，制定华文教育的发展计划，续写条目，在公立学校的课程之外，增加中文选修课，将学生的中文考试成绩添加到期末考试评定之内，有力地推动了学生对于中文课程的重视，在中国崛起的大背景下，这类办学形式有很好的发展前景。第二，由华侨华人或其他人员出资创办的学校。意大利中文学校就是这种私人出资创办的学校，又可以叫产业式学校，投资人把资金投入学校，把学校当作一种事业理念，产业经营，使其合理运营，增加收益。这样的学校有较大的特色，可自主管理，合理运营，更加贴合社会发展的实际需要，据不完全统计，目前，意大利就有华文学校近 200 所，绝大部分为个人创办，创办人担任校长。② 第三，由侨团举办的非营利的办学形式。如马德里中文学校，属于非营利性质的学校，由侨团出资办学，在办学过程中靠学校自身运营，同时争取当地政府、学校和侨团侨领的资金支持。校长是志愿者，奉献自己的时间与精力，教师也是志愿者，奉献自己的智慧与能量，以其感情为纽带坚持教学。

---

① 李明欢：《欧洲华人社会剖析：人口、经济、地位与分化》，《世界民族》2009 年第 5 期。
② 严晓鹏、郑婷等：《中国语言文化在海外华侨华人社会中的传播研究——基于对意大利华侨华人社会的考察》，浙江工商大学出版社 2018 年版，第 41 页。

2. 汉语教学日益兴盛，汉语专业成为热门

华文学习群体构成广泛，华文学习人数激增。学习群体不仅有华侨华裔，还有日益增多的非中华血统的外国人。欧洲的汉语市场日渐扩大，如英国汉语市场的增长率持续增高到38%，独具优势的增长率刺激着英国各领域人士的脑细胞，开拓中国市场的热情高涨。随着中国经济的发展，欧洲人对中国及汉语言文化产生了浓厚的兴趣，学习人数稳步增加。如2009年，在法国有25675人选修中文，在德国约3万人学习汉语，其中，德国大学新生数量的猛增尤显突出。为满足庞大的群体学习汉语需要，欧洲很多国家大、中小学都开设了中文课程。如今法国开设中文课的小学已有20所，中学则高达433所。社会上的各种中文补习班、中文学校也如雨后春笋，不断涌现。如20世纪末期比利时有中文学校6所；2001年英国中文学校补习班总数就达200多个；法国现有补习班性质的中文学校50所左右；意大利现有中文学校和补习班10多所。俄罗斯仅有少量的中文班，主要以家教形式进行。目前，汉语专业已成为欧洲的热门专业，很多高中生无论是华裔还是非华裔，只要是中文爱好者，大都选择进入当地大学汉语系（专业）学习汉语言文学。因报考生源众多，不少大学还将中文列入限选专业。比如，德国法兰克福大学对新生进行大约两周50学时的中文强化教学，通过过关考试方可成为汉学系学生，为保证质量，每年只招生90名成绩优秀者。[1]

3. 汉语人才就业形势好，汉学研究蓬勃发展

随着中欧合作领域的日益广泛，不论是政治、经济、外交领域，抑或是文化、教育、旅游等领域，都急需大量的汉语人才，尤其是双语人才。在欧洲各国，具有高学历的汉语人才在就业中占据很大的优势。大学的汉学教育又带动了中小学中文教育的发展。由于汉语热，汉语专业人才受到欢迎，又促使人们关注这一学科的研究。目前，欧洲很多国家

---

[1] 《欧洲大陆汉语热，求职履历特别强调"我会中文"》，http://www.chinaqw.com/news/2006/0714/68/36564.shtml。

第二章 汉语言文化传播与发展的典型国家举隅

大学和科研所专门成立有汉学研究的机构。比如，许多大学最先成立有东亚系，为了中文专业的发展需要，对专业结构作了调整，将汉语专业独立出来，成立中国研究中心（研究所），加强对中国经济发展和中华文化等问题的研究，取得了突出成果，走在了除中国之外的世界各国的前列。

（三）欧洲华文教育存在的问题与对策

主要问题：

第一，华文教材良莠不齐、"本土化"程度不高。目前，欧洲中文学校使用的有中国内地、中国港台地区、当地等不同版本的教材。迄今为止，还没有哪套教材得到大家的一致认可。对于教材以外的其他学习资料，存在的问题比比皆是。以欧洲华文报纸《纽约时报》为例，在注音、文字、解释等方面不准确。如德国版第96期，杜牧的《过华清宫》中"山"字的注音，"山"的注音应该是shān，结果却错误地注成了"shā"；总第939期文字魔盒，"在"字写法的解释是："两个小人，抬个大人，万众一心，打败敌人。"[①]很显然，这里应该是"众"字。如今欧洲华文学校的整体情况非常复杂，教学时间不固定，教学对象年龄不一，不少欧洲华校使用了暨南大学编写的《中文》教材，"专有名词""课文题目"等备注有英文解释，对于欧洲华人和热爱华文的外籍人士来说并不是很有针对性。以意大利为例，意大利人希望有一本以意大利文为注解的华文教材，尤其是对于低年龄段的学生来说，教材的本土化更有利于他们学习中文，但是，迄今为止没有找到一本此类教材。有学者统计了《中文》（1—12册）288篇课文，内容多是中外文化，各占50%，但对意大利风俗、文化等的描述只占2%，这样的教材显然不适合意大利青少年的学习背景。

第二，华文教师专业能力不高，培养机制不完善。从欧洲多数国家的华文学校现状来看，华文教师大多是非师范大学毕业生，这些教师即

---

① 《众》，《欧洲时报》（德国版）2015年12月25日第18版。

便有较好的中文基础，能流利使用英文与学生沟通，但没有经过师范学校专业技能培训，对于班级管理、学生情感沟通交流、教学理论与方法、教学实践等多个方面缺乏经验。同时，多数国家华文师资培训机构是商人主导，由商人出资，以盈利而非公益为目的，这使得华文教育的教育目的显示出"非纯粹性"，华文教师的供应跟不上形势需求。作为中文学校的教师，一部分来自中国汉语志愿者，一部分来自孔子学院及大学留学生，还有一部分是本土教师，很多华文中小学由于自身经费紧张，也不愿意出资培训华文教师，尤其是兼职的、流动性强的教师。华文教师的巨大缺口和专业化水平不高，是华文教育发展道路的阻碍。以意大利米兰华侨中文学校为例，现有16位教师，其中一小部分为中国国内进修人员或者教师，大部分为当地华人、中国留学生和当地人，大约占2/3。米兰当地华人和米兰当地人，工作比较稳定，但学历水平参差不齐，大多是"非科班"出身，未经或者稍经培训就上任，普通话不标准，专业程度十分有限，教学效果事倍功半。[①]

第三，华文教育规章制度不完善，缺乏稳定的经费来源。欧洲华文学校办学种类多种多样，但相对于中国国内学校办学条件来说，规章制度不完善。目前，欧洲各国华文学校各成一派，没有统一的协调机构，各华文学校之间存在的只是利益竞争，而不是相互扶持。华文学校尚未形成科学的规章制度，华文学校之间无法形成合力，使华文教育难以深入发展。像无源之水，如无本之木，没有制度做根基，极其容易受外界因素影响。华文教育是中华文化在海外的"希望工程"，而华文教育的规章制度不完善，导致华文教育的进步受损。比如，意大利罗马市几所华文学校可以说各具特色，各有长处，但学校之间并无过多交流，较少统一进行华文教育的推行及宣传活动，势单力薄，仅靠华侨华人的资金援助，缺乏长期稳定的经费来源，在进一步发展壮大之路上受到阻碍。

---

① 金志刚、李博文等：《意大利华文教育的现状、问题与对策》，《辽宁师范大学学报》（社会科学版）2017年第5期。

据原罗马华侨华人联合总会第三届会长潘仲骞说:"意大利有些有几千华侨华人聚居的城市,甚至至今连一所中文学校也没有。其原因固然是多方面的,但主要原因还是办学经费不足,没有得到居住国政府和社会有关单位的支持。"[①]

具体发展策略如下。

第一,校际合作,开发"本土化"教材。欧洲多国的中文学校,应该加强校际或跨校际合作,可以结合欧洲各国学生实际情况编写符合旅居欧洲华侨华人子女学习习惯的华文教材和工具书,也要结合中国国情,与时俱进,统一编写,严格把关,提高华文学校教科书的严谨性、综合性、创新性、实践性。各国教育者应充分认识到现有教材与学生特殊化的学习需求之间的矛盾,组织一批具备较高汉语水平和汉语素养的教师组成教材编写委员会。编写的教材充分考虑到华裔青少年的年龄特点和中文程度,并结合当地的学习和生活环境在教材内容上进行具体化。比如荷兰华文课本的一些海外乡土教材篇目,像《学说普通话》十分贴近学生的生活实际,对话幽默风趣,方便华裔青少年和成人学习者的学以致用。

第二,加强教师队伍建设。当前欧洲华文教育整体规模不大,居住国政府创办中文师范学校培养专业教师的条件还不成熟。那么就可以发挥孔子学院的优势开展师资培训;也可以采用华校与中国华文教育基地联合培养,推荐华文教师到基地接受汉语言文学专业培训。同时,要促进居住国建立华文教师的认证评估体系,以保证师资培训有法可依。

第三,加强中文学校之间协作交流。欧洲华文教育力量分散,居住国各中文学校在当地的影响力也有限。因此,需要一个统筹部门来协调整合华文资源,促进学校之间的团结。华侨华人机构需要联合起来组建一个居住国华文教育中心(抑或欧洲华文教育中心),负责华文学校之间的交流、制订规章制度协调各校办学之间的矛盾与竞争,实现优势互

---

① 章志诚:《欧洲华文教育的历史与现状》,《八桂侨刊》2003年第1期。

补和多赢的目的。目前这种机构还很少，但是在教育实践中的确发挥着重要作用。比如，荷兰成立有丹华文化教育中心，为了更好地传播与弘扬中华文化，创办了《桃李园》这一海外华文教育专刊。学生能将自己的优秀作品展现在这一平台，教师、家长也可以在此交流教育经验、体会学生成长，同时还能了解到荷兰各地各校华文教育的前沿动态。[①]

  第四，建立家长学校，便于华侨华人融入当地社会。华侨华人只有很好地融入主流社会，汉语言文化的学习与传播才有根本保证。因此各类华文学校应当积极发挥家校联合办学的作用，建立家长学校，让家长参与到学校管理中来，为华校发展建言献策，同时为家长提供一个学习交流的平台。可以推选出优秀家长做负责人，为华裔学生的学习、生活服务，增强他们的团结意识和民族凝聚力，为华文教育事业多做贡献。

  近年来，欧洲华文教育取得了一些成绩，离不开华侨华人社团的艰辛努力，离不开各国政府的大力支持。中国有关部门通过开展提供学习资料，举办学术交流会议，开展中外文化交流活动、提供培训条件等举措，深受欧洲侨胞的欢迎和好评。[②] 但欧洲华文教育还有很多需要努力的空间，尤其是居住国要赋予华文教育与官方教育一样的待遇，充分调动华侨华人办学的积极性，充分发挥华文教育的社会作用，这样才便于汉语言文化在欧洲的广泛学习与传播。

二　英国华文教育

  英国国土面积为24.41万平方公里（包括内陆水域），2017年总人口6602.2万，英格兰人为主体民族，华侨华人属于少数民族。英国人口普查统计显示，1991年英国的华人人口达156938人，2001年增至247403人，增加了63.4%。2011年英国华裔人口约40万人，华裔人口

[①] 严晓鹏、郭保林等：《欧洲华文教育：现状、问题及其对策——以意大利华文教育为例》，《八桂侨刊》2011年第1期。

[②] 徐利：《浅谈欧洲的华文教育》，《侨务工作研究》2008年第4期。

占居民总数的比例由 2001 年的 0.4% 上升至 0.7%。英国华侨华文教育自创办之日起，承载着英国华人的中华文化传承与传播使命的华文教育克服重重困难，使得其在全英各地开花结果，目前已发展成为欧洲中文学校规模最大和数量最多的国家，大约有华文学校 200 多所。①

（一）英国华文教育的历史演进

20 世纪初期，英国的工业发展日趋缓慢，而美国、澳大利亚的工业革命如火如荼，需要的"华工"量要远远大于英国。一战后，部分"华工"留居英国，到 1935 年，英国共有华侨 8000 多人。为了子女学习祖国语言文化的需要，于 1935 年创办了第一所华侨学校。之后，还有一些零星的中文补习班兴办起来，因二战的破坏大都被迫关闭。② 直到 20 世纪 60 年代中后期，英国中餐业异常兴盛，很多中国香港新界人、内地人移居英国经商，形成了一个华侨华人移民小高潮。1968 年"英国共和协会"在伦敦创办第一个儿童中文识字班，只有 1 名老师和 8 名学生，后来发展成为一所拥有 26 名教师，500 多名学生的大型中文学校，设有幼儿园、小学、中学等 19 个班次，还设有普通话、中国文化等方面的学习班。③ 同期，旅英华人社团在曼彻斯特创办了一所中文学校；英国华商总会中文班在伦敦成立，起初 20 名学生，到 1977 年已发展成为一个包括幼稚园、小学、中学和大学预科于一体的中文学校。到 1987 年学生数达 1400 多人，成为当时欧洲最具规模的中文学校。④

20 世纪 70 年代以后，随着新生代华人的增加，英国再次掀起办学热潮。1980 年曼彻斯特中国教育文化社团创建一个中文学习班，有 500 多名学生。到 1984 年，英国中文学校（班）达 80 多所，近 9000 名学

---

① 许木：《蓬勃发展的英国华文教育》，《世界教育信息》2015 年第 11 期。
② 章志诚：《欧洲华文教育的历史与现状》，《八桂侨刊》2003 年第 1 期。
③ 余卢延玲：《略谈中文教育》，中国海外交流协会文教部《第三届国际华文教育研讨会论文集》，华语教学出版社 2001 年版，第 58 页。
④ 郭熙：《华文教育概论》，商务印书馆 2007 年版，第 97 页。

生，其中华裔约占1/3。1987年英国中文学校已经遍布全英各地，整体规模居欧洲之首，共有96所，仅伦敦就有30所，12036名学生。总体来看，20世纪70—80年代，英国中文学校，无自己的校舍，办学经费多自筹，偶有地方政府和中国香港驻英办事处提供少量资金，学校多属于中国语言文化补习班性质，一般是周六或周日学习2—3节课。教师主要来自当地华侨华人和留学生。多用粤语、简体字为教学媒介，偶有学校用繁字体、普通话教学。学校基本都开设汉语、汉字、普通话课程，还有一些学校开设中文电脑、中国音乐、书法、民族舞蹈、绘画、德育课程，增加学生对中华文化和艺术的了解，拓展他们的学习知识面。

20世纪90年代，英国政府的政策变化使华文教育变得困难重重。主要表现在：（1）20世纪80年代一度接受伦敦中央教育区资助的周末中文学校，在90年代初期被英国政府解散。（2）英国对本地学校开始实行自负盈亏的办学政策，因此中文学校租用校舍不再免费。（3）1994年中国香港地区有关机构不再赠送教材，也不再资助华侨华人办学。基于办学困难，当时很多教师不计报酬，甘愿担任授课老师。为解决教材短缺问题，1991年英国中文教材编委会成立，历经两年编写一套包括教科书、活动作业和教师指引等较为完备的中文教材，受益面达1万多人。

香港回归中国前后，又迎来一轮移民高潮和办学热潮。1998年底，全英中文学校（班）达160所，学生15000人。学校数和人数比20世纪80年代增长大概有60%，比同期欧洲其他国家规模要大很多。如荷兰中文学校（班）总数40所，学生3000人；法国中文学校（班）20所，学生1500人；德国中文学校（班）总数20所，学生1000人。[①] 到2005年英国有200多所中文学校，约1000名教师，2万多名学生。学

---

① 陈雪：《英国的华文教育与华侨华人社会》，中国海外交流协会文教部《第三届国际华文教育研讨会论文集》，华语教学出版社2001年版，第53—57页。

生多数是华裔子弟,也有少量当地英国人。①

此外,近些年来中文教学在英国正规学校中很是红火。很多中小学和大学都开设有汉语课程。2002 年,英国教育与技能部提出"国家语言战略",将汉语列入战略上具有重要意义的语言,将汉语纳入初中结业考试和高中会考的科目,开设汉语选修课的中学达到 150 所。② 2003 年开设汉语课的高校达 30 所,当年各级正规学校及民办中文学校的学生有 4 万人。政府拨款 100 万英镑计划用 5 年时间在英国公民中普及中文。③ 2004 年,汉语已经被列入英国外语教学课程,并在一些中学试点。2006 年 2 月,英国教育部门将汉语设定为中小学学习的第二大外语。截至 2010 年,英国每七所中学就有一所开设中文课程。④

(二) 英国华文教育的特点及发展新动向

当前,英国华文教育呈现如下发展特点:第一,早期的中文学校为华侨华人所办,以周末中文补习班为主,后因纳入英国国民教育体系,很多正规学校也开设有中文课程。第二,早期的华文教育主要是针对华侨华人子女进行的中国语言文化教育,以便方便家庭的沟通与交流。而随着非华裔人士的介入,华文教育对象逐步扩大化,办学类型多样化,办学规模也随之扩大。第三,早期的中文学校多是中国广东和香港华裔移民所创办,因此大多习惯于使用粤语和繁体字教学。改革开放以来,中国内地移民英国的日渐增多,新办学校多使用普通话和简体字授课,这种授课方式在英国各级学校中得到广泛的推广和运用。

英国华文教育发展新动向主要有:第一,一些新式中文学校的涌现,使中文教学呈现出简体字与繁体字,普通话与中国各地方言并存的

---

① 郭熙:《华文教学概论》,商务印书馆 2007 年版,第 97 页。
② 王望波、庄国土编著:《2008 年海外华人华侨概述》,世界知识出版社 2010 年版,第 107—108 页。
③ 郭熙:《华文教学概论》,商务印书馆 2007 年版,第 98 页。
④ Susan:《英国积极推广华文教育》,http://www.study-in-china.org/China/ZCXW/20101704653477.htm。

局面。第二，诸如举办中文朗诵比赛、演讲比赛、作文比赛、书法比赛、中华文化知识竞赛、中国寻根之旅（春夏秋冬）令营活动等汉语言和中华文化类的活动增多，中英语言文化交流趋于常态化。第三，中文的社会价值彰显，学好中文会在就业中占据一定的优势，因此不论是华裔还是非华裔，都更侧重对汉语言文字基本技能的学习和掌握，其次才是接受中华文化的熏陶。

（三）英国华文教育快速发展的原因

1. 政府提供了宽松的发展环境

英国政府对华侨华人采取积极鼓励的政策，以此来支持他们学习祖（籍）国的语言及文化。20世纪90年代以来，基于汉语国际地位的提升，促使英国政府对外语教育政策做出了调整。此外，政府还加强了与中国政府在语言教育方面的合作，注重提高华裔的汉语言应用能力。2000年汉语作为现代外语之一被纳入英国教学大纲所规定考试科目。2002年更是将汉语摆到了"国家语言战略"的发展高度，认为中文是最具有战略意义的外语；2004年教育部将中文列入中学外语课程，2006年又将中文设定为中小学第二大外语。目前，教育部正计划修改外语教学大纲，从小学三年级开始把包括中文在内的外语课程作为必修课程。教育部不断对外语政策进行调整，无论是将汉语纳入国民教育课程体系，还是把它作为中小学的必修外语课程都是很明智的举措。更何况中文课程已经成为大学教育的常态课程。这些都体现了他们想深入了解中国的渴望，华文教育为他们提供了学习汉语言文化的重要平台。

2. 英国社会团体和个人的大力支持

长期以来，英国人团体、宗教团体、留学生联合会和华人社区个体在物质、资金和人力资源等方面对中文学校都给予了全面支持。尤其是华人社团，对中文学校的办学和运营状况付出的心血最多。英国中文教育促进会和中文学校联合会为安排中文学校教材的编写与使用、开展教师聘请和培训工作、组织中华文化系列活动、办学经费筹集等方面东奔西走,直到问题解决为止。①

3. 中国政府相关部门的鼎力相助

2001年以来,中国侨办多次派讲学团到英国各地讲学并培训当地华文教师;还委托有关单位编写本土化《中文》教材,免费提供给英国中文学校使用;英国中文学校与中国各级侨办联合开展了诸如"中国寻根之旅"的夏令营活动、华文比赛、文体活动、节日纪念活动等多样化的活动,营造"小中国"现场氛围。中国侨办对发展情况好的学校进行"华文示范学校"的评选,以发挥带头作用;开展"华星书屋"建设,为英国华裔提供更多的中文课外读物。此外,国家汉办与英国联合创办的孔子学院传播了中华民族文化,并树立汉语的国际形象,为英国华文教育开辟出一片更为宽广的新天地。2005年国家汉办在英国伦敦大学亚非学院成立第一所孔子学院。② 2014年,英国共有25所孔子学院及92个孔子课堂。2017年英国有29所孔子学院及148个孔子课堂。③ 一些颇具特色的孔子学院不但充实了英国华文教育的教学内容,也进一步推动了中华传统文化走进校园的频度。

(四)英国华文教育面临的挑战

目前,英国华文教育发展态势良好,但还面临不少制约因素,需要采取有效措施来解决。

首先,与主流学校的关系问题。中文学校多是周末补习班性质,教学的系统性不够,因此缺少一定的吸引力。再加上很多英文学校都开设有中文课,因此不少华裔学生转入英文学校学习,英文学校虽然开设有中文课,但多是将其当成外语课程开设,甚至是第三、四语言课程开设,

---

① 王传玲、洪明:《英国华文教育的历史发展与影响因素分析》,《华文教学与研究》2010年第4期。
② 余梁意等:《欧洲孔子学院数量英国居首》,http://www.kmzx.org。
③ 《越来越多的英国学校开设汉语课程,学习中文,不再仅仅是兴趣》,http://world.huanqiu.com/article/2017-10/11335602.html。

而且中文课程的合法地位根本没法保证,经常因为意外因素而停止教学。如何请政府出面,协调好两类学校的课程设置和培养目标等问题,恐怕一时半会儿难以解决。因为中文学校的培养目标是华裔学生接受中国语言和文化的学习,旨在传承和弘扬中华文化。而主流学校开设中文的目的则不同,更多是满足非华裔学习汉语言文字的需要,提高中文方面的基本技能,以应对社会生活或与中国人打交道的需要。为了中华文化的传承,中国政府可以加大对英国中文学校的支持力度,"侨办"、中国华文教育基金会在教材开发、经费保障等方面给予一定的援助,并为英国华裔子女的升学和就业创造有利条件。当然,英国华人社会也要为壮大华文教育来争取英国政府和广大民众的支持。通过多方努力,确保中文学校的生源不向主流学校流失,而是形成一种倒流的局面。[1]

其次,师资队伍不稳定。因中文学校的教师多是义务支教,只是拿到一点交通补贴和饮食补贴。所以坚持的时间都不长久。但是面临日益庞大的中文学习人群,中文学校不得不降低挑选的标准聘用中文教师,很多教师没有专业背景,也没有从教经验,想保证办学质量谈何容易。比如,从家庭妇女中选拔的华文教师,工作比较稳定,但多是"非科班"出身,影响教学效果;从留学生中选拔的华文教师,学历较高,但一般而言,1—2年就要离开,这对中文学校的管理是一种考验。目前,从孔子学院聘请中文教师或许可以暂时缓解一下师资短缺的压力。为了华文教育发展的长久之计,建议加大英国本土华文教师的培训力度。可以组织英国国内华文专家和教师分赴有关国家展开"巡回式"培训,也可以鼓励本土教师利用中国籍教师在任之机会,向他们学习华文教育理念、华文知识及教学技能,从而尽快成长为本土华文教学的中坚力量。[2]

---

[1] 王传玲、洪明:《英国华文教育现状与制约因素分析》,《八桂侨刊》2012年第1期。
[2] 《海外华校本土教师的培养途径》,http://www.hwjyw.com/jxyd/xskj/200902/t20090227_27157.shtml,2009-02-27。

再次,资金匮乏问题。英国中文学校正规的、全日制的学校极少,多是中文补习学校或者叫周末中文学校,其中主要原因之一是办学资金不足,经费主要来自学费,也有社区人员和商人捐助,华人社团资助,也有少量是政府和非政府机构资助。一般而言,同时拥有这几类资助的情况十分罕见,资金的匮乏造成恶性循环,没有自己独立的校园,多是临时租用。在政府和非政府机构资助方面,因地域不同差别很大,有的地方政府及有关机构根本不给予任何资助,全靠中文学校自力更生。比如,有很多中文学校自筹租金租用校舍,每年所付租金从几百英镑到几万英镑不等,这使得校方师生为租金问题叫苦连天。[①] 有的地方政府和有关机构会提供少量的资金支持,并且帮助协调公立学校免费借用校舍。因此,若改变资金紧张的现状,可以尝试请求政府拨款,本着"民族平等和谐"的政策,像资助公立学校一样,给予中文学校以平等的待遇,但是申请审批手续相当复杂,而且有时因政府政策的变动,不太稳定,有时也根本靠不住。

如今,汉语已经纳入英国的国民教育体系,除了中文学校以外,很多大、中小学都开设有中文课程,而且又成为欧洲孔子学院最多的国家。英国政府对华文教育给以很多的政策倾斜,并提出 2020 年汉语学习人数到 40 万的宏伟目标。[②] 对英国各类学生和成人而言,学习汉语不仅可以了解中国文化、了解中国,而且也为提高自我社会竞争力增加筹码。目前,涌动在英国各地的汉语言文化教育正好满足他们的学习需求。可以预见,华文教育在英国的发展前景将是一片灿烂。

三 法国华文教育

目前,华文教育以一种独特亮丽的风景展现在世界的舞台上,它既

---

① Louise Archera, Becky francisb&Ada Maub, "Boring and stressful" or "ideal" learning spaces? Pupils' constructions of teaching and learning in Chinese supplementary schools, Reasearch Papers in Education, Vol. 24, Decmber 2009, 477 – 497.

② 《越来越多的英国学校开设汉语课程,学习中文,不再仅仅是兴趣》, http://world.huanqiu.com/article/2017 – 10/11335602.html。

是中国形象的代言人,又是中华语言文化传播的主渠道,更是发展中外友好交流的重要平台。法国作为欧洲重要的国家也看到学习汉语言文化带来的无限商机,因此也就不再过多干涉华侨华裔学习自己的语言和文化。不过法国的华文教育发展相对较晚,1981年华侨华人在巴黎十九区创办有中文学校。1982年华裔互助会创办了中文班。1986年华侨华人会将中文班改建为中文学校,同期,潮州会馆中文班开班。1996年青田同乡会中文班成立。到20世纪90年代中后期,华人社团创办的中文学校(大多为补习班性质)逐渐多了起来。21世纪随着"国际汉语热",以中文补习班为主要形式的华文教育在法国得以蓬勃发展,目前,约有100多个协会和机构开设华文课程,华裔学生超过2万人,[①]大学开设汉语课程的更多,已达1000多所,如加上开设中文课程的孔子学院和国民中学,学习汉语的人数会更多。

(一)法国华文教育的发展现状

1. 法国华人社会关心、支持华文教育事业

近年来,法国华文补习学校已经发展成为华裔接受中文教育的主渠道。法国的华文补习学校主要有三种形式:华文媒体开办如巴黎《欧洲时报》中文学校等,华侨社团开办如潮州会馆学校、华侨华人会中文学校以及华裔互助会学校等,法亚文化中心等开办的纯粹教授中文的学校。20世纪80年代兴办的巴黎《欧洲时报》中文学校,按照学生的学习程度,将中文班划分为拼音、识字、读书等班级,满足于幼儿、小学、初中生的学习需求。同时开设有书法、武术、音乐等兴趣班以供学生选修。2002年以来,又增设中国文化历史班,聘请博士担任华文教师,以便中文基础较好的学生更好地了解中国。到2004年该校有学生400余名,14个教学班,一个武术班,每周三、六、日上课,采用中国国内有关机构编写的教材,如《中文》(暨南大学华文学院编)、《汉语》(北京华文学院编)等。再如,2000年巴黎法中语言学校成立,后

---

① 王琳:《法国华文教育的发展现状探析》,http://qwgzyj.gqb.gov.cn/hwjy/195/2931.shtml。

来发展规模日益扩大而改名为法中集团,包括法中语言学校、中法人才交流服务网等分支结构。法中集团根据学生的年龄和中文程度的差异,开设了学前班、1—6年级小学班、初中和高中班,采用中国内地现行的中文教材,任课教师从中国聘请,使华裔子弟能够接受到相对正规的、完整的中文基础教育。

2. 驻法大使馆大力参与汉语推广工作

随着中法教育和文化交流的不断扩大,汉语学习日益受到重视,由遍布法国各大城市的"法国汉语水平考试"考点即可看出。中国驻法大使馆给予华文教育工作以极大支持,参与孔子学院的建立和发展,目前在巴黎中国文化中心、布列塔尼、克莱蒙—费朗、普瓦提埃大学、拉罗歇尔、斯特拉斯堡、泰尔拉德芳斯大学、巴黎七大、图卢兹一大等地方都成立有规模不等的孔子学院。此外,中国驻法大使馆在师资、教材、教法等方面也竭力为法国华人社会和有关机构提供帮助。比如与法国教育部对外合作与交流司商讨,决定开设中文国际班,与8个学区(如巴黎、罗马、里昂、凡尔赛、马赛等)的13所小学、初中和高中的授课计划同步进行。国际班毕业生若留学中国,可直接获得汉语水平认证资格,而法国教育部也加快了将汉语学习全面纳入国民教育体系的步伐。由于中法在政策层面上的支持,使华文教育在法国有着较为美好的发展前景。

3. 中文学习热对法国华文教育的促进

法国的中文学习者(包括华侨华人和非华裔)是欧洲最多的。从20世纪50年代开始,中文学习者数量一直在增长。中国"文化大革命"时期,中文学习在法国一度掀起热潮。学习者人数增长保持平稳趋势的时期,则是从20世纪七八十年代开始到21世纪,中文学习者数量一直在攀升。[①] 法国政府也十分鼓励法国人学习汉语,前总统希拉克

---

① 英雄:《法国中文教学的正规化——以法国中文教材和中学教学阶段为视角》,硕士学位论文,山东师范大学,2013年,第12页。

曾说：想要了解中国文化，应从学习中文入门。汉语也是法国的外语教育中增长最快的语种。在中学教育中，2005年有150多所中学开设汉语课程。① 2008年在法国学习中文的中学生约有2万人。2011年法国30个学区中有27个开设汉语课，学习人数达4.5万人。随着学习汉语人数的增多，法国汉语教学资源即使加上15所孔子学院，在师资、经费等方面依然不能满足人们对汉语言文化的学习需要。

4. 中法语言文化的交流推动了华文教育的开展

中国海外交流协会在广泛联系海外华侨华人及其团体，增进友好友谊，促进中外教育、文化交流方面发挥着极其重要的作用。2012年4月29日，由中国海外交流协会主办，法国华文教育协会承办的法国赛区"首届海外华裔青少年中华文化大赛"在《欧洲时报》文化中心举行。这个大赛得到了诸如法国华侨华人会中文学校、《欧洲时报》中文学校、潮州会馆中文学校等会员学校的协助，有来自14所学校300多名学生参加了比赛。通过比赛，让华裔青少年进一步了解了中国历史、语言文化，激发了他们学习华文的热情。此外，1999年以来，中国侨办和中国海外交流协会还联合推出了海外华裔青少年"中国寻根之旅"夏（冬）令营活动，该活动多年来一直受到海外侨胞尤其华裔青少年的热烈欢迎。比如，2012年6月24日，法国华侨华人会"中国寻根之旅"夏令营在巴黎4区的华侨华人会所正式启动，其中华侨华人会中文学校就有近20名学生赴中国温州参加夏令营，学习中文，了解中国国情和中华文化，加深对中国的认同感，同时也大大促进了法国华文教育的开展。

5. 法国华文教育在创新中求发展

首先，是华文教学理念与模式的创新。为了让华文教学更加生动有效，提高学生学习中文的兴趣，就要不断改进教学方法，法国学生的特

---

① 陈青文：《语言、媒介与文化认同：汉语的全球传播研究》，上海交通大学出版社2013年版，第56页。

点是集中注意力时间短，同时忙于很多外界的活动。华文教师要采用多种媒体灵活组织教学，因材施教，满足不同学生学习的需求。具体来说，华文教师需要不停地学习（听课：法国华文老师、法语老师甚至英语老师的课；看杂志：《汉语世界》等），不停地感悟（感受学生的学习状态），不停地思考（教什么、怎么教），灵活把握课堂，达到满意的效果。教学时，设计不同的练习，让学生活动，以听说先行，然后读写，重点在说，进行口语练习。教材无非是工具，华文教师要充分结合中华传统的文化和历史背景，进行故事教学和情景教学，鼓励学生多思多想，树立学好汉语的自信心。其次，华文教材的创新。中国侨办根据法国华人的学习需求，依托华文教育基地学校，编写了一些华文教材。初步形成了从幼儿到初中，从语言到文化，从主干教材到辅助读物，从平面教材到网络教材等内容丰富、形式多样的华文教材体系，某种程度上满足了一些华文学校对教材的需求。根据实际需要，今后的华文教材建设重点逐步朝着"本土化"和"网络化"的方向发展。

（二）法国华文学校发展的动因

1. 法国政府的提供宽松的政策环境

法国积极推行宽松的多元文化政策，利于华文教育的开展。长期以来，法国都对华文及中华文化采取兼容并包的态度，以此来丰富本国文化多样性；对旅法华侨华人采取积极鼓励的政策，支持华裔青少年学习自己的语言及文化。法国的华文学校无论规模大小，只要有生源需求，只需简单的申请程序就可以顺利创建。因此，中国改革开放以来，法国华文学校如雨后春笋般地兴办起来。

2. 华侨华人移民的中华情结及兴学的热情

目前，在法国居住的华侨华人移民数量已达 70 多万。保持民族精神的血脉延续，维护中华文化的传承发展，是旅法华侨华人的内在需求和共同愿望，中文学校的开办就是最为直接和显性的结果。随着旅法华侨华人经济实力不断提高，子女教育问题越来越受到重视，建立中文教育场所的愿望也越来越迫切。法国在近10年中就先后有50所华文学校诞生。其中，旅法侨团都致力于侨社的和谐和团结，在资金、师资、场地非常困难时期，坚持华文教育事业，发挥了示范作用。法国华文学校多由旅法侨团开办，影响较大的如法国华侨华人会、法国潮州会馆等，各校在办学经费筹措运营、校舍建设租借、师资招聘培训、教材编写发行等方面得到侨团不遗余力的支持。

3. 加强与法国主流学校的交流

法国华文学校与本地学校的中文选修课是教授中文的两种不同体系。1998年法国本土仅有一半学区在中等教育阶段设有中文教学点，而2013年中文课堂走进了法国本土所有学区。2004—2014年间，学习中文的中学生每年以25%至30%的速度增长。目前法国约有700所初、高中开设正规的中文课，近5万名初、高中生将中文作为正式科目学习，在中学阶段开设的所有外语课程中跃升至第五名，仅次于英语、西班牙语、德语和意大利语。华文学校为了解决校舍紧张的问题，经常租用本地全日制学校场地，而全日制学校欣赏华文学校教师具有丰富的教学经验和灵活的教学方法，也常常聘请华文学校教师来校任教。法国外语国际班强化专门外国语教学，也是促进全日制华文学校发展的一种重要途径。这是法国中文教学模式的新尝试，政府表示此类能够扩大学校知名度、展现社区特色的活动应该予以鼓励。

4. 中国有关部门的大力支持

中国侨办、中国华文教育基金会统筹协调国内华文教育资源，为海外华文教育发展提供了有力的保障。侨办采用"请进来""走出去"的方式，多次在国内组织校长、教师培训班或组织讲学团赴法国开展师资培训。在教材研发方面，侨办组织暨南大学华文学院、北京华文学院分别编写了图文并茂、系统性强、注重趣味性与知识性相结合的《中文》《汉语》教材，并免费提供给法国华文学校。

（三）法国华文教育存在的问题及发展策略

法国华文学校大多是独立于学历教育之外、非主流、课余补习性质的教学单位。与传统华文教育兴盛的东南亚地区相比，法国华文教育存在着基础差、底子薄、教育供应能力弱等问题，这些问题与汉语热所带来的旺盛需求之间存在矛盾，体现在以下几个方面。第一，华文学校与主流教育体系衔接尚显不足。法国周末制华文学校与主流学校中文选修课的教学对象背景不同、程度不同，教学内容与教学方式差异巨大。法国华文学校或没有明确的教学大纲，或教学大纲未与主流学校体系相衔接。虽然法国华文学校可以开具学习证明，但中文成绩不被主流学校承认，两者不能衔接，这是法国华文教育发展的一大瓶颈，由此也带来高年级学生流失严重等顽疾。第二，师资不稳定影响长期发展。华文学校教师薪资微薄，使得教师难以凭此维持生计，导致人才流失严重。因此，很多华文学校在教师招聘方面不得不降低标准，大多是"非科班"出身，周末兼职或留学生兼职比较普遍，而且大多数教师未曾接受系统培训就上岗，以至于影响教学质量。第三，法国华文学校大多缺乏固定校舍和经费来源。如今，法国以法亚文化友爱会华文班、中华学校、里昂华裔华文班、巴黎华文班等补习性质的华校居多，大多租用办学场所，选择周末或课余时间上课，每周 2—4 课时，经费来源主要是捐款和学费。法国政府虽鼓励，但给予的经费支持较少，因此大多华文学校资金紧张。华文学校多借用社团的办公场所，或租借当地主流学校场地作为校舍，仅有少量资金充裕的华文学校能够自行购置校舍。

面对华文教育的发展机遇和实际困难，法国华文学校有必要坚持改革，摸索更加适合自身特点的发展路径。首先，需要更好地推进华文学校融入当地，使之成为华社与当地社会沟通与交流的平台，让更多华侨华人了解当地社会，也让当地社会更好地接纳与理解华社。其次，法国华文学校应努力提升社会地位，尽量与主流教育接轨，争取更多的支持与保障。法国华文学校可以根据主流社会的中文考试标准修订学校的教学规划，从多个角度、不同方式推进华文教育事业的发展。中国国内相关部门也可以建立联动机制，整合资源，在海外推广和传播中国语言文化，助力法国华文教育转型升级。再次，随着学习汉语的非华裔以及忘记汉语为第一母语的华人后代逐渐增多，按照中国语文的授课方式已经不再适合，传播和弘扬中华文化已不再是华裔子弟学习的主要目的。较好做法是，对于法国华文办学条件较差、教育基础薄弱、普及程度不高的地区，华校可以重点加强语言教学，将汉语作为第二语言（第二语言可以是本民族语言，也可以是居住国的官方语言，但不同于外语）来进行教学，并突出讲授一些实用性强的内容，诸如经贸旅游、礼仪交际、日常生活等。而对于法国华文办学环境和条件好、教学水平高的地区，华校可以重点进行汉语言教育，同时也适当传授一些中国的民俗、文艺、历史、地理等方面的文化常识，对族裔适时地进行中华传统文化的熏陶，增进他们对中华民族的认同感。

　　在全球"汉语热"的背景下，中法友好互助关系进一步推进，中法两国政府在20世纪末期协商在法国定期举办"中法文化年"活动。2003年10月正式启动，"文化年"活动涉及文学艺术、教育、科技、广播电视、图书出版、旅游等方面，共计300多个项目，其中还包括，中法建交周年的纪念日和中国的春节。举办的宣传活动有："中国当代艺术展""走近中国——中国当代生活艺术展"中央芭蕾舞团巡演等。此类活动也推动了法国华文教育的发展，如塞尔内市第一所华校等学校相继设立。[①] 据不完全统计，目前大概有5万多人在各级学校中学习中文。"对于华人子弟来说，他们学习中文，不仅为'追根'，更是为多学本事，为自己的美好前程。"[②] 在当前中法教育和文化交流会更加频繁，孔子学院大力推进，汉语日益受到法国社会各界重视的大背景下，相信法国华人社会一定会抓住一切有利的发展时机，推动华文教育事业迈上一个新台阶。

[①] 潘睿：《当代欧洲华文教育探析》，硕士学位论文，暨南大学，2007年，第28页。
[②] 《法国中文学校汉字书写比赛落幕6000多学童参赛》，《国际人才交流》2009年第5期。

四　荷兰华文教育

荷兰的国土面积约 4.2 万平方公里，总人口 1702 万（2016 年），是世界上人口密度最大的国家之一。据荷兰移民局统计，2012 年荷兰华人总人口约为 12 万，约占荷兰人口总数的 0.7%。[①] 荷兰大部分地市均有华人居住，主要聚集在阿姆斯特丹、鹿特丹以及其他城市和港口一带。荷兰是欧洲开展华文教育最早的国家，历经近百年的发展，到 2014 年，全荷中文学校有 40 余所，学生 6000 多人，教师 260 多人。主要分布在阿姆斯特丹、鹿特丹、海牙等大城市。[②]

（一）荷兰华文教育的历史演变

一战后到荷兰谋生的中国人有所增多。早期荷兰华侨子女多接受当地文化教育，为解决子女的中文教育问题，华侨社团断断续续开办了几个中文班，如 1919 年中华会在莱顿创办的欧洲华侨史上第一个中文班，也标志着荷兰华文教育的开端。1930 年中华会馆在鹿特丹创办一个华侨子弟识字班，教材多来自中国内地，学生少得可怜，有时仅十几人。1935 年华侨人数有所增加，达 8000 人，学生的数量也随之增多。但因华侨生活艰辛，尚没有实力创办上规模的中文学校。

二战后，荷兰的华侨华人陆续减少，到 1955 年才回升到 2017 人。旅荷鸥海同乡会阿姆斯特丹中文学习班开办，促使荷兰华文教育走出低谷。20 世纪六七十年代，中荷恢复外交关系，到了 80 年代各大华人社团竞相办学，如旅荷华侨福音布道会是荷兰创办中文学校的先驱，1974 年 12 月创办荷兰第一所中文学校，又先后在海牙、鹿特丹、乌特勒支、阿姆斯特丹等地建校多所。1979 年华人联谊会在阿姆斯特丹成立全荷第一所非宗教性质的、最大规模的中文学校，随后华人社团创办的中文

[①]《荷兰概况》，https://baike.baidu.com/item/%E8%8D%B7%E5%85%B0/190469?fr=aladdin#6

[②] 郭华：《荷兰中文教育发展现状研究》，《陕西教育》（高教版）2014 年第 8 期。

学校相继涌现。此外,还有不少华人社团和个人在各地创办多所供华裔子弟学习汉语言文化的学校,如安多芬中文学校、安恒中文学校、海牙中文学校、格罗宁根中文学校,等等。例如:海牙中文学校创建于1982年,其规模仅次于阿姆斯特丹中文学校。学校设有10个中文班和一个武术班,有学生200多人,附设幼稚园;荷兰北部第一所中文学校——格罗宁根中文学校创办于1983年,有两个粤语班,26名学生。1995年又增开国语班。学校现有11个班级,120多名学生。①

20世纪80年代后期,荷兰政府及有关机构开始重视华文教育的发展。1988年荷兰政府文化福利部开始为华人团体提供基金创办华文教育,这是一个可喜的变化。1989年荷兰有中文学校30余所,学生近万人。1992年荷兰政府拨专款编写中文教材,供学前两年儿童以及小学六年级学生使用。② 由于政府的重视加上国土面积不大,因此几乎荷兰所有地方都开设有中文学校。如旅荷华侨总会一家就在格罗宁根、兹沃勒等市区新建立了10所中文学校。到20世纪末期,荷兰共有40所中文学校(含一所中学),约4000名学生,任课教师有几百人。③

(二)荷兰华文教育的发展现状

作为中国在欧盟第二大贸易伙伴的荷兰,如今已成为欧洲华文教育开展较好的国家之一。荷兰华文学校主要有华人社团、华人基金会和协会以及个人等三种创办形式。学校一般周六上课,一次2—3小时。还利用《华侨通讯》《华侨新天地》等华文报刊做教务工作以及各种中国语言文化活动的宣传与安排工作。此外,国立莱顿大学和马城高等职业学院为荷兰的两所中文学院,得到政府的资助,大多荷兰人和部分华侨华人子弟在此学习中文。2007年7月,国立莱顿大学孔子学院成立;之后,不少大学都相继成立了孔子学院或开设有孔子课堂,方便当地人

---

① 潘睿:《当代欧洲华文教育探析》,硕士学位论文,暨南大学,2007年,第10页。
② 吕娇娇:《荷兰中文学校考察分析》,硕士学位论文,山东大学,2016年,第1页。
③ 张燕飞:《汉语说遍全球》,《21世纪》2001年第10期。

第二章 汉语言文化传播与发展的典型国家举隅

了解中国文化。目前,荷兰华文教育的主要发展特点为:一是荷兰教育部强调中文与英语、法语地位一样,并在八所官方学校投资100万欧元支持中文学习,2010年将中文课列为毕业考试科目。① 二是荷兰30多所官方中学开设中文课,普通话和简化字的学习在非华裔中成为一种时尚。三是荷兰华人社团重视拓展华文教育的发展渠道,在办学理念、教学规模等方面有所突破。② 荷兰华文教育虽然比以前有很大的发展,但还存在着诸多问题。

第一,教材使用有局限性。荷兰中文学校使用的教材主要有:《中文》(修订版,2007)、《汉语》(1998)、《汉语会话301句》(2003)、《汉语乐园》(2007)、《今日汉语》(1990)、《互动汉语》(2009)、《快乐汉语》、《幼儿汉语》、《轻松学中文》(2007)、《跟我学汉语》(2009)、《初中华文》、《新实用汉语课本》(2003)、《ABC》、《中国语文》等十几个版本。③ 这些教材既有外来教材,也有本土自编的教材。中文学校一般多用中国香港地区教材,有个别学校使用中国台湾地区的教材。只有旅荷华人联谊会开办的17所侨校使用了中国暨南大学华文学院编写的《中文》教材,有一定的局限性,教材理念完全是中式的。特别是新HSK水平考试推广后,大多数学校组织学生参加考试,更凸显出《中文》课本的局限性。人们普遍认为现有《中文》教材实用性不强,小学低年级练习册较难,学生有时都看不懂题目。而且很多练习训练目的不明确,不适合儿童学习,缺乏感性的内容。中年级教材脱离生活实际,学生不易理解。再者,由于中文教材版本繁杂又不系统,有时会出现一所中文学校从小学到中学使用几个版本的情况,由于存在字体不一、内容不衔接等方面的问题,所以不利于教师的教与学生的学,教与学很难达到和谐统一。

---

① 王晓郡:《中文成荷兰中学毕业考试科目》,《人民日报》(海外版)2010年2月20日第4版。
② 郭华:《荷兰中文教育发展现状研究》,《陕西教育》(高教版)2014年第8期。
③ 吕娇娇:《荷兰中文学校考察分析》,硕士学位论文,山东大学,2016年,第11页。

第二,教师不专业,教学方法单调乏味。在荷兰从事一线中文教学的教师,主要是华人移民义务任教,也有家庭妇女及中国留学生。大多教师缺少教育学、心理学及中文专业知识,也不懂教法。教师习惯性地照本宣科,不断地讲解或让学生不停地诵读,学生学而生厌,因此半途而废者众多。并且荷兰华文教师的数量也不足,很多中文学校都普遍开设各类汉语课程及中华文化课程,但限于教师数量,教师分工无法细化,大多教师不仅要进行汉语教学,还要有中华才艺和组织沟通方面的特长,以便于组织开展中华文化活动,这对于大多专业不对口的教师是一种挑战。

第三,办学条件有待改善。荷兰华文教育创办主体多为华侨华人社团。如华侨总会、华人联谊会、鹿特丹华商会等。他们组织校董会,负责学校的资金、校舍、教师、学生等一切事项。也有华人基金会、宗教团体开办的华文学校。学校规模大小不等,大的有几百人,小的只有几十人,都属于中文补习班性质,分布在华人聚居地。荷兰中文学校大都没有自己的校舍,旅荷华人联谊会中文学校多次计划购置校舍,但一直没能实现。且大多学校属于公益性质,每年只收取200—400欧元的学费,用于支付校舍的租金、活动场地租金、复印学习材料、志愿者教师的交通费补贴等,其余靠华人捐款、政府资助等才可以勉强维持办学现状。荷兰政府经济支持的对象是华侨未加入荷兰国籍时期的中文学校,后因华侨大都变成荷籍华人而取消了资助政策。[1]

(三) 荷兰华文教育的反思与前瞻

针对采用中国和其他国家华文教材使用中出现的缺乏针对性问题,荷兰政府建议编写一套适合荷兰华裔的华文教材。1992年4月29日,荷兰教育部拨款7.5万荷兰盾资助全荷兰华人社团联合会启动编写这套中文教材,按照初级(幼稚园级、高班和小学一年级)、中级(小学二至四年级)、高级(小学五至六年级)依次编写。该套教材有一定的荷

---

[1] 吕娇娇:《荷兰中文学校考察分析》,硕士学位论文,山东大学,2016年,第14页。

兰特色，如小学三年级《中国语文》第 19 课中称送信者为"邮差叔叔"，第 24 课中有每年的 4 月 30 日——荷兰"女王日"，课本后附有中文、中文拼音及荷兰语的附录。① 这是一套既保留了中华文化精髓又迎合了当地文化特色的华文教材。② 但是由于自编教材花费巨大，政府只是给予少量的支持，大部分经费需要自筹，在编写内容选择上、繁体和简体汉字的处理上等多个方面还有待提高。目前，汉语支教的中文教师增多，但流动性强，不能满足中文学校教学的需要。因为荷兰的学校多是周末学校，因此有一定办学实力的华人社团开始租用具有现代信息技术设备的学校从事中文教学，效果自然好一些，但毕竟具备这样办学条件的学校太少。在教学方面，由于周末中文学校的时间有限，学生水平各异，现有的中文课本一课中的教学内容及练习不可能在 1—2 星期内完全掌握。因此很多中文教师结合荷兰学生的实际情况，找出重点内容和练习，利用图片、影像、网络以及自己选配的阅读读物等方式灵活实施教学，某种程度上起到了提高中文教学质量的作用。

21 世纪的今天，荷兰华文教育在当地政府、华人社团、社会各界热心中文教育的人士以及中国政府的支持下，应该在高质量的本土化教材编写、专业化的师资培训以及加大中外合作办学的力度（比如筹建更多的孔子学院）等方面下功夫，进一步推动荷兰华文教育再上新台阶。

第四节 大洋洲华文教育

一 大洋洲华文教育概况

大洋洲面积为 897 万平方公里，约占世界陆地总面积的 6%，是世

---

① 沈立新：《访荷见闻》，《八桂侨刊》2001 年第 1 期。
② 李天治：《西欧华侨华人与中国软实力的提升》，硕士学位论文，暨南大学，2010 年，第 30 页。

界上最小的洲。共有澳大利亚、新西兰、斐济等14个国家和10个地区。人口大概有3000多万,其中欧洲后裔2000多万,华侨华人60多万。大洋洲的华侨华人主要集中在澳大利亚和新西兰。早在1874年,已有华工到澳大利亚的牧场中去当苦力,不过人数不多。中国人大量涌入澳大利亚,主要是缘起于1851年新南威尔斯州开采金矿,1855年华工进入金矿淘金,1861年在澳大利亚的华工已达38000人。由于此缘故,至今仍有人把美国的三藩市叫作旧金山,而把澳大利亚的墨尔本称作新金山。在大洋洲,自侨民集中创办华文教育,经过90多年的发展,已经粗具规模。有数据表明:2010年,大洋洲有华文学校和中文班79所。[①]

(一) 大洋洲华文教育的历史与现状

大洋洲华文教育始于1909年澳大利亚开办的第一所中文夜校。之后,1911年墨尔本《警东新报》也开办有中文夜校。1916—1925年墨尔本相继创办的中文学校也属于夜校性质。[②] 在新西兰、巴布亚新几内亚、斐济等国的华文教育也以基本相同的方式陆续发展起来。二战前,大洋洲的中文学校主要由华商资助办学,但因中国国内时局动荡以及师资不足、经费难以为继等诸多因素,维持时间多在3—5年而被迫停办。学校大都属于民间性质,学校规模较小。几个教员加几十个学生,起初勉强开展全日制教学,后来逐步改为夜间或周末补习中文。这一阶段,办学理念和制度受中国影响颇大,基本属于中国教育制度的延伸。二战后,由于政府的政策支持和华人办学积极性高涨,中文学校数目逐渐增多,就学人数急增,招生规模不断扩大,不少中文学校开始设立分校或拓展校区。授课教师大都有"全澳中文资格证书"。越来越多的学校采用中国内地编写的《中文》教材和练习册。除了教授汉语外,大多学

[①] 陈青文:《语言、媒介与文化认同:汉语的全球传播研究》,上海交通大学出版社2013年版,第44页。

[②] 李天锡:《大洋洲的华文教育》,《八桂侨史》1999年第1期。

校开设有中国民族舞蹈、武术、书画等多种才艺班。普通话教学，偶用方言和英语，语言交际教学方法得以广泛运用，大大提高了教学效果。

（二）大洋洲华文教育的发展特点

1. 中文学校主要以汉语补习班的形式存在

在大洋洲的中文学校中，除澳大利亚、新西兰这些发达国家具有较高的经济和教育水平，有较多的全日制华文学校外，诸如巴布亚新几内亚、塔希提、斐济、西萨摩亚等国，由于国土面积较小、经济与教育水平欠发达，使得这些国家的华文学校主要以非全日制的形式存在。比如，斐济的一些华文学校，实际上是由当地华人社团自发举办的中文补习班之类的华语补习机构，一般利用每天晚上上课，或者星期六和星期日上课，每次上课2—3个小时。授课的教师往往也是当地的华人知识分子或中国留学生。这种非全日制的华文学校（补习班）在大洋洲的许多小岛国大量存在，是大洋洲华文教育的主要形式之一，也是一大特色。究其原因，主要是因为受当地社会和经济条件的制约。大洋洲共有10000多个岛屿，岛国众多，往往每个岛上都分散居住着少许华人。如果政府专门为这些学校开设全日制华文学校，那么财力和人力难以应付。

2. 华文学校的分布相对集中于大城市

大洋洲是身处太平洋的一个大洲，几乎全是由大大小小的岛国组成。特殊的地理环境造就了大洋洲华文教育的另一特色就是相对集中。在大洋洲，华侨华人有近70万，其中聚集在澳大利亚、新西兰的华侨华人就有60余万。华侨华人在大洋洲分布的特点直接影响了华文教育的分布。据统计，在大洋洲的华文学校中，近六成的全日制华文学校集中在澳大利亚和新西兰；开设汉语课程的大学，全部都在澳大利亚和新西兰。这说明澳大利亚和新西兰是大洋洲华文教育的中心。另外，由于大洋洲各国人口稀少，主要集中在首都或沿海大城市，所以大洋洲的华文教育也呈现出在首都或大城镇集中的特点。例如，澳大利亚华文学校主要集中在墨尔本和悉尼；新西兰华文学校主要集中在首都惠灵顿；而诸如斐济、巴布亚新几内亚等国的华文教育机构也主要集中在首都或大城镇。

3. 华文教育呈系统化发展

在大洋洲的华文学校中，既有全日制的正规学校，也有非全日制的业余学校；既有初级阶段的启蒙教育学校，也有高层次的大学阶段的汉语教育。大洋州的华文教育呈系统化的模式发展。在大洋洲，由于人口分散，所以低层次的华文学校很普遍。在某一小镇上或街道上，只要是有华人聚集的地方就有华人自发的华文教育机构，这类机构往往是私人培训班的性质。如在墨尔本的一所华侨开办的华文学校里，起初有12个班，学生370余名，1988年已达16个班，学生800多名。在社区的正规中小学里，也有很多学校开设了中文课程。在大学教育中，许多大学也开设了中文课程，如1988年澳大利亚有23所大学开设了中文课程，学习的学生有2000多名。在新西兰全国七所大学中有六所开设了中文课程。由此可见，大洋洲的华文教育系统已渐趋完善，各级各类的华文教育机构和模式正在蓬勃发展。

近年来，大洋洲各国与中国的经济、文化、教育交流更加密切，华语华文的商业价值日益彰显，各国政府更加重视汉语言文化的学习，各国华文教育将逐步走向规范化、标准化和制度化。

二 澳大利亚华文教育

澳大利亚简称澳洲，面积769万平方公里。人口2400多万，其中土著人口占1.4%，英国及爱尔兰血统的占35%。[①] 早在19世纪就有中国人移居澳大利亚，20世纪初期，澳大利亚形成华侨社会，开始创办华侨学校。从移民的角度分析华文教育，改革开放前，中澳国家之间交往较少，自1972年12月21日建交以来，双边关系呈现良好的发展态势，华文教育开始蠕动发展。改革开放以来，随着中国国际地位的提

---

① http://au.uoolu.com/baike/guojiagaishu/.

升，双方人员往来日趋频繁和密切，迎来新一轮华人移民热潮，又大大促进了澳大利亚华文教育的发展。有研究表明：全澳大利亚提供华文课程的学校共计有 485 所，其中小学 139 所，中学 256 所，其他 90 所。学生总数达 58000 余人，这是政府公立学校中小学接受华文教育的人数，如加上各类职业培训班及周末华文学校的学生，数目更加可观。可见，华文教育正在为澳大利亚社会所全面接受。①

（一）澳大利亚华文教育的历史嬗变

19 世纪初期，澳大利亚迎来第一批中国海员定居澳洲一隅。19 世纪 20 年代，到澳大利亚做工的中国劳工不断增多。1851 年大批华工到维多利亚州等一带"淘金"，到 1890 年已有华侨移民达 49700 人。华侨社会的形成，促使华侨将子女母语教育的问题提上日程。1909 年华侨在墨尔本创立第一所华校——中文夜校，学生 30 人。1909—1930 年间，产生了中文学校（汉文半夜学堂），有了最初的华文教育。但是，这期间澳大利亚为巩固国家利益颁布了"白澳政策"、《移民限制法》等来限制和反对一切非欧洲民族的移民，因此华文教育在这段时期发展缓慢。据相关研究，早期澳大利亚华侨性别严重失衡，男多女少，这也是华文教育发展较迟的重要原因之一。

到 20 世纪 40 年代，华侨人数锐减至万人左右，但依然有悉尼中华学校、悉尼光华学校等 10 所中文学校（夜校）创办。当时由于缺乏固定的华文教员，加上学习英语比较实用等因素，华文教育举步维艰。二战后，国际格局发生了巨大变化，澳大利亚接受大量的中国移民，华文教育才有所发展。1966 年澳大利亚宣布废除"白澳政策"，有几个中文学校相继出现在墨尔本等地。

20 世纪 70 年代，澳大利亚开始实行多元文化政策，对华文越来越宽容，因此华人办学之风盛行。悉尼有 40—50 所，墨尔本有 10 余所，

---

① 王琳：《世界华文教育现状研究》，商务印书馆 2016 年版，第 216 页。

两市的学校总数占全澳的 2/3 以上。① 在悉尼市，1977 年悉尼中文学校创办时仅有 1 个班，8 名学生，1990 年发展到 10 个年级，41 个班，800 多名学生。学习内容低年级为中国音乐课，中高年级为中国文化课。各华社还开办有中文补习班，一般利用周六或周日上课，每次上课 2—3 个小时。侨青社的普通话学习班主要学习普通话和广东话，澳华公会的中华文化补习班教授普通话和粤语。悉尼育梅中文学校普通话班招收小学一年级至初中班学生，每班招收 15—20 人，还开有粤语、普通话、裱画、古筝等 11 个职业训练班。② 1980 年澳洲华裔相济会在悉尼创办周末华文补习班，招收幼儿和初中生，最初只有几十名学生，至今已增加到 1200 多名，开课的地点分布在西区十多个市镇，且利用周末上课，每次 3 个小时。③ 同期，澳大利亚天主教亚洲中心创办的华文学校，每周 13 小时中文课，学习对象是从幼儿到小四学生，采用分班（普通话班、粤语班）授课方式，旨在弘扬中华传统文化。上述悉尼的华校和培训班，所用的教材多来自新加坡和中国内地版本，也有部分自编教材。用普通话和粤语授课，教师多来自中国内地、中国港台地区及新加坡。由于澳大利亚鼓励各民族发扬本民族文化，所以有的学校还得到当地资助。④ 在墨尔本市，1974 年华侨华人创办墨尔本华文学校，设有五所分校，每所分校有几百人。斯普林维尔分校最多达 600 人。1985 年在分校的基础上，学生家长联谊会开办公立中华学校，建校时有学生 370 多名，班级 12 个，到 1988 年发展为学生 800 余名，班级 16 个。到 1987 年又创办了悉尼中华语言学校等，华文教育此时在澳大利亚正规教育体制中占据了一席之地。20 世纪 70—90 年代中文学校的具体发展情况如下⑤：

---

① 李天锡：《大洋洲的华文教育》，《八桂侨史》1999 年第 1 期。
② 顾明远：《教育大辞典》（4），上海教育出版社 1992 年版，第 435—436 页。
③ 杨明：《有关澳洲华文教育的几个话题》，中国海外交流协会文教部《海外华文教育文集》，暨南大学出版社 1995 年版，第 90 页。
④ 黄皇宗：《港台文化与海外华文教育》，中山大学出版社 1992 年版，第 251 页。
⑤ 廖小萍：《澳大利亚、新西兰华文教育比较研究》，硕士学位论文，暨南大学，2007 年，第 19 页。

第二章 汉语言文化传播与发展的典型国家举隅

表2-3　　　20世纪70—80年代澳大利亚华文学校办学情况

学校名称	年份	主办单位	学校概况
墨尔本华文学校	1974	天主教学校资助	下设五所分校，约600余人
中文儿童班	1974	澳洲华人社团	8名学生
悉尼华文学校	1977	悉尼华人	41个班约800人
华裔公立中华学校	1985	学生家长联谊会	华人赞助，地方政府补助
悉尼中华语言学校	1987	悉尼华人	
中华文化学习班	1987	澳华公会	

表2-4　　　20世纪90年代澳大利亚中文学校办学情况　　　单位：所，人

州名	学校总数	学生总数		
	1993	1991	1992	1993
首都地区	2	74	—	62
新南威尔士州	73	4483	—	8929
北澳地区	1	116	124	150
昆士兰州	4	304	—	497
南澳州	2	609	912	947
塔斯马尼亚	1	15	—	22
维多利亚	8	3322	2389	2679
西澳州	5	631	1696	1866

从以上两个表格可以看出，20世纪90年代澳大利亚中文学校比80年代发展得要快一些。如，新南威尔士中文学校就有73所，比80年代全澳的中文学校还多了24所。

20世纪80年代尤其是90年代以来，澳大利亚将中文正式编入中小学课程，政府制定了《国家汉语研究方略》，将中文课程由选修课提升为主课。在宽松的政策环境下，华文教育已经形成了一个系统的教育网络。就中小学而言，由两个层面组成：一是政府办的公立学校，可以开设中文外语课，此外大学文科也允许开设中文课，由联邦及各州政府划拨开课经费。1993年在纽省开设中文课的公立小学有40多所，有1800多名学生（包括华裔和非华裔）选读。政府还出资在少数民族地

区设立周末中文学校,这类学校在维省和纽省共有20多所,学习中文的学生有3000多人。二是由华侨华人或非华人创办的私立学校开设中文课程,其中私立周末中文学校最为流行。澳大利亚纯粹的华文学校就是此类补习性质的周末学校。据报道,仅悉尼此类学校就有50多所,学生人数超过1万人。一般周六或周日上午或下午上课,时间大约3个小时。在维省此类学校60多所,学生1万多人。[①] 私立学校学习中文的学生只要能达到VCE(高中毕业证书的简称)总分目标,就有资格申请大专院校。

在系统化的华文教育中,澳大利亚大专院校开设中文课程已蔚然成风,呈日益增多的趋势。1981年澳大利亚有11所大学开设中文课程,1988年增加到16所,1992年达23所。此外,还有13所工艺与进修学院也开设了中文课程。[②] 到中国内地、港台地区学习汉语的学生日渐增多。

进入21世纪,移居澳大利亚的有大量新加坡、马来西亚、印尼、东帝汶的华侨华人,有部分中国内地人,也有少数印支华人难民,使澳大利亚主要城市中华侨华人人口快速增长。2003年全澳华侨华人约有55万,多居住在各州首府如悉尼约20万人和墨尔本约10万人。[③] 至此,华文教育又进入大发展阶段。2009年第一所孔子学院在悉尼大学成立。新南威尔士州邦尼里格孔子课堂设立不到一年,汉语课堂扩展到了5个八年级班级、1个九年级班级,成为该校语言课程中最重要的部分。2015年新州孔子学院旗下共有外派汉语教师和志愿者教师16人,中小学孔子课堂13所,学生3730名。新州孔子学院和课堂成功的例子,对于汉语言文化在澳的传播和推广具有很大的借鉴作用。截至2016年,澳大利亚这个被称为世界上领土面积第五的国家,孔子学院

[①] 黄磊:《澳大利亚中文教育现状》,中国海外交流协会文教部《海外华文教育文集》,暨南大学出版社1995年版,第94页。

[②] 同上书,第95页。

[③] 《澳大利亚华侨华人概况》,http://www.360doc.com/content/18/0724/16/58085927_772893658.shtml。

和孔子学堂的数目分别为 18 所和 67 所。

(二) 澳大利亚华文教育快速发展的特点及原因

现今华文教育已成为澳大利亚国民教育的一个组成部分，呈现出欣欣向荣、蓬勃发展的景象，出现了五类华文学校：华人社区创办的华文学校，如悉尼澳华中文学校；华人民间文教机构创办的华文学校，如悉尼启思中学；华人社团创办的中文学校，如雪梨中文学校；经当地政府批准、正式注册的正规中文学校，著名的有墨尔本新金山文化学校；私人创办的华文学校，如墨尔本培华中文学校等以及其他中文学校。

其发展特点如下。

第一，澳大利亚政府支持华文教育。政府每年拨专款支持华文教育，还颁布纲领性文件《全国中文课程规划》，编制《中国通》教材，将公立中小学的中文选修课改为主课，小学增设中国文化课。高三学生需考中文，合格后颁发 VCE，方可取得申请大学的资格。大学开设中文课，修习者有资格公派到中国内地进一步深造。此外，为提升中文教学质量，还专门建立了中文研究与管理机构。[1]

第二，业余补习性质的办学模式。华侨华人在宽松的政策环境下，大多希望子女尽快融入主流社会，因此华裔学生多选择正规的公立学校接受国民教育，但同时他们又不想让子女忘本，保持中华文化传统，因此中文补习性质的学校（如悉尼中文学校、维多利亚史威宾中华公校等）应运而生。华裔学生每周一到周五在公立学校上课，周末或节假日则在中文学校上课，每天 2—3 个小时。总的来看，在澳大利亚华人社团办学占了华校总数的 2/3，也是华裔学习中国语言文化的主要途径。

第三，开设丰富多样的课程、教学及文化活动。中文学校不仅有中文教学，也有书法、艺术、民俗等中国传统文化教学，还经常开展一些

---

[1] 欧苏婧：《浅析澳大利亚和新西兰的华文教育状况及存在的问题》，《广西广播电视大学学报》2012 年第 3 期。

专题讲座、演讲比赛等课外活动。如南澳华联合中文学校，现为南澳地区规模最大的中文学校。开设既有常规的汉语语言班、英文和数理化补习班，还有武术、舞蹈和体操班。更有颇具特色的供家长大显身手的烹饪班——口福小厨。再如，悉尼大同中文学校为弘扬中华文化，促进中西文化交流，积极参加悉尼地区多元文化的公益活动，如地方政府或社会团体举办的文化日互动，向其他民族的社团等提供中华文化的咨询服务，等等。① 通过多种活动的开展，提高学生学习中文的积极性。

发展原因：

第一，全面推行多元文化政策。在多元文化政策全面推行的背景下，澳大利亚政府开始将各民族的语言和文化视为国家的一部分，并采取一些措施推动各民族语言的多元发展。1986年全国语言政策规定，汉语列为国家有用的九种民族语言之一。1988年政府还制定了亚洲语言文化研究计划，正式将亚洲语文列为第二语文。此外，还专门成立汉语研究会，制定《汉语研究战略》，支持和推广中华文化，并在各级学校的课程设置、师资发展、经费资助等方面有所倾斜。

第二，汉语成为"求职敲门砖"。经济的全球化使中国与世界各国的商业贸易往来更加频繁，这已成为其他国家民众学习中文的重要动力。目前，澳大利亚教育部调查显示，由于欧美和亚洲各国在语言上存在诸多障碍，因此，许多西方企业在亚洲经商时便遇到不少困难，以致带来很大的经济损失。可以说，亚洲的经济地位以及澳大利亚与亚洲各国的关系，就决定了亚洲语言的地位。② 鉴于此，教育部认为，未来的澳国经济发展中心应该向亚洲转移，重视包括中文在内的亚洲多国语言的教学与研究，应当作为战略性国策。2002年，全澳大利亚讲汉语的人口超过40万人，占总人口的2.1%，汉语已成为澳大利亚最大的外

---

① 《悉尼大同中文学校简介》，http://www.datong.com.au/article/show.asp?id=7。
② 王琳：《世界华文教育现状研究》，商务印书馆2016年版，第217页。

语语种。① 随着"面向亚洲"政策的全面推行,与中国打交道的机会大大增加,因此需要更多通晓中文的人才,汉语成了澳大利亚人的"求职敲门砖",高涨的汉语学习热潮也带动了华文教育的发展。

第三,新移民、留学生助推华文教育。2001年在澳华侨华裔人口约52万,目前大概接近60万。华人人数的增加,使华人社区的规模不断扩大,各种与中文有关的文化标示、标语随处可见;同时也为中文学校提供了较为充足的生源,一些新移民(如华人教授、医生、科学家等)文化程度高,专业性也较强,在中文学校主动担当授课任务也大大弥补了华文教师的不足;有的新移民还积极办学,新办学校层次较高,规模也比较大。近年来,有近4.5万名在澳中国留学生,经常受聘到一些周末中文学校当兼职教师,进一步充实了华文教师队伍。②

(三) 澳大利亚华文教育存在的问题与发展策略

近年来,澳大利亚政府为华文教育的发展提供了有效的制度保障,呈现出华文学校急剧增多,办学规模扩大,办学力量更加多元化,师资力量增强,教学质量不断提高的良好局面。但是在澳大利亚官方中小学课程设置中,汉语只是存在于少数拥有中文背景学生的中小学语言课程中,与此同时,日语、韩语、西班牙语则在语言课程中占据更大比例。可见,由于华文教育在澳大利亚兴起时间短,当地居民对中国文化的认知还处在朦胧阶段,华文教育也还没有形成比较成熟的教育体系,这样对汉语言文化的推广又产生了一定的制约。

展开来说,主要有:第一,教材缺乏实用性。目前澳大利亚华文教材的使用呈现"多元化"局面,不管是外来的如《你好》及《汉语》,还是本国出版的,大都存在着偏离澳大利亚本土特点的问题,有些内容与学生的语言习惯和文化背景有很大差异,造成很多中小学生对华文望而生畏。第二,师资不足。因澳大利亚学校多属于业余性质,没有固定

---

① 《中国教育报》2003年5月4日。
② 胡丹:《澳大利亚、新西兰华文教学现状》,《吉林师范大学学报》2004年第2期。

的经费来源，所以造成教师的类型不一。华文的师资主要来源于华裔，这些教师职业背景不同、教学经验有异，因此其华文素养和知识水平参差不齐。当然，由于华文教育的规模不断扩大，现有的师资远远不能满足教学的需要，因此，也有少量的非华裔当华文教师，工作积极性很高，但教学能力有限。① 即使这样，澳大利亚的华文师资还是呈现严重不足的局面。有时候为了给众多学习者上课，不得不一再降低专业教师的录用标准，这无形中也大大降低了华文教育的质量。② 第三，教学方式不适用于西方课堂。很多华文教师秉承的或者说是习惯性采用以教师讲为中心的教学模式，课堂、课外活动少，与西方的教育理念相悖，很多华裔和非华裔学生多在正规学校接受西式教育，周末或课余在中文学校补习中文，由于教学方法没有吸引力，因此他们的学习积极性很低，从而影响了教学效果。第四，华侨华人子女多是被动学习中文。不少华裔学生认为，自己学习中文，都是出于父母或祖辈的一片苦心，作为华族的一员，不该忘记自己的母语，学习和传承中华语言文化是义不容辞的任务。而很多华裔学生的实际心态就是既然是澳大利亚的国民，只要掌握当地的主流语言就行，学习中文意义不大。这恰恰反映了当地文化的同化作用，长此以往，十分不利于华裔对中华文化的传承。

　　针对以上问题，应当在以下几个方面下功夫。

　　第一，结合当地现状进行教材的编排和选择。编写专家在编写或选择教学材料前，应对当地学生的学情作出分析，亲临课堂，查看授课教师对现有教材的使用情况，应当关注西方课堂流行的教学方式，当然更应当关注当地多元文化的冲突与融合之处。根据调查结果编写出既符合现实的汉语言文化状况，又有本土性、实用性和趣味性的教材，方便教师的教与学生的学。③ 比如，暨南大学根据欧美、大洋洲等地区国家的

---

① 王琳：《世界华文教育现状研究》，商务印书馆2016年版，第214页。
② 李天锡：《大洋洲的华文教育》，《八桂侨史》1999年第1期。
③ 刘华、程浩兵：《近年来海外华文教育发展的现状、问题及趋势》，《东南亚研究》2014年第2期。

第二章 汉语言文化传播与发展的典型国家举隅

周末学校情况编写了《中文》教材,供澳大利亚等国家华文学校使用,反响不错。①

第二,扩充师资队伍,加强教师培训。为了进一步改善外语教学条件和扩大师资队伍,澳大利亚联邦政府已经拨出两亿多澳元的经费,赞助华文及其他语言教育。如 2008 年拨款 6240 万澳元用于今后三年的亚洲语言学习和研究,以促进汉语等亚洲语言教育。目前,澳大利亚政府加强对华文教师队伍的管理和培训,规定必须取得澳大利亚教育部门认可的专业资格证书的教师才可以进入学校。政府采用多种措施对华文教师加以规范。首先是集中管理,采取各种形式培训教师。在培养大批新教师的同时,拨款支持在职教师到中国大陆参加短期语文强化训练,尤其是熟悉中国文学、中国文化以及当地文化,方便于归来施教。其次是统一标准,所有的学校都执行大致相同的教学标准。②

第三,创设有趣的教学内容来组织教学。在第二语言环境下,华文教师应当重新定位课堂教学,创设教学情境,增加师生互动交流和生生合作学习的机会,这样才能真正满足学生的需要。近些年来,澳大利亚有些华文学校的做法的确可以发挥华文教师的教学潜能。比如,成立于 2003 年的澳大利亚堪培拉周末社区语言学校,2009 年被中国国务院侨办评选为"华文教育师范学校",在校学生有 300 多人,其中华裔占 20%。教师上课以中文授课为主,听、说、读、写兼顾,注意培养孩子学习中文的兴趣和良好的学习习惯。同时,还开设中文双语班,每个班级以系统教学为主,并有舞蹈、合唱、武术、小乐队、中文演讲班等兴趣班。③

第四,加强华侨华人子女的民族文化教育。对于澳大利亚华裔学生,有的出生在中国,很小移民到澳国,有的是在澳国本土出生,他们

---

① 王垠:《浅议华文教育与住在国国民教育的关系》,http://www.gqb.gov.cn/news/2006/0412/1/2262.shtml.
② 刘芸芸:《澳大利亚华文教育发展状况及原因分析》,《八桂侨刊》2009 年第 2 期。
③ 邹振环:《澳大利亚的华文教育》,《国际学术动态》2010 年第 5 期。

的思想观念和行为方式受到居住国的主流文化同化严重。因此，在对他们实行汉语言文化教育时，不能用传统的国内母语教学的方法，也不能用外语教学的方法，而是既要考虑他们对汉语言文字的运用能力的培养，又要加强中华文化教育，在课堂上结合汉语知识讲授中国文化，让他们对中国文化感兴趣，尤其是要了解儒家文化的博大精深，从而激发华裔对祖（籍）国的文化认同感和民族自豪感。

此外，作为海外华文学校自身，也应当更加积极主动地融入社会，与当地教育机构搞好关系，争取更多的资金支持。比如悉尼丰华中文学校因为是"纽省民族语言学校联合会"和"澳大利亚中文学校联合会"的会员学校，因此得到了纽省教育部社区语言教育计划的资助。①

21世纪的今天，随着澳大利亚华人移民人口的快速增长，中澳两国在政治、经济、文化领域交往的不断深化，这就为促进两国交流和华人社会的发展奠定了基础，为华文教育开辟了更为广阔的前景，为推动汉语言文化在澳国的传播与弘扬提供了更加广阔的发展平台。

三 新西兰华文教育

新西兰国土面积约26.8万平方公里，2017年人口达479.39万，其中华人属于少数族裔。② 中国人在150年前便来这块土地上"淘金"，但人数较少。20世纪初期以来，新西兰华侨社会逐渐形成，华文教育也随之诞生。由于新西兰距离中国较远，华人较少的缘故，华文教育发展比较缓慢。到了20世纪末期，华文教育才迎来较快的发展。据2013年7月新西兰教育部对中小学（1—8年级）第二语言课程调查表明，学习汉语的中小学生人数达到18754人，开展汉语课程的学校151所。可见，新西兰越来越多的学校开始开设华文课，有更多学生开始学习汉

---

① 耿虎：《华文教育文化传播及建设——以东南亚为中心的考察》，厦门大学出版社2018年版，第89页。

② 《新西兰概况》，https://baike.baidu.com/item/%E6%96%B0%E8%A5%BF%E5%85%B0#6。

语和中国文化。[①]

（一）新西兰华文教育的历史发展

19世纪六七十年代，中国人开始有规模的向新西兰移民。随着新西兰华侨人口的增加，很多华侨都希望子女学习中文，牢记民族之根，传承中华传统文化。由于新西兰华侨人口增加并不算迅速，所以有规模的华文教育起步较晚。其兴起与基督教会有很深的渊源。早期的基督教会为了方便传教和帮助华工创立了教会学校，当时比较著名的是白鹤真光教会学校，一些华工可以在此学习中国语言。20世纪上半叶，新西兰实行"白色新西兰"政策、颁布《中国移民法案》导致华侨人数急剧下降，华文学校时办时停，华文教育发展缓慢。[②] 二战后，新西兰华人传教士和华人教会相继出现。其中惠灵顿公会和浸信会属于两个华人教会，积极开设中文补习班，可以说是新西兰最早的华文教育形式。[③] 1955年新西兰共有五所华文学校创办，在校生3000余名。1968年新西兰屋伦华侨会兴办华文义校，是一所比较正规的华文学校。其他形式的语言学校（班）从未间断，如1970年创办惠灵顿中文学校，1977年又创办两所中文小学和一所中文研经班。这些华文学校几乎都是在周末等业余时间上课。

当代新西兰华侨华人对子女学习和传承中华传统文化十分重视，不断与新西兰有关部门磋商华文教育的发展问题。到20世纪80年代，教育部确定了"中六的华文证书"校内评估制度，不过在当时并没有产生太大的影响力。1987年以后，新西兰通过颁布新移民法、新投资移民法，开启了新一轮华人移民浪潮。新移民的注入大大增加了新西兰华

[①] 黄艳婷等：《新西兰奥克兰中小学汉语教学现状分析及展望》，《第八届北京地区对外汉语教学研究生论坛文集》（上），2015年，第205页。

[②] 王瑞彬：《新西兰华文教育漫谈》，中国海外交流协会文教部《第三届国际华文教育研讨会论文集》，华语教学出版社2001年版，第105页。

[③] 参见梁小钢《蓬勃发展的新西兰教育》，吕伟雄《海外华人社会新观察》，岭南美术出版社2004年版，第143—145页。

侨华人人口的数量。在新西兰基督城（Christchurch），亚裔在该市的人口比例从1986年的1.5%增加到1996年的4.1%。发展至2002年，华侨华人有3.6万人，占新西兰总人口的2.2%。① 华侨华人人口的数量又促进了华文学校的创办。1991年新西兰新华学校（业余华校）创办，发展到1996年已有七个班140多名学生。1997年基督城Riccarton中学有160名亚裔学生，占该校总数的20%。Hornby中学有亚裔学生110名，占该校学生人数的五分之一。② 亚裔的主流是华裔。为了融入当地多元化主流社会，又不失中华民族的语言文化传统，华裔家长充分认识到在新的形势下，作为少数民族仅对子女进行中华传统文化教育是不现实的。他们鼓励子女，不论在华文学校或者在开设中文课程的新西兰国立学校，都要积极学习双语——英语和华语，学习"双文化"——主流社会文化和本民族文化，努力保持本民族的语言和文化。随后又有大量教授中文的官方学校供华人子女学习汉语言文化。

自20世纪90年代末期以来，新西兰华文教育迎来了办学高潮，办学力量既有宗亲社团、宗教社团，也有一些综合性社团，社团资助经费，同时政府也给予支持。虽然1995年在校学习华文的中小学生只不过有244人，但到了1996年，这个数字就上升到1325人。全国有60所中小学，六所大学和七所理工学院开设华文课程。③ 以"艾黎中文学校"为例，1998年创立，经过近十年的发展，现有学生600多人，教师30余人。学校开设中文、美术、舞蹈、太极拳、体育等各类兴趣班。其中中文班26个班级，包括零起点、初级、中级和高级几个级别，学习者主要为华裔，也有少量其他族裔人学习。④

---

① 中国大百科全书编委会编：《中国大百科全书（精华本）》（3），中国大百科全书出版社2002年版，第1873页。
② 金强富：《论新西兰华裔青少年双语言文化教育》，中国海外交流协会文教部《第三届国际华文教育研讨会论文集》，华语教学出版社2001年版，第122页。
③ 同上书，第128页。
④ 徐立华、郑崧：《非洲汉语推广的现状、问题及应对策略》，《西亚非洲》2011年第3期。

此外，从国家层面上，新西兰也很重视华文教育的发展。1992年新西兰华文教育与当地教育正式接轨，有的大学把中文作为计算机学分科开设。1994年各大、中小学除了开设英语、毛利语外，还把中文列为选修课。1998年教育部将华文课程作为外语科目，考试成绩计入大学入学成绩。2000年教育部将华文列入中学会考外语科目。从这些政策和举措中可以看出，中华语言文化正在逐步为当地政府、教育界所接受，对于促进各类学习者学习中文有着很大的帮助。

（二）新西兰华文教育的现状及发展策略

自20世纪70年代新西兰与中国建交以来，两国关系稳步发展，双边贸易稳步上升，通晓中、英文的双语人才成为必需。[①] 在这种国际大背景下，促使新西兰政府采取措施支持并传播汉语言文化，比如很多中小学和大学都提供了学习汉语的平台。很多华裔学生不仅可以在华人的中文补习学校学习汉语和弘扬中华文化，增强与祖（籍）国的情感，也可以在官方学校接受中文教育，提高应对生活的基本技能。尽管这些年，新西兰华文教育发展迅速，取得一定的成绩，但是在英语环境下实施华文教育仍有很多局限性。不少华文教师教学观念落伍，采用的多是满堂灌的传统教学方式，打压了学生的学习积极性。再者，可供选择的华文教材较少，其他如教师手册、练习册等教辅材料以及电脑设备、投影仪等教学设备更是鲜见。而现有的教材又难以满足不同层次学习者的需求。更何况华文教学中还有令人头疼的汉字教学问题，汉字和英文的差异很大，前者属于表意文字，后者是拼音文字，学生学习汉语需要头脑转换学习思路，因此学习起来很吃力而且效果欠佳。此外，新西兰华文学校的办学经费紧张。华人社团办的中文学校经费由社团自筹，能够勉强应付，但是在新移民办的学校中，只有惠灵顿新华中文学校、基督城的路易·艾黎中文学校等少数学校能争取到当地政府的部分经费支持，多数学校每学期仅收取100纽币的学费，难以维系日常开支，这无

---

① 王娟：《试析新西兰华文教育的发展及特点》，《黑龙江史志》2009年第4期。

形中给华校工作带来阻碍,制约了华文教育在新西兰的发展。①

　　针对以上问题,我们提出以下发展策略。其一,实施华语语言支持计划和保持计划。新西兰政府有关部门应实施强有力的语言政策和语言计划,通过全国教育大纲确保华文成为一门必修课程。如基督城路易·黎中文学校就把华文设为所有学生的必修课程,值得提倡。华侨华人对汉语的使用程度取决于国家的语言保持计划。教学实践证明,这一语言计划是华裔在异国他乡建立积极的语言态度,保持对汉语言文化忠诚的有效途径,所以华侨华人各界应当团结起来加大各类华文学校的创办力度。这一语言计划的实施,也有利于推进华文教育纳入新西兰国民教育体系的进程。其二,改变教学形式与内容,突出文化教学。采取先易后难、听说在先、读写在后等多样化教学模式,采用语言教学法和交际教学法以及动作、表演、设置情景、多媒体辅助等具体的教学技巧,以此调动学生学习教学内容的积极性。专门开设中华文化课,提高学生对中华文化的认同感。比如新西兰路易·艾黎中文学校开设50多个班级,包括中文、美术、舞蹈、太极拳、体育等各类兴趣班。② 其三,争取更多的经费支持。华文学校可以借助"汉语热"扩大生源,无论华裔非华裔,只要愿意来华校学习汉语言文化,就可以通过收学费方式增加办学经费,也可以发动华人社团及社会人士资助华文学校的发展。众所周知,政府是重要的办学力量。因此,新西兰的华文学校要顺应时代的发展需要,与当地政府搞好关系,争取更多的资金支持。比如,惠灵顿新华中文学校每年从政府部门争取到1/3办学经费的拨款;路易·艾黎中文学校除了收取学生少量学费外,校长、教员的薪水和校舍都由当地政府出资帮助,可以说大大缓解了办学的压力。③ 这两所华文学校的做法

---

① 廖小萍:《澳大利亚、新西兰华文教育比较研究》,硕士学位论文,暨南大学,2007年,第41页。
② 《路易·艾黎中文学校简介》,http://www.doc88.com/p-9552848202703.html。
③ 廖小萍:《澳大利亚、新西兰华文教育比较研究》,硕士学位论文,暨南大学,2007年,第42页。

值得其他华校效法。

综观新西兰华文教育的发展历程，历尽艰辛取得了今日不菲的成绩。日后，华文教育这个果实能否成长为参天大树，还有赖于新西兰政府的大力支持、华文教育界同仁以及社会友好人士的不懈努力。

四 斐济华文教育

斐济是一个由300多个岛屿组成的南太平洋岛国，国土面积为1.83万平方公里，共有人口89.9万（2016年）。其中56.8%为斐济族人，37.5%为印度族人。华侨华人约8000人。官方语言为英语、斐济语和印地语，通用英语。[①] 19世纪末，斐济华侨仅有十余人。20世纪初，移民斐济的华侨不断增多。到20世纪30年代斐济创办了华文教育，由于是个岛国，华文教育发展较慢，以传播中华文化为己任的大型华文学校也就两所。其中，逸仙学校小学部在校生700余人，中学部在校生390余人；[②] 中华学校有教职员工12人，设8个年级，各民族学生300多人，以斐济裔和印度裔学生为主，华裔学生约占10%。[③]

（一）斐济华文教育历史与现状

1936年斐济中文学校在首都苏瓦创建，即为后来的逸仙学校，该校是斐济华文教育的开端。同期，西部地区劳托卡于1930年建立中华学校，仅设小学部。[④] 迄今，斐济有多所华文学校，其中逸仙学校的华文教育最为突出，现作出分析。

逸仙学校创建伊始，只设小学部，共17名学生；后经发展为1—8年级，各族学生均上以游戏为主的华文课。1986年在原有基础上成立

[①]《斐济概况》，https：//baike.baidu.com/item/%E6%96%90%E6%B5%8E/213600? fr = aladdin#6。

[②] 王建国：《以斐济逸仙学校为例，探析斐济华文教育模式》，http：//qwgzyj.gqb.gov.cn/hwjy/200/3057.shtml。

[③] 赖海隆：《侨办主任一行考察斐济劳托卡中华学校》，http：//www.gov.cn/xinwen/2015－10/10/content_ 2944594.htm。

[④] 吴同永：《海外华侨教育史略》，福建省侨办文教宣传处，1996年，第123—126页。

逸仙中学，学生上千人。同年开始，中国每两年派遣一次华文教师，每期二人。逸仙小学部绝大多数学生升入逸仙中学部，学习条件相对优越。逸仙中学部的学生一半以上是华裔，其他为斐济族等族裔学生，华文课为选修课。根据学生学习中文程度，分为初级班和高级班。初级班学生以华裔学生为主，教材版本为《基础汉语课本》《实用汉语课本》等，也有教师自编教材。高级班学生全部为华裔，教材选用主要有《茶馆》《春桃》等近十篇规定的篇目。学习内容时间跨度大，难度也大，理解起来比较困难。[①] 中学三至六年级学生，每周上课3—4课时。自1997年起，学校为了照顾程度较弱的同学，请英文教师讲授中国文化课。华文和中国文化两门课程计入学生总分。尽管每年选修华文的人数占全校1/3，约120人，但令人遗憾的是华文没有被列为升学会考科目。经过华人教育协会和校方的不懈努力，1988年斐济教育部准许学生参加高中华文证书考试。

  2015年6月，在中国驻斐济大使馆和广东省惠州市外侨办推动下，斐济逸仙学校与惠州市仲恺高中结成了姊妹学校。姊妹学校关系的建立，不仅给逸仙学校带来了急需的资金帮助，更将华文教育推向了教学重点，逸仙学校可以更快地了解中国国内有关华文教育的先进理念和经验，进而运用到斐济的华文教育工作之中。建校82年，逸仙学校一直都在为推动汉语言文化教育而努力，改繁为简、推广普通话，建立有中文读物的学校图书馆，多次组织学生赴华参加"寻根之旅"冬令营，为培养斐济华侨华人后代学习中国文化、传承民族文明方面付出努力，现今已经发展成为斐济顶尖的中小学校。

  （二）斐济华文教育的问题及前瞻

  目前在逸仙学校学习华文的主要有华裔和斐济族、印度族和韩裔等族裔学生，其发展模式为其他华文学校的发展提供了诸多可资借鉴的经

[①] 张洁：《对外汉语教师的知识结构与能力结构研究》，硕士学位论文，北京语言大学，2007年，第13—31页。

验。斐济政府对逸仙学校的发展也很重视，每年的毕业典礼都会派官员出席。此外，斐济文化协会举办的中国舞蹈、杂技表演、音乐、电影等中华文化活动，吸引不同种族的人参加，增加了对中国文化的了解。但是还存在不少问题值得反思：第一，中小学阶段都学习汉语拼音，标准不一，容易造成混乱。2002年逸仙学校制定了小学和初中拼音教学的衔接标准，值得推广。第二，以逸仙学校为例，初级班教材的趣味性不够。高级班教材中作品的时代背景与学生生活经验差异太大，难以理解。采用适合学生的教材应引起编写人员的关注。第三，逸仙学校只分为高级班和初级班，高级班尚可，而在初级班中既有华裔学生，也有非华裔学生，因两类学生在华文接受能力方面差别很大，放在一个班级不太合适。如果将初级班再分成初级华裔班和初级非华裔班，效果自然会好一些。[1]

自1975年11月斐济与中国建交四十多年来，双边关系一直稳定发展。2014年11月国家主席习近平对斐济进行国事访问，中斐两国建立相互尊重、共同发展的战略伙伴关系，尤其是"一带一路"的倡议，为斐济及南太平洋地区提供了新的发展机遇。中斐华文教育交流也日益频繁。2017年5月，"2017华文教育名师大洋洲巡讲团"拜访了首都苏瓦逸仙学校、第二大城市劳托卡中华学校，巡讲团有关专家还做了《华文教学中的文化教育》等专题报告，就如何进一步促进斐济华文教育发展，进行更好的文化交流与合作交换了意见。[2] 此外，鉴于斐济华文学校对中国的语言文化传播所做出的贡献，2014年逸仙学校被中国侨办遴选为"华文教育示范学校"。2018年4月12日，驻斐济大使钱波夫妇出席逸仙学校扩建教学楼剪彩仪式，并为该校颁发中国侨办海外"华文教育示范学校"牌匾和资助金，将有利于促进学校继续办

---

[1] 戴雪梅：《斐济的华文教学》，《海外华文教育》2002年第2期。
[2] 《"2017华文教育名师大洋洲巡讲团"走进斐济》，http://news.163.com/17/0519/10/CKPS10OD00018AOQ.html。

好华文教育，为弘扬中华文化，增进中斐两国人民之间的友谊作出积极贡献。① 目前，在斐济社会阶层，掀起了一股学习汉语言文化的热潮。

第五节 非洲华文教育

一 非洲华文教育概况

非洲的华侨历史可以追溯到 17 世纪中叶，"1654 年有三个中国人被荷兰殖民者从印尼巴达维亚送到毛里求斯，1664 年有个叫万寿的中国人被荷属东印度公司作为犯人从巴达维亚流放到好望角"。② 这些被荷兰殖民者强行带至非洲的所谓中国"犯人"就是非洲华侨的先驱，到 1795 年南非好望角已经有数百名华侨了。非洲华侨主要集中在印度洋岛屿和南非，在东非和北非沿岸国家也有零星分布。而西非和中非则罕有华人聚集。目前在非洲的华侨华人大致分为两类，一类是在鸦片战争时期被殖民者贩卖到非洲的华侨劳工的后裔；另一类是二战后由中国广东、广西或港台地区等地方前往非洲经商的华侨及其后裔。目前非洲 40 多个国家，人数约 7.6 亿多人，而华侨华人的数量一直缺少权威的统计，有学者认为，截至 2010 年非洲华侨华人达到 30 万人，③ 还有学者认为 2012 年底已超过 100 万人，主要集中在南非、安哥拉和尼日利亚等国家，其他国家如毛里求斯、留尼旺、马达加斯加、塞舌尔、苏丹、安哥拉等国家的华侨华人人数也呈增长的趋势。非洲华人社会分散的特点决定了非洲华文教育起步较晚，华文学校的数量也较少。

（一）非洲华文教育的发展历程

1. 华文教育的初办

最原始的华文教育形态是伴随着华侨的出现而产生的，主要存在于

---

① 《驻斐济大使钱波为斐济逸仙学校扩建教学楼剪彩并为该校颁发"华文教育示范学校"牌匾》，http://www.mfa.gov.cn/wEB/zwbd_673032/gzhd_673042/t1550633.shtml。
② 方积根：《非洲华侨史资料选编》，新华出版社 1986 年版，第 23 页。
③ 李安山：《非洲华侨华人史》，中国华侨出版社 2000 年版，第 596 页。

华侨的生活、生产劳动中。非洲最早的华文学校是 1912 年毛里求斯首府路易港创办的新华学校。随后，在毛里求斯华侨聚集的其他地区相继出现了培英学校等。南非最早的华文学校是伊丽莎白港会华侨教会学校，随后又成立了约翰内斯堡华文学校。1934 年南非华侨公学在比勒陀利亚成立，学生 34 名。1927 年马达加斯加在留尼汪开办第一所华侨学校。此外，葡属东非贝拉港和洛伦索·马贵斯等地市也有少量华侨学校创办。到抗战前夕，非洲华侨学校办学体制效法中国国内，教材、教学内容与国内小学一致。教学语言以粤语和客家语为主，偶用方言授课。侨童小学毕业生多送回祖国深造。此外，也有少量的侨童在公立学校接受西式教育。

2. 华文教育的发展

从抗战开始到 20 世纪 50 年代，非洲华文教育进入发展期。抗战全面爆发后，非洲华侨为"教育救国"而办学。毛里求斯兴办侨校六、七所，其中有两所建在华侨集中的路易港，侨童毕业后常回祖国读中学。1938 年南非伊丽莎白港华侨教会学校、约翰内斯堡华侨国定学校，由于发展规模较大被升格为中学。1948 年南非华文学校已发展到 13 所，其中斐京华侨公校、约翰内斯堡华侨国定学校、南非东部华侨小学、玻埠华侨学校影响较大。马达加斯加华校同样以抗日战争时期为最盛。当时华侨子弟不能回祖国读书，中国内地到马达加斯加避难者甚多，于是在华侨华人稍微集中的地方均设有华校，到 1949 年设有侨校 11 所。20 世纪 40 年代初，留尼汪的华文教育也出现了一个高潮，当时，侨童因不能回祖国读书，1942 年华侨领袖创办光华学校以就地使侨童接受祖国文化，随后各地华侨纷纷捐资兴校，一时华校如雨后春笋般发展起来，几年内达到了 17 所。

3. 华文教育的衰弱

20 世纪 50 年代后期，非洲多国政府实行移民同化政策，以让华侨"读番书"方式鼓励加入当地国籍。[1] 西式教育有着强大的优势，既不

---

[1] 贺鉴、黄小用：《非洲华人教育浅探》，《比较教育研究》2001 年第 12 期。

用缴纳学费，还可以学英文、法文，又有机会去欧洲留学。受西式正规教育的影响，华文学校办学经费和生源出现明显不足。同时，有不少非华裔学生开始进入华校接受汉语言文化教育，当时有不少华人社团和华文学校对非华人入学现象持保守的态度。再加上20世纪50年代以后中国政治运动的影响，最终导致华文教育走向衰败。

4. 华文教育的恢复

中国改革开放以来，全球掀起"华文热"，这一浪潮席卷整个非洲。1979年毛里求斯新华学校重办。1990年南非比勒陀利亚华侨中学重建校园，同期新移民在南非开办一所华文学校。其他国家华文教育也有所恢复。① 历经20世纪五六十年代非洲华文教育的受挫，20世纪70年代末期以来非洲华文教育才再次受到关注，相比之前，这次的最大变化和特点便是政策更加开放宽松，国外留学或回祖（籍）国求学成为一股潮流，并且涌现了许多优秀华裔，与此同时，华裔更加关注自身的政治权利诉求，正在进一步融入当地民族文化教育，大力提倡中华文化和推行华文教育，向着民族多元共存的方向前进。

5. 华文教育的繁荣

20世纪90年代以来，非洲华文教育进入繁荣发展期。自2004年南非斯坦陵布什大学第一所孔子学院成立以来，截至2017年12月31日，全非洲已有39个国家建立了54所孔子学院，这些孔子学院均由中非双方合作开办，极大推动了中非之间的文化交流。中国教育部于2016年8月印发了《推进共建"一带一路"教育行动》，整体规划了教育在"一带一路"建设中的行动，为教育领域"命运共同体"的构建提供了新思路，促进了中非新一轮的文化合作与交流。中非双方的共同努力，将推动非洲华文教育走向新的繁荣。主要表现在：首先，非洲华文教育开始迈向了高等教育，办学层次明显提高。其次，由于中国和部分居住国政府的重视和有效参与，居住国教育政策逐步制度化和规范化。再

---

① 贺鉴、黄小用：《非洲华人教育浅探》，《比较教育研究》2001年第12期。

次,新闻传媒的介入,使华文教育的内涵逐渐扩大化。

(二)非洲华文教育中存在的问题

纵观世界各大洲华文教育的发展,大都是由下而上(由初等教育向高等教育)的发展模式,而非洲由于各种各样的原因,其华文教育的发展是由上而下的发展,即由高等教育向初等教育发展。非洲的华文教育发展很不平衡,在一些比较富裕的国家或是与中国联系密切的国家,华文教育发展得较好。这些国家对于他国华文教育起到示范、带动作用,这也是非洲华文教育发展的一大特色。非洲华文教育由于国家之间政治、经济、文化等方面的不同,在发展过程中也出现了许多复杂性、特殊性及困境。

1. 华文教材的制约因素

据相关调查,非洲华文教育缺乏实用、统一的教材,且各国使用的华文教材版本不一,有的使用中国内地的通行版本,有的使用中国港台地区的版本,也有的使用当地华文教育水平较高的大学与中国一些高校合编的教材。在非洲,大都把汉语作为第二或第三语言来学习,这些不同地区、不同版本的教材有着不同的编写理念,在非洲华文教学中出现了不同程度的水土不服。主要表现在:脱离当地华裔学生的生活环境;语言和文化教学不衔接;教材的趣味性较低,无法激发学生学习的积极性;中国内地和台湾地区的教材带有不同的政治倾向,易引发社会敏感问题,不适宜当地教育目的。

2. 师资力量薄弱,教学水平有待提高

由于长期受到欧洲发达国家的殖民统治,非洲整体经济水平还比较落后,全民受教育水平相对较低。因此,在华文教育领域普遍存在师资不足,教学水平低下的问题。据统计,目前当地华文教师队伍大致由这几类人构成:学历较高的华文教师、中国政府派遣的汉语志愿者、当地简单培训有任教资格的华文教师以及极少精通华文的非华人教师等。教师聘任制度不够合理,合同制教师待遇与正式编制教师待遇有着天壤之别，没有公休日，没有额外的经济补贴，更谈不上凭借教学水平获得个人提升的机会，导致本土教师严重匮乏。非洲许多国家尚未建立完整的华文教育体系，缺乏华文教学的高学历人才。所有这些都导致了华文教育水平的低下。另外，相比欧洲发达国家和地区而言，更多的教师愿意选择去那里任教，因为环境、薪资待遇等条件都占优势。

3. 部分地区生源不足，教育体制不够完善

非洲历来以西式教育为主，只是把中国的传统知识作为其中的一部分，加之本地文化因素的影响，非洲华文教育自然不够受到重视，甚至成为补充、陪衬的角色。公民对西方教育的认可度要高于华文教育，再加上国家推行的一些免费教育政策，除了华侨华裔外，愿意将子女送入华文学校的当地公民少之又少，致使华校生源不断流失，这也是促使非洲华教逐渐衰落的原因之一。与华侨华裔寻求文化根源的学习目的不同，大多数当地学生是基于对中华文化的兴趣而学习汉语，随着学习内容的深入，许多学生认为汉语与英语、法语等语言相比学习难度较大，且不容易获得出国留学的机会，因此逐渐放弃学习汉语。这造成了华文中学、高校华文专业生源断层的情况。此外，由于当地经济发展水平的限制、生源的不足，使得一些地区的华文教育无法构建完整的教育体制。

4. 教育经费不足，基础设施落后

在经济水平相对发达的地区，华文教育经费相对充足，能够维持基本的教学活动，有条件的情况下可以开展多种形式的教学活动，推动华文教育的发展。在经济水平相对落后的地区，学校的场地大都是租借的，或是一个废弃的工厂，或是一间简易的房屋，只能容纳少量学生，更不要说凭借多种教学设备提高教学质量。由于非洲各国经济发展的差异性、不平衡性，导致各国家、地区华文教育经费投入的不平衡性，与主流学校相比，华校还存在校舍简陋、环境较差等诸多不利因素。

（三）非洲华文教育的发展建议

1. 规范调整华文教材

根据以往的非洲华文教材来看，教材字体包括简体、繁体等多种样式，教材的编撰来源也不尽相同，另外还掺杂着当地的一些文化因素等，这对于非洲的华侨华人及其后代的学习而言会有一定的难度，因此统一规范教材的使用是十分必要的。此外，加强本土化教材建设是促进非洲华文教育发展的重要举措，在非洲的一些国家或地区，对本土化教材建设作出了一定的努力。2006年毛里求斯国家计划研究与发展中心的汉语教材编写组与华南师大合编《小学汉语课本》，与其他地区采用的教材版本相比，这套教材紧密结合毛里求斯教育部规定的每个学段的教学目标，根据学生的年龄差异和知识结构不同，不只是学习语言，而且还渗透了智识教育、中华传统文化等学习内容，通过寓言故事、经典儿歌、诗词典故的方式呈现出来。①

2. 加大教师培养力度，提高教学水平

非洲的华文教育主要依靠由中国政府公派的教师，当地的华侨华人或当地人教授华语的现象并不多见，这也是非洲华文教育不同于其他大洲的一个特点。近年来，孔子学院在非洲的开办为当地输送了一批从事华文教育的高学历人才，有利于提高当地华文教育的水平，促进了非洲华文教育的发展。在人才培养方面，仅靠孔子学院单方面的努力是远远不够的，当地政府应将华文教育纳入完整的教育体系，使学生在当地能够接受系统的华文教育，培养高学历专业人才；还可以联合高校加大对华文教师的培养力度，同时改善非编制教师的待遇。培养本土化的教师，才是解决问题的关键。

3. 政府主导牵线，加大资金投入并改进教学管理模式

非洲华文教育相比当地主流教育来讲，发展速度还是比较缓慢的，

---

① 黄金声、田笑：《对非洲小学汉语教学的思考——以毛里求斯为例》，《海外华文教育》2016年第4期。

这其中与教育资金方面的投入多少有很大关系。传统的华文教育政府支持力度不够,大多由华侨等募集建成,在发展过程中又得不到及时更新扶持,以非营利目的为主,这无疑成为其发展的一个短板。在经济相对发达的地区,当地政府要积极地增加华文教育资金投入,为学校配置先进的教学设备,培训教师学习现代教育技术,提高当地的华文教育水平;在经济相对落后的地区,当地政府可以积极寻求中方的援助,中方提供若干教学设备,合作开办华文教育网站,加强华文教育资源的共享。同时政府部门要充分发挥自身的调控功能,除了自身加大资金投资力度之外,还要不断鼓励吸引社会其他企业等积极参与进来。当然,为了良性循环可以借鉴当地主流学校和西方学校相似的管理模式,俗话说靠人终究不如靠己,尝试开启独立自主经营的模式。

4. 非洲华文教育要向"本土化"转型发展

凡是教育必然要根据所处的环境因时、因地发展变化,唯有如此才能适者生存。目前,非洲华文教育的主体已经发生了很大变化,基本上都是第二、第三代及以上的华裔新生代,他们的观念已经与父辈、祖辈们产生了很大的差异,因此推动华文教育"本土化"转型势在必行。这其中包括教育目标、教学内容、宗教信仰、文化习俗等方面,由纯粹的传承中国传统文化转向融入本地特色的文化并且开花生根,让两种文化和谐共生。推动文化"本土化"转型需要加强调研工作,了解各地实际情况,此外还要与当地政府部门加强沟通协调,切实得到贯彻执行。

近些年来,在非洲华文教育史上,尤其是中国文化中心(如毛里求斯、埃及、尼日利亚的中国文化中心)和孔子学院、孔子课堂的设立,为华侨华人学习汉语言文化和开展各种文化活动提供和创造了新的机会、新的条件。有数据表明:在整个非洲大陆,共有 33 个国家设有共 48 所孔子学院。此外,还有 15 个国家设有共 27 个孔子课堂。[①] 目前,随着中非交往的不断深入,非洲国家旅游业、服务业、能源产业等

---

① 李安山:《浅析战后非洲华侨华人文化生活的演变》,《八桂侨刊》2017 年第 3 期。

对汉语人才的需求会不断增加,中非双方应强化交流、密切合作,依据非洲发展实际,满足多样化的学习需求,推动华文教育水平的不断提升,促进中非文化交流的繁荣发展。

二 毛里求斯华文教育

毛里求斯国土面积 2040 平方公里,2016 年人口达 126 万,华裔 3 万多人,其中 90% 都是客家人,主要是梅县人,还有约 10% 是南海、顺德人,约占总人口的 2.3%,属于该国的少数民族。[1] 第一批来毛里求斯的华人来自广东省东南部地区,然后是来自东北部地区以梅县为主的客家人。1851 年毛里求斯有华侨 1086 人,全部为男性。1891 年有华侨 3151 人,其中只有 9 人是女性。到了 1911 年,则有 3313 名男华侨和 349 名女华侨,共 3662 名。[2] 女华侨人数的增多带来了华侨子女人数的增多,华文学校应运而生。经过曲折的发展,到 21 世纪,毛里求斯认识到不同族裔语言文化学习的重要性,将汉语纳入国民教育系统,大力发展汉语教学。除了少有的几所华文学校,截至 2017 年底,在小学阶段,政府学校有 25 所开设中文课程,学生为 2608 人;在中学阶段,有 9 所中学开设中文,学生总数 392 人;在大学阶段,又有孔子学院的设立,汉语言文化学习已发展成为毛国的热门课程之一。[3]

(一)毛里求斯华文教育的历史发展

1911 年旅居毛里求斯的吴韵琴、古文彬以及黎达夫等侨领为了让侨童接受祖国传统文化教育,开办一所私塾学校,租用校舍,学生 20 多个,教师 1 名。次年因为学童增多,经费短缺,黎达夫先生将私塾所有权转给仁和旅馆接办,仁和旅馆董事会听从黎先生的建议,将私塾转

---

[1] 《毛里求斯概况》,https://baike.baidu.com/item/%E6%AF%9B%E9%87%8C%E6%B1%82%E6%96%AF/354312#5。
[2] 刘鑫:《漫谈毛里求斯华侨教育》,《华侨教育》1983 年第 1 期。
[3] 张贝:《毛里求斯华人语言学习与文化认同的个案研究》,硕士学位论文,西南交通大学,2018 年,第 13 页。

为学校，并拨出经费和房屋，将仁和旅馆刚购置的路易港唎唎命街41号房屋作为校舍，命名为新华学校。董事会任命黎达夫为第一任校长，1912年11月10日正式开课，它是非洲最早的华文学校，也是毛里求斯华文教育的开端。1975年新华学校复办，改为周末上课，学习对象以中小学生为主。早期在毛里求斯华侨聚集的其他地区，继新华学校之后出现了培英学校、荷精华侨小学、华夏学校等华校。

抗战前夕，毛里求斯的华文学校均属于"侨民教育"性质。影响力比较大的两所华校在华侨集中的路易港，一所为广东梅县人占绝大多数的客家人所办，另一所为南海、顺德人占大多数的广府人所办，其余几所分布在鸠必、荷精、百瓜等华侨较多的城市。华侨办的中小学校教学内容几乎同中国国内的一样，采用的教科书都是商务印书馆、中华书局等出版社出版，部分教员从国内聘请。正如有学者所说："华文学校均以教授中文课为主，教材大部分采用当时中国出版的教科书，教学语言基本上是客家话。西文课每周只有一至两个小时。"[1] 这些学校的侨童毕业后常常回祖（籍）国读中学。抗战爆发后，回国升学的路走不通了，于是1941年路易港创办了两所初级中学，一所为中国国民党驻毛里求斯支部直属牵头筹办的中华中学。另一所为在新华学校的基础上扩建的新华中学。1944年新华中学有800余名学生，华人邓军凯任新华中学校长期间，已有教职工近30人，学生1000余人，邻岛华侨学生也有前往就读者。教学质量较高，影响力大，被誉为东南非最高的中文学府。据资料记载，在20世纪40年代，华文学校（包括中小学）共有4家，学生人数接近2000人。那时候，毛国的华文教育水平很高，声誉很好，非洲其他地方的华人家长大都愿意把子女送到毛里求斯的华文学校就读，接受中国语言文化教育。[2]

---

[1] 黄皇宗：《港台文化与海外华文教育》，中山大学出版社1992年版，第240页。
[2] ［毛里求斯］林努宏：《新华学校简介》，《新中校友会75周年纪念特刊（1937—2012年）》，2012年，第53页。

第二章　汉语言文化传播与发展的典型国家举隅

二战后尤其是20世纪50年代，毛里求斯的华文教育走向衰落。原因为：（1）英语为官方语言，法语也通行。毛国在政治、经济和文化等方面都与英国、法国有密切关系，英文、法文在社会上的使用价值日显重要。而华文的使用价值却日渐缩小。华侨华人为了子女的就业将其送入西文学校。（2）华文学校都是由华侨华人自筹经费办的，并且实行收费制。而当地的中小学都实行免费制，华侨华人为了减轻经济负担便将子女送到西文学校，导致许多华校生源减少而倒闭。如新华中学全盛时期学生达1000多人，20世纪50年代末减至400余人。中华中学则由500余人减至不足300人。中华中学和新华中学先后于60年代和70年代初停办，小学也逐渐停办。70年代初期毛里求斯已无全日制中文学校，仅有一所华文补习班。

改革开放以来，中国与毛里求斯的关系发展迅速，两国的经贸和人员往来日益增加，中文的实用价值逐渐凸显和提升，毛国的华文教育开始呈现恢复的迹象。20世纪70年代初期，毛国政府实行多元文化的政策，实行免费教育，在中小学设立东方语言（华文和回文）的课程，华文教育被正式纳入国民教育的轨道，有公立中学三所、私立中学两所和11所小学均开设有中文课，在师范学校，也设立了中文专业，培养专职的汉语老师。① 中小学华文教材最初采用英国剑桥大学编写的中文教材和中国专家编写的中文课本，目前采用的是当地政府编写的中文教材，每周上课2—4个小时。1976年毛里求斯的西文小学开始附设中文班，采用当地政府编写的中文课本，用普通话教学，每周授课4个小时。② 由于补习班具有时间安排和年级编排灵活的特点，颇受家长和学生的欢迎。受中国改革开放政策的影响，毛里求斯的华文教育因为历史原因被关闭的学校又得以重办，比如，1979年停办多年的新华学校又重新开办。截至20世纪70年代末期，全国共有10所小学设有华文班，

---

① 曹云华：《再论海外客属华人的特性：以毛里求斯为例》，《八桂侨刊》2018年第4期。
② 黄皇宗：《港台文化与海外华文教育》，中山大学出版社1992年版，第244—245页。

学华文的人数达 1335 人。①

　　1983 年以来，中毛两国签署文化交流合作协定，中国政府每年都派遣专家到毛国帮助中文教学，毛国的华文教育出现了重大转机。比如，各种私立学校和教会学校都会根据家长的要求开设中文课程，华人社团通过开设周末补习班等形式，鼓励华人学习华语，大力推进华文教育。同时，中国政府设立奖学金接纳毛国华裔子弟来中国暨南大学、北京语言学院、中国语言文化学校等院校学习。② 到了 1988 年 7 月，毛里求斯中国文化中心宣告成立，这是中国文化部在海外成立的第一个文化中心。③ 目前，"毛国"的中国文化中心开设有五个汉语教学班，分两个入门班，一个初级班，一个中级班，一个高级班，共有学员 130 人，该中心对中华文化在毛国的传播与推广具有重要作用。④ 1989 年 11 月，毛里求斯成立华文教育促进委员会。1992 年中国文化中心开办汉语班。21 世纪以来，随着"国际汉语热"在全球的进一步兴起，毛里求斯政府对华文教育给予了前所未有的重视。比如，2006 年底，政府向"华人社团联合会"赠送土地，用于"中华文化宫"的建设，并在其内设立"新华学校"主校，为恢复全日制学校作出了一份努力。⑤

　　近 10 年来，毛里求斯华文学校迎来新的发展契机。以新华学校的发展为例，2011 年学校的学生近 300 人，教员 13 人，设有学前班、小一至小六、中学 ABCD 班。每周六上午 9：00—12：30，下午 1：30—3：00 上课。下午 1：00 至 3：00 还有两个成人班。学习中文者多为华裔，目的是传承中华文化或与中国人做生意。⑥

---

　　① 顾明远：《教育大辞典》(4)，上海教育出版社 1992 年版，第 434—435 页。
　　② 曹云华：《再论海外客属华人的特性：以毛里求斯为例》，《八桂侨刊》2018 年第 4 期。
　　③ 孟妮：《中国文化绽放毛里求斯》，《国际商报》2018 年 2 月 23 日第 2 版。
　　④ 石沧金：《衰微中的坚持与努力——毛里求斯华人社会发展动态考察与分析》，《东南亚研究》2014 年第 1 期。
　　⑤ 应妮：《海外华文学校百年兴衰见证时代变迁》，http：//news.66wz.com/system/2011/12/13/102907822.shtml。
　　⑥ 同上。

(二) 毛里求斯华文教育的现状分析

目前，由于毛里求斯华人数量不多，而其中懂中文的人数又太少，新移入的华人及华文学校的数量也不够规模。再加上当地的新、老二代华人以及新移民由于生长年代、文化教育背景和人生阅历的不同，对汉语学习的需求各有不同，因此很难同时满足不同群体的渴望和需要。近年来，由于一部分华人移居到加拿大、澳大利亚等国，华人人数也在减少等一系列原因，全日制华文学校几乎很难维系，多以周末学校或培训班形式存在。中文补习班经常开展各种喜闻乐见的活动，如中国电影戏剧周（月），中国图片展览等，多层次、多方面地满足学生学习中文和了解中国的需求。官方中小学开设汉语课或汉语班的学校日渐增多，为更多非华裔学生的汉语学习搭建了良好的平台。目前，毛里求斯的华文学校、补习班和官方国民学校汉语班在教育对象方面相互交融的趋势更加明显，但还存在一些问题：

1. 教材方面

毛里求斯的华文学校、华人团体开办的各种华文学习班一般没有固定的教材，因此教学内容多是教师在网上下载的资料或是在学校图书馆里挑选的教材。有的教师在教学过程中对教学内容不感兴趣，临时改换其他内容，这也增加了学习者适应新教材的难度。当地学校虽然会收到中国一些学校赠送的教材，但并不能满足当地华文教学和华文学习对华文教材的需求。以《课本》为例，文化知识居多，介绍现代中国的内容较少，第六册甚至只字未提。虽是由本土教师主编，但本土化程度不够，第五册"飓风"一课中涉及本国气候情况，而关于国鸟"渡渡鸟"、著名旅游景点、宗教节日等均未体现。[①]

2. 语言环境方面

在毛里求斯，除了华人家庭的孩子，毛里求斯其他族裔的孩子基本

---

① 黄金声、田笑：《对非洲小学汉语教学的思考——以毛里求斯为例》，《海外华文教育》2016年第4期。

上不会说中文,尽管毛里求斯的五所华文学校和各类华人团体开办了不少华文学习班,但是这类学习班集中于首都路易港,其他各区并没有专门的华文学校。而首都路易港的华人大多只会讲客家话,不会说普通话。缺少汉语使用环境,华文教学难以开展。尽管教育部已将汉语纳入小学生语言选修课之一,也不能让汉语在当地普及。加之毛里求斯汉语教师资源匮乏,会普通话的人也不多,这就使汉语推广在毛里求斯更为困难。①

除了以上两种主要因素之外,还存在本土正式教师偏少,候补教师整体水平偏低且不稳定的问题;存在学制不完备问题,如毛里求斯新华学校,尽管有固定校舍,但是现在的校长和教师都是半志愿者性质,每周上课时间也是在周六,学校成为全日制学校是学校发展的迫切期盼;② 存在国家对华文教育的重视不够,汉语人才不足就用成人教育方式来速成的问题;存在汉语教学内容与考试内容脱节,教学脱离实际,学生学习没有针对性的问题。以上诸多问题,在毛里求斯政府、华人社团、中国侨办、国家汉办以及家长的多方努力下,在一定程度上有所缓解。

21世纪,随着中毛友好合作关系深入发展,文化交流与合作也进入前所未有的发展期。毛里求斯中国文化中心作为中国驻派毛国的重要文化机构,在组织开展各种文化活动方面发挥出越来越大的作用。该中心每逢春节和当地重大节庆日均被邀请演出,汉语话剧队在每年的毛国汉语话剧比赛中均名列前茅。此外,还经常组织"春节品牌""华夏乐韵——毛里求斯汉语歌曲大赛""快乐汉语""中国电影之旅——优秀影片欣赏会"等文化活动。③ 2013年8月29日,中国政府与毛里求斯

---

① 麦黎:《毛里求斯新华学校对外汉语成人初级班口语教学策略探讨》,硕士学位论文,重庆大学,2017年,第10页。
② 应妮:《海外华文学校百年兴衰见证时代变迁》,http://www.chinanews.com/hwjy/2011/12-13/3528765.shtml。
③ 《毛里求斯中国文化中心介绍》,http://mauriti-us.cccwEB.org/cn/whzxjs/zxjj/index.shtml,2013-11-30。

在首都路易港签署了《关于互免签证的协定》，按照规定，缔约一方持本国有效护照的公民，在缔约另一方入境、出境或者过境，停留不超过30天的，免办签证。这样将大大便利中国人前往毛岛，有利于形成华人规模，发展华文教育。① 2016年12月中国在毛里求斯大学建立了首家孔子学院，2017年4月22日开班，当天60余名大学生走进课堂，跟着汉语教师学起了中文。目前，在毛里求斯深入推广和传播汉语言文化已具备了良好的条件。

三 南非华文教育

南非国土面积121.91万平方公里，人口总数为5590.9万（2016年）。主要有黑人、有色人、白人和亚裔四大种族，分别占总人口的79.6%、9%、8.9%和2.5%。其中，亚裔绝大部分为印度人，其余为华人。② 南非大约有30万华侨华人，是非洲大陆拥有华侨华人最多的国家。其中，多数生活或工作在约翰内斯堡等城市。③ 华文如今的繁荣和昔日的萧条凋敝形成了鲜明对比，南非的华文教育经历了艰难起步到繁荣发展，继往开来的新时期。有数据显示：2016年南非教育部将汉语定为四个省的15所公立学校中高年级第二外语选修课程，并计划在未来五年内把设立汉语选修课程的学校扩大到500所。在全球"汉语热"的背景下，借助"一带一路"的东风，南非华文教育大有可为。④

（一）南非华文教育的历史进程

20世纪20年代，移民南非的不少华工在当地定居并创办学校。从

---

① 石沧金：《衰微中的坚持与努力——毛里求斯华人社会发展动态考察与分析》，《东南亚研究》2014年第1期。
② 《南非概况》，https://baike.baidu.com/item/%E5%8D%97%E9%9D%9E%E5%85%B1%E5%92%8C%E5%9B%BD/1910574?fromtitle=%E5%8D%97%E9%9D%9E&fromid=127666#6。
③ 本刊资料室：《南非侨界成立南非华文教育基金会》，《八桂侨刊》2013年第1期。
④ 孙菁、蔡若坤：《把握华文教育发展机遇，积极助力南非汉语推广》，http://www.sohu.com/a/284697338_99911507。

一所小学开始到创办较大的学校，一切都举步维艰。1928 年在伊丽莎白港创办了华侨教会学校，又称伊丽莎白港华英学校，刚建校时只有一间教室，16 名学生。① 到 1932 年增加到 43 人，1933 年成立了小学部。② 同年，在约翰内斯堡创建华文学校。1934 年在比勒陀利亚兴办了华侨公学。此时的学校办学条件差，学校管理滞后，师资条件匮乏，没有形成一个系统的教学体系。

抗日战争阻隔了华侨送子女回祖国接受教育之路，在本土创办学校已成为必需。到 1948 年，南非华校已达 13 所，其中斐京华侨公校、约翰内斯堡华侨国定学校等几所华校有较大的影响力，而且此时的华校已初具规模。受西式学校的影响，南非华文教育突破中国古代教育的局限，在授课形式和方法上有所改进。抗战时期的南非华文教育无论是办学层次、办学规模、教学内容、授课形式等方面均比以前有较大进步，出现了相对繁荣的发展格局。

20 世纪 60 年代以后，因华校资金募集出现困难，学校发展举步维艰，很多华裔学生转向官方学校接受西式教育，华文学校一度出现生源匮乏的局面。此外，华人与白人、黑人、印度人通婚出现很多"混血华人"，尽管他们属于华人种族社团，但是许多华人社团、华文学校因为他们属于"非纯种"而排斥或拒绝他们入学。为此，华人社会争斗不休，影响了华文教育的开展。再者，受中国政治运动的影响，居住国政府对华文教育保持警惕的态度，开始为居民提供免费教育，导致华文学校生源枯竭，南非华文教育遭受重挫。③

中国改革开放以后，南非华文教育得以复办。1998 年 1 月 1 日中南正式建交，开启南非华文教育的新篇章。2004 年南非第一所孔子学院在斯坦陵布什大学成立；2005 年南非最大的电视公司向全国播放汉

---

① 周南京：《南非华侨华人教育概述》，《八桂侨史》1997 年第 3 期。
② 王贞畴：《从华侨驾驭的今昔说到我们将来应有的努力》，《侨务月报》1934 年第 12 期。
③ 李安山：《非洲华侨华人史》，中国华侨出版社 2000 年版，第 340 页。

语教学节目；2006 年有六所大学开设汉语课程；2009 年有近 100 所高中开设汉语课程。2015 年 4 月中国文化和国际教育交流中心孔子课堂在首都比勒陀利亚成立，是该市唯一一个孔子课堂，肩负着为南非政府、首都民众以及豪登省中资机构和华人社区培训汉语人才的重任。该孔子课堂还积极推动并参与汉语教学进入南非中小学课堂。① 经南非基础教育部认可，汉语教学从 2016 年开始正式进入南非中小学课堂。孔子课堂先行先试，在 10 多所当地中小学开设汉语课程，吸引近 600 名学生报名。比如伍斯特中学是斯大孔院在周边地区开设的第二所孔子课堂。伍斯特中学高度重视学生与国际接轨工作，从 2015 年起开设汉语作为八、九年级的必修科目，学生多达 400 人，已经成为南非当地学习汉语人数最多的中学。② 目前汉语教学在南非中小学开展得非常顺利，受到当地师生的好评。

（二）南非华文教育的发展策略

近年来，南非华文教育成绩有目共睹，但在教材、师资、生源、经费等方面还存在一些问题，需要走科学化、现代化、国际化的发展道路，采取多种措施以应对现有的挑战。

第一，把华文教育逐步纳入南非主流教育系统。周末中文学校对于华裔学生接受中国优良文化传统和系统的语言训练，与官方主流学校相比，具有得天独厚的优势。但身在居住国，要想持久发展，就要设法得到政府部门的支持，全面融入当地教育体系。而长期以来，南非华文教育一直在政策上和经费上都没有保障。③ 2012 年 6 月 9 日，由南非当地侨胞自筹资金在约翰内斯堡建立"南非华文教育基金会"，这是非洲首家华文教育基金会，基金会成立以来，通过开办华文学校、进行汉语比

---

① 宋方灿：《南非掀起汉语热，汉语教学在官方民间广受欢迎》，http：//www.chinanews.com/.

② 《南非开普敦伍斯特中学孔子课堂揭牌仪式举行》，http：//www.gqb.gov.cn/news/2017/1206/44010.shtml.

③ 吴小伟、杨道麟：《南非华文教育浅论》，《八桂侨刊》2013 年第 1 期。

赛、成立中华文化传播中心和举办南非中华文化节等多种方式，旨在"通过聚合华侨华人的智慧、整合中外资源，开拓性地发展华文教育事业，传播弘扬中华文化，促进中非文化交流"。① 这些举措对于引起南非政府部门的重视，将华文教育尽快纳入国家主流教育系统，具有一定的推动作用。

第二，推进华文教育的社会化。中国国内大语文教育理念主张在学校、家庭和社会三位一体下实施语文教育，突出语文教育的生活性和实践性。同样华文教育要积极拓展外部空间，如南非华文教育目标的实现，不仅靠华文学校和官方大中小学开展汉语教学，文化艺术团体、旅游观光团等社会活动机构，也是开辟华文教育新空间的独特形式。兄弟院校间要通过华校联合会、华校协会等华人团体加强合作与交流。要多举行全国乃至全球性的中文大赛，鼓励学生积极参加，提高参赛者的中文水平和对中国文化的理解。比如，2016年5月27日，第十五届"汉语桥"世界大学生中文比赛南非赛区决赛落幕，大赛包括中国语言文化知识笔试、汉语主题演讲、才艺展示三个环节，来自南非五所大学的25名选手参加了比赛。2017年6月3日，第十六届"汉语桥"世界大学生中文比赛南非赛区预选赛在南非斯坦陵布什大学举行，来自南非六所大学的20位选手参加了比赛。

第三，发挥现代信息技术和华文传媒的辅助作用。信息时代，华文教育与多媒体技术、互联网技术等现代信息技术接轨是对教育现代化的积极回应。现代信息技术的运用有利于加快中文在南非的普及速度。近年来，南非以华语华文为媒介的报纸、杂志和电视、广播及电子传媒，正承担着汉语言文化传播之外的一些社会功能。长期以来，南非有三份规模比较大的华文报纸：《华侨新闻报》《南非华人报》《非洲时报》都在约翰内斯堡出版，以《南非华人报》为例，作为非洲大陆华人社区具有绝对影响力的传媒，一个义不容辞的责任就是传播中国文化、中国

---

① 本刊资料室：《南非侨界成立南非华文教育基金会》，《八桂侨刊》2013年第1期。

第二章　汉语言文化传播与发展的典型国家举隅

声音，通过媒体的桥梁作用，促进南非华人融入当地社会的工作；① 自亲台湾地区电台侨声广播电台消失后，南非华夏之声广播电台成为南非唯一的华语电台；近年来以 nf.52hrtt.com（华人头条）在线平台为代表的网络媒体是新媒体的发展趋势。② 这些媒介向华侨华人传递各种信息和提供生存方面的帮助，也是人们学习华文，弘扬中华语言文化的重要途径。

21 世纪的今天，随着中国政府逐步加大对海外华校、师资培训、教材建设等方面的支持力度，南非华文教育要充分利用好这一政策优势，以获取孔子学院、汉语课堂的外部支持，处理好传统与现代的关系，进而推动汉语言文化在南非的广泛传播。

四　马达加斯加华文教育

马达加斯加，面积 59.075 万平方公里（包括周围岛屿），人口 2489 万（2016 年），华裔为少数民族。英语和法语为官方通用语言。虽与中国相距万里，但早在 19 世纪 60 年代就有中国人到那里谋生。2007 年生活在马国的华侨华裔人数约 5 万人，③ 目前马国华侨总人数为 7—10 万人之间。④ 由于距离中国内地较远，华侨较少，华文教育开始也较晚，发展历程十分艰辛，华文学校最鼎盛时期有 13 所，自 1995 年以后迄今，仅剩两所，只有几百名学生和十几名不固定的华文教师。若不是孔子学院的建立，马达加斯加华文教育的发展前景会更不容乐观。⑤

（一）马达加斯加华文教育的发展历程

马达加斯加华侨华人将学习华文作为与中华民族联系的纽带，于

---

① 雷小毅：《发展海外华文媒体促进中南文化交流——访南非华人报社社长胥建礼》，《今传媒》2013 年第 2 期。
② ［澳大利亚］孙皖宁：《在南非的华人移民和华文媒体》，《国际传播》2017 年第 2 期。
③ 《马达加斯加》，https://baike.baidu.com/。
④ 方积根：《非洲华侨史资料选辑》，新华出版社 1985 年版，第 351 页。
⑤ 胡静：《塔那那利佛孔子学院教学模式研究》，硕士学位论文，江西师范大学，2013 年。

— 223 —

20世纪20年代兴办华文补习班。1926年中国国民党驻马达加斯加支部设立补习班,三名教员,学生50余名,济南事变后停办,1930年又在办公大楼内为华人儿童开班上课。抗日战争爆发后,华侨不能再将子女送回中国接受教育,再加上逃亡马达加斯加避难的中国人增加,意识到子女的教育问题已成为不得不解决的问题,但又都不愿意将子女送到当地学校。鉴于此,一些有远见的华侨商人开始出资办教育,先后出现了不同类型的华文中、小学校。① 比如,1939年马政府正式批准成立第一所华文学校——兴文学校,是一所规模较大的华校。同期,马国有13所华文学校建立,包括四所私塾。私塾式学校大都因学生少而仅聘请一名教员。②

1946年马达加斯加全岛华校减少为11所,而到20世纪50年代中期,华文教育达到了兴盛时期。影响较大的华校有:(1)兴文学校。这是一所向当地政府注册的合法学校。创办时用两个名称,中文叫兴文学校,法文叫中法学校,现改为中山学校。这所学校从课程设置到管理制度都仿照当时中国的六年制小学,采用中国内地的教科书,部分教员从中国国内聘请。学校以中文为主,用广东话教学,法文只是作为外语课开设。由于该校纪律严明,且有一个好的中文学习环境,吸引了全岛的华侨子弟纷纷到兴文学校学习。③ 建校初仅有学生19名,到1954年增加到629人。1968年仅毕业生就高达320名。到1987年因师资等问题,学校开始聘请当地人教授马语和法语。目前不少当地大学孔子学院派汉语教师支持该校的教学工作,弥补师资短缺的问题。如今,该校已成为一所集幼儿园、中小学为一体的综合性私立学校,学习者超过900名。④ (2)华侨学校。法文叫中马混合

---

① 姚娇娇、陈明昆:《马达加斯加华侨华人的历史变迁考》,《非洲研究》2017年第2期。
② 黄小用:《论非洲华人教育的发展变化》,《邵阳学院学报》(社会科学版)2004年第2期。
③ 黄皇宗:《港台文化与海外华文教育》,中山大学出版社1992年版,第237页。
④ 张成伟:《马达加斯加费内维尔中山学校汉语教学现状研究》,硕士学位论文,哈尔滨师范大学,2016年,第6页。

第二章 汉语言文化传播与发展的典型国家举隅

学校，1950 年成立。创办的初衷是专为一些不愿送子女去国民党创办的学校的华侨华人建立的。(3) 华人天主教中心是原在中国的法国传教士创办，但学校的修建费用和办学经费多由华侨华人捐献。课程设置旨在使学生融入当地人的生活中。① 该校对华侨华人子弟日后到法国等地继续深造起到不小的作用。同期，其他较有名的华校有京华小学（由塔那那利佛华侨华人筹资兴办）、菲亚纳兰楚阿华侨小学（由菲亚纳兰楚阿华侨公社领导建设）、桑巴互混合学校（由华侨集资创办），等等。②

20 世纪 60 年代以后，马达加斯加华文教育走向衰落的主要因素是：马国是以法语为官方语言的国家，法语在马国的政治、经济、文化、艺术以及生活等各个领域起着主导作用。法语成了子女日后步入社会谋生和到欧美升学深造的主要语言工具。当地政府规定华侨华人在从事商业活动中不准用中文订货、结账等，使学习和使用中文的环境越来越小，导致人们学习汉语言文化的积极性降低。华校的生源越来越少，加上华文师资短缺等原因，致使华文学校纷纷倒闭。当然，还有一个重要的因素是更多华人为了子女的前途，愿意把他们送到法文学校读书，接受正规的西式教育。甚至有的华人不惜血本，将子女送到英、法、美、加、德、日等发达国家接受高等教育。20 世纪 60 年代，20 多位马达加斯加华人子女从巴黎学成归来，大大提高了其在国家的地位。③

此外，还有华侨华人在入境、登记、出境以及从事职业等方面都受到马国移民政策的种种限制。致使"1965 年曼德里的华校停办，1966 年北部桑巴扎瓦和马南扎里的两所华校也解散了。到 1972 年中马建交时仅剩 8 所华校"。④ 1972 年首都塔那那利佛的京华小学和迪耶果的中华学校也因生源枯竭而倒闭。基础较好的兴文学校也于 1976 年初和华体学校合并为

---

① 顾明远：《教育大辞典》(4)，上海教育出版社 1992 年版，第 434 页。
② 姚娇娇、陈明昆：《马达加斯加华侨华人的历史变迁考》，《非洲研究》2017 年第 2 期。
③ 黄小用：《论非洲华人教育的发展变化》，《邵阳学院学报》（社会科学版）2004 年第 2 期。
④ 黄皇宗：《港台文化与海外华文教育》，中山大学出版社 1992 年版，第 238 页。

塔马塔夫中文学校。到 1995 年马国尚存塔马塔夫和菲亚纳两所华校。[1]衰弱时期华文教育呈现的特点是：师资方面，除聘请当地的侨胞做教师外，中国台湾地区"海外华侨教育总会"也派教师去马国任教；教材方面，主要采用中国港台地区的中文版教材；经费方面，除学生缴纳的学费外，主要靠侨团的固定资产的收入和侨胞捐款来弥补不足；此外，马国政府对华文教育的政策不限制也不扶持，任其自生自灭。

2001 年，塔马塔夫学校因不同种族者学习汉语的人数增加，不得不翻修和扩建学校。当时学校的华侨子弟仅占 10%，多为中马混血儿。学校除进行正常的汉语教学外，还开设有剪纸、唱歌和唐诗等文化课程。随着中马合作的不断加深，中国为帮助马国人民更好地掌握汉语，为其建立了很多汉语学校。有数据表明：截至 2013 年 6 月，汉语教学机构已超过 28 所。2015 年汉语教学点增至 42 个，其中包括 13 所高校（含孔子学院）、25 所中、小学和四个其他机构。比较有名的是塔那那利佛大学的孔子学院，2015 年开设九类汉语课程，共 264 个班级，入学人数达 8250 人。在"汉语热"的背景下，原有的华校也迎来了快速发展机遇，例如，塔马塔夫学校已发展成为一所集小学、初中、高中为一体的综合性私立学校，学生 800 余名，汉语和《三字经》一直都是该校的必修课。[2]

（二）马达加斯加华文教育的现状

马国华文教育的确取得了一些成绩，但问题也不少：第一，课程设置不合理、教材数量不足，适用性不强。学校安排的汉语课时远不及法语和英语课时多。学生学习汉语时间短，又没有充足的课外时间练习和参与实践活动。马国学生学习汉语主要使用两类教材，一是中国国家汉办的规划教材，如《快乐汉语》《跟我学汉语》《汉语乐园》等；二是

---

[1] 张成伟：《马达加斯加费内维尔中山学校汉语教学现状研究》，硕士学位论文，哈尔滨师范大学，2016 年，第 5 页。
[2] 姚娇娇、陈明昆：《马达加斯加华侨华人的历史变迁考》，《非洲研究》2017 年第 2 期。

教师自编教材。学生学习时，有汉语拼音和法语注释做辅助，便于自学。目前，不少学校采用了汉办编写的法语版规划教材，但大多内容与马国汉语教学实际、当地文化及习俗相脱节。比如，《快乐汉语》语音与汉字并重，相对于非华裔学生学习较难。教师自编的教材是根据学生的客观实际编写的，但因其编写只是应急之需，教材系统性欠缺，在排版方面较为粗糙，没有彩色插画。汉字书写笔顺、拼音的语调与法语的注释也存在诸多值得商榷的地方。① 第二，外派汉语教师教学经验欠缺，缺少本土教师。马达加斯加汉语教师力量不足，而且多是中国国家汉办派去的汉语志愿者，大都缺乏教学经验而且不稳定。一些华文学校没有本土教师是因为该地老一代汉语教师大多讲广东话，不会讲普通话，加上一些学校汉语学习时断时续，能用广东话教授华侨子女已经很不容易了。第三，学生学习动机不明确。对于非华裔的孩子而言，不知道学习汉语最终干什么，只是出于大家学自己跟风学的状态。而华人子女的学习动机也不太明晰。有调查数据显示：6—13岁的华侨子女中有78%是在父母的要求下学习汉语；14—17岁的华侨子女中主动想学汉语的人提高到了46%。② 第四，学校辅助设施较差。学校的教学设施欠缺，甚至有的学校没有电脑设备，不利于一些教学视频的播放，必要时教师自己不得不带上电脑，但效果不佳；学校对彩色粉笔、铅笔、橡皮擦、挂图以及必备教学资料等上课材料准备不足。③ 此外，还存在着办学经费不足、教学方法单一，缺少灵活性和多样化以及家长忙于工作不太重视子女的学习等方面的制约因素。

目前，随着中马经济交往的不断加强，中国在马国办的企业也越来越多，使得华人社会使用中文的机会增多。马达加斯加华文教育界在设

---

① 转引自张成伟《马达加斯加费内维尔中山学校汉语教学现状研究》，硕士学位论文，哈尔滨师范大学，2016年，第24—25页。
② 同上书，第21页。
③ 生艺：《多语言背景下马达加斯加2—6岁幼儿汉语教学研究》，硕士学位论文，江西师范大学，2016年，第18页。

法办好尚存的华文学校的同时,还通过向中国驻马大使馆聘请汉语教师任教、开设汉语教师培训班和普通话班等多种形式,以求振兴当地的华文教育。此外,马国很多大学和官方中小学也纷纷开设汉语课程,又进一步推动了汉语言文化在马国的快速传播。

第三章 汉语言文化在海外传播与发展的现状分析

海外华文教育的主要内容是中国语言和中国文化，其目的是通过教授并广泛传播中华语言文化，培养具有中华文化气质的居住国公民。[①] 近年来随着中国经济实力的攀升，有越来越多的海外各级人士学习汉语。纵观一些学者的研究，我们发现目前华文教育日益在向华语教学偏离，只是过于注重汉语字词的学习和交际能力的培养，而大大忽略了中国文化的教学。通过对海外华文教育的共性和个性的历史梳理，我们知道其内涵和对象呈现不断扩大化的趋势，可以说有不少非华裔参与到汉语学习中来，但是我们不能弱化华侨华人这一主体，不能忽略华文教育的主要功能——弘扬、传播中华文化。因此在"华文热"的浪潮之下，有必要以海外华文教育为基点，通过问卷调查、教师访谈等多种形式，对汉语言文化在海外的传播情况进行抽样调查和数据分析，并找准制约汉语言文化传播的症结所在，以便更好地开展华文教育。

第一节 汉语言文化在海外传播与发展的现状调查

一 调查概况

（一）调查问卷的设计

为了全面深入地了解汉语言文化在海外的传播与发展状况，我们在

[①] 张文英：《海外华文教育中的文化教学》，《现代语文》2012年第7期。

问卷调查的设计上，主要将其分为教师卷（中文版）和学生卷（中、英文版）。师生卷调查范围均涉及三个方面，一是关于个人的基本情况，二是关于汉语言文化教学和传播的情况，三是问答题。

（二）调查对象的选择

本次调查对象主要是在新加坡、泰国、老挝、马来西亚、韩国、美国、加拿大、澳大利亚、新西兰、英国、法国、肯尼亚等国家有关华文学校中担任华文教学的教师（主体是华侨华人教师），学生主要是在全日制华文学校就读的中小学生（多数为华裔学生，少量为非华裔学生），还有少量周末、节假日华文补习学校的学生（含成人学员）。分别选取海外华文学校（补习班）的教师和学生（学员）作为调查对象，有助于我们从不同侧面了解汉语言文化在海外传播的具体情况。

（三）调查问卷的发放

此次调查问卷共发放1500份，其中学生卷发放1000份，教师卷发放500份，问卷主要是通过中国外派华文教育的教师和汉语志愿者的协助完成，可靠性较高，有很大的研究价值。

二 调查结果分析

（一）学生卷数据统计

学生卷总共发放1000份收回852份，回收率为85.2%。调查学生的年龄主要介于10—18岁的小学、初高中生，其中初中生偏多，具体数据统计分析如下（因四舍五入，总百分比大于或小于100%）：

表3-1

问题	你有中文名字吗？	
选项	有	没有
人数	803	49
百分比（%）	94.25	5.75

表 3-2

问题	你是否是华裔？	
选项	是	否
人数	668	184
百分比（%）	78.40	21.60

从表 3-1、表 3-2 数据统计中，我们可以看出多数学生是华裔，并且有自己的中文名字。其中有中文名字的占 94.25%，是华裔的占 78.40%，这是一个可喜的结果，但也不为奇怪，华文教育的对象本身就主要集中在华侨华人子女。有 5.75% 的学生没有中文名字，所占比例虽小，但也值得我们注意。据了解，这些没中文名字的学生多半是处于汉语学习的初期，这需要华文教师和家长予以重视，拥有自己的中文名字，这是以后长期学习中所必需的。有 21.60% 的学生不是华裔，这表明目前学习汉语的人种不仅仅局限于华侨子女，范围在扩大。随着中国影响力的增加，有不少海外人士希望自己的子女学习中文，以求得更为全面的发展。

表 3-3

问题	你什么时候开始学习汉语的？				
选项	低于 10 岁	10—18 岁	19—25 岁	26—30 岁	31 岁以上
人数	425	418	4	3	2
百分比（%）	49.88	49.06	0.47	0.35	0.24

表 3-4

问题	你系统学习汉语的时间有多长？			
选项	半年以下	半年—1 年	1—2 年	2 年以上
人数（人）	12	39	64	737
百分比（%）	1.41	4.58	7.51	86.5

表 3-3、表 3-4 是成正比的，学习汉语的年龄越早，那么学习的时间就会越长。从表 3-3 中我们可以看出，所调查的学生在 10 岁以前

学习汉语人数占 49.88%，10—18 岁的学生占 49.06%。总的来说，十八岁之前学习汉语的人数占大多数。相应的学习汉语时间在 2 年以上的占 86.5%，1—2 年的占 7.51%。语言的学习越早越好，打算让孩子们学习汉语的家长，会在孩子们童年时期就进行有意识的培养，并送孩子进华文学校接受系统的教育。还有少数的学生学习汉语是在成年之后，他们主要是学习一些商务汉语和基本的日常汉语交流用语。这其中多数是为了工作或出国留学的需要，以及为旅游、经商等做准备。

表 3-5

问题	你主要是通过哪种方式学习汉语？					
选项	教材	书刊	报纸	网站	电视电影	其他
人数（人）	682	24	15	95	30	6
百分比（%）	80.05	2.82	1.76	11.15	3.52	0.7

表 3-5 反映的是被调查学生学习汉语的方式，从表中数据我们可以看出，有 80.05% 的学生是靠汉语教材进行学习，2.82% 的学生靠看一些汉语书刊进行学习，通过网络学习汉语的学生占 11.15% 比例。目前海外学生大多还是通过教材进行汉语学习，通过网络进行学习的学生占少数。通过教材学习汉语存在很大的局限性，对教材的要求也比较高，这需要我们从多方面拓宽学生学习汉语的方式，像开发一些高质量的网络汉语学习课程，及时更新汉语教材，保证教材的科学性等。

表 3-6

问题	你为什么学习汉语言文化？				
选项	父母要求	喜爱汉语言文化	为去中国留学做准备	为了更好从事相关工作	其他
人数	20	236	542	49	5
百分比（%）	2.35	27.70	63.62	5.75	0.59

对海外学生学习汉语言文化动机的了解，有助于我们为汉语言文化在海外的广泛传播提供有针对性的建议奠定基础。表 3-6 是关于

学生学习汉语言文化的原因，从表中我们可以看出，63.62%的学生学习汉语言文化是为了到中国留学做准备。27.7%的学生是因为自己喜爱汉语言文化。2.35%的学生是应父母的要求进行学习，5.75%的学生是为了将来能够更好地从事相关工作。这是一个很可喜的现象，随着中国在国际上的影响力日益壮大，越来越多的海外人士学习汉语言文化。这是一个良性循环的过程，需要我们进一步挖掘汉语言文化的精髓，发扬中华民族文化的魅力，让更多的人喜爱汉语言文化，提升中华文化的影响力。

表3-7   单位：%

问题	选项	你的汉语言能力和使用程度如何？			
		基本没问题	有困难	会一点儿	完全不会
汉语普通话	听	29	703	84	36
	百分比	3.4	82.51	9.86	4.23
	说	24	569	249	10
	百分比	2.82	66.78	29.23	1.17
	读	203	342	291	16
	百分比	23.83	40.14	34.15	1.88
	写	22	425	307	98
	百分比	2.58	49.88	36.03	11.5
闽南话	听	8	226	40	578
	百分比	0.94	26.53	4.69	67.84
	说	5	220	74	553
	百分比	0.59	25.82	8.69	64.91
	读	11	202	85	554
	百分比	1.29	23.71	9.98	65.02
	写	20	234	79	519
	百分比	2.35	27.46	9.27	60.92
粤语	听	32	203	88	529
	百分比	3.76	23.83	10.33	62.09
	说	5	337	76	434
	百分比	0.59	39.55	8.92	50.94

续表

问题		你的汉语言能力和使用程度如何?			
粤语	读	16	305	194	337
	百分比	1.88	35.80	22.77	39.55
	写	35	251	77	489
	百分比	4.11	29.46	9.04	57.39
客家话	听	0	44	25	783
	百分比	0	5.16	2.93	91.9
	说	0	51	36	765
	百分比	0	5.99	4.23	89.79
	读	0	50	10	792
	百分比	0	5.87	1.17	92.96
	写	0	47	19	786
	百分比	0	5.52	2.23	92.25

汉语言的运用能力和程度直接影响着汉语言的传播与发展状况。从表3－7数据统计中我们可以看出，目前多数海外华文学习者在此方面并不怎么乐观，听、说、读、写的能力参差不齐。对汉语普通话在听、说、读、写四个方面的运用上，基本没问题的比例各占3.41%、2.81%、23.83%和2.58%，学习汉语基本能力的高低与学生学习汉语的时间有很大关系，汉语言文化博大精深，汉字多为表意文字，在学习的过程中可能相对困难一点，并且国外的学生学习汉语缺乏特定的汉语语境，入门则没那么容易。觉得汉语普通话在听、说、读、写四个方面运用有困难的各占82.51%、66.78%、40.14%和49.88%，可见，在听、说和写方面有困难的比例相对较大。相比汉语普通话，海外华文学生对闽南话、粤语以及客家话的使用能力要差很多，在听、说、读、写能力上完全不会的占所调查人数的一大半以上，这不足为奇，普通话是现代汉民族的共同语，汉民族其他方言在使用过程中有很大的地域限制，自然在传播过程中也会很困难。

第三章 汉语言文化在海外传播与发展的现状分析

表3-8

问题	你在家庭交流中常使用什么语言？				
选项	住在国当地语言	汉语普通话（华语，国语）	闽南话	汉语其他方言（客家话，粤语）	英语
人数	542	31	9	12	258
百分比（%）	63.62	3.64	1.06	1.41	30.28

表3-8是关于海外学习华文的学生在家庭中使用语言的情况，从表中的数据我们可以看出，有63.62%的学生使用的是居住国语言，30.28%的学生使用的是英语，1.41%的学生会使用汉语其他方言，在家庭中常用汉语普通话的只占3.64%。这是目前在海外华裔群体中非常普遍的现象，多数华裔从小接触的是居住国的文化，说当地的语言或者英语，对汉语的了解很少，连一点汉语也不会说。这在一定程度上加深了当前汉语言文化在海外华裔中传播和发展的困境。当然，华裔在使用家庭语言方面，有些国别之间还是有差别的，比如，马来西亚华裔主要使用的家庭语言是华语或英语，而中年华人综合使用华人方言、华语或英语，年长华人则习惯使用华人方言，即保留了原来的语言习惯。① 有数据表明：泰国华人家庭语言主要是泰语，占72.8%，其次是汉语占26.7%。这些以汉语为家中最常用语言的华人使用的大多是祖籍语，其中云南话占24.3%、潮州话占27.7%和闽南语占17.9%。家里最常用普通话的人较少，仅占2.9%。此外，在家中最常用英语的人很少，仅占0.5%。② 可见，新生代华裔受官方语言或流行语言的影响较大。众所周知，语言的学习需要一定的环境条件，学生在日常生活中接触汉语的机会越少，在学习汉语言的过程中就会越吃力。

---

① ［马来西亚］洪丽芬：《马来西亚华人家庭语言的转变》，《东南亚研究》2010年第3期。
② 庞文丽：《泰国S个华人聚居区华人语言使用现状调查分析》，硕士学位论文，广西大学，2015年，第14页。

表3-9

问题	你在社会交往（学校、社会）中使用什么语言？				
选项	住在国当地语言	汉语普通话（华语，国语）	闽南话	汉语其他方言（客家话，粤语）	英语
人数	545	47	0	0	260
百分比（%）	63.97	5.52	0	0	30.52

表3-9中有63.97%的学生在社会交往中使用居住国当地语言，30.52%的学生使用的是英语，使用汉语普通话（华语、国语）进行交流的占5.52%。海外学习汉语言的学生大多为第三、四代华裔，华侨华人融入所在地的生活在所难免。有一半以上的学生在日常的交往中说居住国当地的语言，还有很多学生是说英语，可见英语在社会交往中使用较为普遍。当然，不同地域不同国家在社会用语方面还是有差别的，比如，在马来西亚官方用语是马来语和英语①，而在泰国，官方及社会用语则是泰语。② 汉语普通话在海外学生日常的生活中使用的比例很小，一方面是他们缺少可以进行汉语交流的对象，缺少相应的语言环境。另一方面，多数学生对汉语言文化的了解甚少，在汉语的听、说、读、写方面还处于基础阶段，交流比较吃力或者说无法用汉语进行交流。

表3-10

问题	你的家人是否看中文报刊、华语影视？	
选项	中文报刊	华语电影
自己	54	798
百分比（%）	6.34	93.66
兄弟姐妹	15	837

① 《马来西亚主要说什么语言？》，https://zhidao.baidu.com/question/1500555808161289899.html。
② 《泰语》，http://baike.baidu.com/fenlei/%E6%B3%B0%E5%9B%BD%E8%AF%AD%E8%A8%80。

续表

问题	你的家人是否看中文报刊、华语影视？	
百分比（%）	1.76	98.24
父亲	583	269
百分比（%）	68.43	31.57
母亲	22	830
百分比（%）	2.58	97.42
祖父母	525	327
百分比（%）	61.62	38.38

表3-11

问题	你的家庭是否拥有中文报刊、书籍？	
选项	有	无
中文报纸	569	283
百分比（%）	66.78	33.22
中文杂志	268	584
百分比（%）	31.46	68.54
中文书籍	675	177
百分比（%）	79.23	20.77

表3-10、表3-11是关于学生家人对汉语言文化的接触程度。表3-10是关于学生家人是否看中文报刊和华语影视，从表中我们可以看出，不同身份角色的家庭成员对汉语言文化的钟爱是不一样的。学生以及学生的兄弟姐妹对华语电视、电影接触的较多些，各占93.66%和98.24%，对报纸的接触相对较少。比如，有美国华裔学生说，"喜欢《花木兰》，涉及很多中国文化，可惜经典的中国电影适合中小学生看的太少，还有学生说父母喜欢看中国影片和电视剧，受其感染，也会接触一些情节曲折的电影"。调查发现，英国华裔青少年大都认为，观看华语电影不仅是追求视听的愉悦享受，更是把华语电影作为学习和了解中华文化的手段，可以说对以电影电视为传播媒介的中华文化产生了较高的兴趣。父母以及祖父母平常在家中对报刊看得比较多，父亲看报刊

的频率占68.43%，祖父母占61.62%。表3-11是调查学生家庭是否拥有中文报刊和中文书籍，有79.23%的学生家庭中藏有中文书籍，没有的占20.77%。家中有中文报纸的占66.78%，家中有中文杂志的比例较小。家庭中是否有中文报刊、书籍，取决于家庭成员的个人爱好和习惯。华侨华人融入居住国文化是无法避免的。家庭是学生的另一所学校，对待汉语言文化的态度会潜移默化地影响孩子学习的态度。

表3-12

问题	你参加过下面哪些节日？（多选题）		
选项	过这个节	知道这个节，不过	不知道这个节
春节	231	621	0
百分比（%）	27.11	72.89	0
元宵节	35	715	102
百分比（%）	4.11	83.92	11.97
中秋节	178	672	2
百分比（%）	20.89	78.87	0.24
清明节	58	761	33
百分比（%）	6.81	89.32	3.87
端午节	34	684	134
百分比（%）	3.99	80.28	15.73
七月半节	17	352	483
百分比（%）	2.00	41.31	56.69
冬至节	26	647	179
百分比（%）	3.05	75.94	21.01
元旦	698	135	19
百分比（%）	81.92	15.85	2.23
劳动节	133	710	9
百分比（%）	15.61	83.33	1.06
圣诞节	652	200	0
百分比（%）	76.53	23.47	0
感恩节	228	618	6
百分比（%）	26.76	72.54	0.70

续表

问题	你参加过下面哪些节日？（多选题）		
选项	过这个节	知道这个节，不过	不知道这个节
复活节	244	599	9
百分比（%）	28.64	70.31	1.06

表3－12是关于海外学生参加中国传统节日和外国传统节日的对比情况。从表中可以得出，基本上每个学生都知道中国传统的节日"春节"，有27.11%的学生会过春节，但72.89%的学生知道但是并不怎么过这个节日。过元宵节的人数占4.11%，知道这个节日但不过的占83.92%，还有11.97%的学生压根就不知道有这个节日。有20.89%的学生会过中秋节，78.87%的学生同样是知道中秋节但并没有过这个节日。像清明、端午、冬至、劳动节这些传统节日多数学生只是处于了解的层面。这与学生家长以及学校教育环境、社会环境有很大的联系，学生越来越没有传统节日的意识，这个现象在国内外都是非常普遍的，中国传统的节日在多数华裔的生活中渐行渐远。学生对元旦节的了解要好很多，参加元旦节的人数占81.92%。传承中华文化是华文教育的重要内容，汉语所承载的是源远流长的中国文化，在海外华文教育中，我们不仅重视汉语学习，更要注重中华传统文化习俗的传播。参加圣诞节的人数占76.53%，圣诞节作为西方传统的节日，流行于欧美地区，并衍生出相应的圣诞文化，从19世纪中叶传到亚洲以来，目前对中、日、韩的影响越来越大。

表3－13

问题	你参加过哪些春节活动？（多选题）	
选项	人数（人）	百分比（%）
全家在一起吃年饭	818	96.01
互相拜年	649	76.17
祭拜祖先	384	45.07
长辈给晚辈压岁钱（红包）	795	93.31

续表

问题	你参加过哪些春节活动？（多选题）	
选项	人数（人）	百分比（%）
贴春联	76	8.92
放爆竹	48	5.63
穿新衣服	470	55.16
过年之前打扫房子	88	10.33
过年时不许扫地	144	16.90
不能说不吉利的话	135	15.85
在庙前舞龙舞狮	80	9.39
去庙里拜拜	210	24.65

从表3-13中我们可以了解到，多数学习华文学生参加过春节的各种活动。有96.01%的学生有过和家人一起吃年夜饭的经历，这说明多数学生还是有过春节的意识，过年了家人一起聚聚。有76.17%的学生参加过互相拜年的活动，年的意识在多数华裔的学生心中还是有的。有93.31%的学生收到过长辈给的压岁钱，过年收红包是每一个孩子的愿望。就像在西方过圣诞节时孩子想收到圣诞礼物是一样的道理。贴春联和放爆竹，学生参加的相对较少，各占8.92%和5.63%。过年之前打扫房子占10.33%，不许扫地的占16.90%，不许说不吉利的话占15.85%，去庙里拜拜的占24.65%，这些都是中国过春节的传统风俗习惯，只有少数的学生曾经参加过，年的意识在多数华裔的生活中渐渐淡去。

表3-14

问题	你知道哪些中华传统民间信仰神祇？（多选题）						
选项	观音	妈祖	财神	土地公	八仙	关公	孔夫子
人数（人）	436	320	300	240	400	246	852
百分比（%）	51.17	37.56	35.21	28.17	46.95	28.87	100

表3-14是考察海外学习华文学生对中华传统民间信仰的了解情况，从表中我们可以看出，有51.17%的学生知道观音，观世音菩萨是佛教中慈悲和智慧的象征，知道佛教的学生也多知道观音，还有看过中

国小说《西游记》或者电视剧的都会对观音有一定的了解。有 100% 的学生知道孔夫子，孔子作为儒家学派的始祖，其儒家思想对中国和世界都有深远的影响。长期以来，孔子被后人称之为圣人、圣贤，孔子的祭祀也一度成为上帝、神同等级的"大祀"。知道土地公的占 28.17%，知道八仙的占 46.95%，知道关公的占 28.87%，大多学习华文的学生对中国传统的神祇有一定的了解。知道海神妈祖的占 37.56%，妈祖是以中国东南沿海为中心的海神信仰，许多福建籍侨胞和台胞都是妈祖信众。知道财神的占 35.21%，春节迎财神是中国传统风俗习惯，目前在国外一些华侨华人生活的地方也有中国财神的塑像，海外的华裔青少年也有相应的了解。

表3-15

问题	你参加过下列哪些活动？（多选题）				
选项	祭祖	宗亲会	算命、占卜	吃中餐	看过中医，吃过煎中药，针灸，拔火罐，刮痧，按摩
人数	763	384	240	852	793
百分比（%）	89.55	45.07	28.17	100	93.08

表3-15 是个多选题，从数据中我们明显可以看出差异，在所列举的活动中，有 100% 的学生吃过中餐，这是一个很值得骄傲的数据。中国作为一个餐饮大国，长期以来形成了东亚大陆独有的餐饮文化。我们在推动中餐业走向国际的过程中要注重餐饮文化的继承和传播。有 89.55% 的学生参加过祭祖活动，中国人有慎终追远的传统，海外的华侨华人在逢年过节时总不会忘记祭祀祖先，虽然形式各异，但意义却是相同的。有 93.08% 的学生看过中医，吃过中药等，加强中医药文化的建设，推动中医药文化的传播，也有利于各国人民了解中国，促进世界文明的进步。[①]

---

① 骆林娜：《中医药的跨文化传播》，《中医药文化》2014 年第 4 期。

关于主观题："你对汉语言文化中最感兴趣的内容是什么？为什么？"有的学生对汉字的起源和构造感兴趣，有的学生对中国的成语故事、神话传说、典故感兴趣，有的学生对中国的国学经典，比如《三字经》等字书和"四书""五经"感兴趣，有的学生对中国历史人物，比如孔子、孟子、岳飞等感兴趣，有的学生对中国传统节日和文明礼仪感兴趣，还有的学生对当下中国的文化发展感兴趣，等等，答案可以说是五花八门。关于感兴趣的主要原因，一些非华裔认为中国的崛起，掀起了世界汉语言文化热，他们很想通过中国语言文化来进一步了解中国，走进中国，学好中文好与中国人打交道；大多华裔认为中国是自己的祖（籍）国，他们是中华民族的一员，为祖（籍）国今天取得的成绩感到自豪，因此愿意多学习和掌握一些汉语言文化方面的知识，增加民族自豪感和中华文化的认同感。

（二）教师卷的统计分析

教师卷共发放 500 份收回 478 份，收回率为 95.6%，具有较高的研究价值。所调查的教师都是在各大洲一些国家的华文学校任教。因教师卷大多为问答题形式，有些题的数据过于杂乱，不适合做图表，故在此仅做了归纳概述。

调查问卷的第一部分是关于教师的个人基本情况。调查结果显示，多数教师的年龄在 20—30 岁，年龄偏大的教师不多。任教的学段多为初、高中，有 90% 以上的为女性教师。本科学历的有 368 人，所占比例为 76.99%；硕士学历有 81 人占调查人数的 16.95%；博士学历更少，仅占总人数的 6.07%。海外华文教师年龄偏小，在学历上参差不齐，受到正规教育培训的汉语教师很少，有些教师是在中国国内接受简单的培训，然后赴海外进行教学。并且华文教师多为中国国籍，多为国内派遣或者赴当地留学的学生、汉语志愿者，只有少数是当地华裔教师。

调查问卷的第二部分为汉语言文化的传播和教学情况。在问及教师

第三章　汉语言文化在海外传播与发展的现状分析

所在学校学习汉语言文化的人数时，因为涉及学校三年来的数据情况（2015—2017），所调查的国家华文学校的招生情况不一，但学生数量多为1000左右。综合所调查的数据，总体来说海外华文学校学生的数量呈增长趋势，但是涨幅不大。根据问卷调查显示，被调查教师大都反映，所在学校的华文教师数量不容乐观，多数学校只有几名华文教师，可见如今华文教师的匮乏情形十分严峻。关于教师讲授汉语言文化课程的时长方面，有一半以上教师讲授时间不足一年，也有少数在十年以上，这多与教师的类型相关。汉语志愿者的教授时间一般不足一年，学历为高级职称的教师教汉语言文化课程时间一般较长，他们多数为国家第一批外派孔子学院的教师，资质比较高。

关于海外华文学校开设汉语言文化类的课程类型以及教学内容，从调查的结果统计，大致可以归纳为以下两类：一类是关于华语的综合类课程，主要是为了教授汉语基本的听、说、读、写能力和汉语的基本知识，设置的课程有汉语课、体验汉语、沟通汉语、中学华文等；另一类是关于中华文化的综合类课程，包括中华文化的基本常识，传统的节日习俗以及相关的兴趣班，设置的课程有文化体验课（课程内容为中国结、剪纸、中国文化民俗等）、中文兴趣班（书法、武术）、汉语文化、中国概况等。通过调查，有教师反映，目前在国外一些国家有弱化言语技能课程而过于重视文化类课程的现象，在课时安排上，汉语听说读写等技能训练课明显不足，而文化类课程设置内容十分广泛，但是没有体现循序渐进的原则，而且也有偏重文化理论学习的倾向，文化实践活动类课程明显不足。

在使用教材方面，据调查显示，目前海外各国中小学使用的教材有综合性汉语教材，如《中文》《快乐汉语》《跟我学汉语》《汉语乐园》和《轻松学汉语》等。也有文化类教材，如《中国文化常识》《中国历史常识》《中国地理常识》《汉字五千年DVD》等。这些教材多是中国有关机构编写，也有少量是中外合编和当地自编，呈现版本不一，进度

— 243 —

不一致的杂糅局面。以印度尼西亚为例"总体来看,使用外来教材的学校占84.66%,明显高于使用印尼本土教材的学校比例(26.38%);使用正式出版的教材学校为95.71%,远远高于使用自编教材的学校比例(4.29%)"。①

在问及海外华文教师通过什么方式获得华文教育资源时,调查结果显示,有高达97.3%的教师选择通过网络来获取华文教育资源,有85.6%的教师是通过教材获取华文教育资源,有79.1%的教师是通过书刊来获取的,只有少数是通过报纸和影视获取的。比如,据法国华人教师反映,在法国,华人媒体大多是由少数几个人主办的小型媒体,既缺人又缺钱,经常处于惨淡经营的状态。即使是华人圈活跃的《侨报》和欧洲华语广播电台,在宣传中华主流文化方面的报道能力有限。②目前,大多数海外教师是通过网络来获取华文教育资源,现代网络的高速发展,并在教育和传媒中广泛应用,为华文教育开辟了新的空间,在一定程度上缓解了华文教育教材不足以及师资上的短缺问题。

根据调查结果显示,海外华文教师在教授汉语言文化的方法上主要采用的是语言课堂教学、文化课堂教学,很少用语言社会实践、文化社会体验方式。学生学习汉语主要是在课堂上聆听教师的讲授,而且方法也比较单一。汉语作为第二语言教学的内容并不仅仅局限于语言,更为深刻地体现在文化上。第二语言学习者若想要真正地融入中国社会,那么对于字和词在字面意义下所隐含的文化意义也要同时习得。汉语言的学习不仅包括语音、词汇、语法和汉字,还包括语用。比如说,汉文化中的"狗"和"黄"与英语中的"dog"和"yellow"在褒贬义上完全不同,这主要是由文化差异所决定。

关于教师华文学习和教学经历,多数教师的华文教学水平明显不

---

① 邹工成:《华文教材编写研究》,商务印书馆2015年版,第174页。
② 刘琛、王丹丹、宋泽宁等:《海外华人华侨对中华文化的传承与传播》,北京大学出版社2018年版,第120—124页。

第三章　汉语言文化在海外传播与发展的现状分析

高，缺乏正规的专业培训。这多是因为海外华文教师正处在新老教师的更替时期，作为渐渐以80、90后为主体的教师群体除了教学经验不足，还存在人际交往、生活文化适应和专业知识掌握浅显的现象。年轻教师生活在一个更为市场资本化的社会，被社会环境所熏染，相对缺少对教育执着热爱和对学问严阵以待的精神。

在问到当地社会对汉语言文化的喜爱程度时，一些教师认为非华裔人群对汉语言文化还是挺喜欢的，喜爱程度不亚于华裔，中华文化博大精深，有很多国际友人都被它的魅力所深深吸引。在问及所在学校开展华文教学的支持情况，有教师谈到，学校受到中国侨办等部门对大型活动的支持、当地华人团体的经费支持，还有当地政府制定的政策支持。但78.75%的老师认为在教师资源和教具、教材资源等方面的支持力度还远远不够，不能满足日益庞大的华文教育的发展需要。

教师问卷的第三部分是问答题，总共两题。第一题是调查教师所在学校组织学生参与当地组织的中国汉语言文化有关活动情况。据调查显示，82.36%的教师认为所在学校对当地与中国语言文化的交流活动表现出积极参与态度。63.16%教师谈到很多华文学校针对学生会举办一些像"汉语桥"演讲比赛，汉语夏令营、交换生、汉语角等汉语类的活动。举办像中国文化体验活动、新年联欢游街活动、过中国节日（中秋节、端午节）等文化类活动的学校只是在少数。只有33.21%教师谈到有个别学校会举办或参与一些比如跳扇子舞、书法比赛、武术学习等中国传统文化艺术活动。第二题是谈谈汉语言文化传播与发展的制约因素问题。通过调查分析，大多教师认为汉语地位、办学条件、师资队伍、教材编写与使用、教学方法及手段等方面是制约其传播与发展的主要因素，也有部分教师认为中国的国力、学科的建设等是影响其传播与发展的不可或缺的因素，还有老师认为中华文化的传播范围也是一个制约因素，比如加拿大华文教师谈道：中华文化未能在加拿大主流社会引起较大的重视，中华文化的学习与传播多局限于华人圈。

第二节　汉语言文化在海外传播与发展中存在的问题

海外华文教育的发展不仅受当下国际形势的影响，也受居住国政治、经济、文化、教育政策的影响，还有华文学校数量攀升、教育对象因需求不同而具有的多样选择因素，致使其充满了复杂性和特殊性，前方的路还布满荆棘，限制着汉语言文化的深层次传播与发展。通过我们对师生的抽样调查发现，当前的华文教育形势并非想象中那么美好、那么乐观，还存在一些明显的制约因素和潜在问题。

一　华文教育资源开发有限，分布不均

目前，由于实施华文教育的国家或地区在中国语言、文化、历史等方面存在着华文资源的诸多差异，博大精深的中华文化资源尚没有均匀地分布，因此对于学习者难以获取到丰富的资源。此外，海外华文教育与网络的结合由于资金、人力、技术等方面的局限性，大多数国家和地区并没有设置相应的华文教育网站，一定程度上限制了海外华文教育的发展空间，也不利于网络资源在海外的汲取和利用，更何况网络教育资源的缺乏会使华文教育缺乏时代性，很难做到与时俱进。据我们的调查显示，通过互联网、教材和书刊获取华文教育资源的教师分别占 97.3%、85.6%、79.1%，学生分别占 11.15%、80.04%、2.82%。而且这些学生大多分布在东南亚等国家，其他华文教育发展较晚的或偏远的国家如肯尼亚，借助网络资源学习的更少。可见，海外学生通过有关网站获取华文资源的渠道有限。再者，遍布在全球各地的各类华校分散又缺少有效沟通，最终造成华文教育资源分布相当分散，缺乏统一的管理和资源共享。① 这在很大程度上影响着汉语言文化在海外的传播与发展。

---

① 郑婷：《新时期海外中文学校华文教育现状综述》，《黑龙江科技信息》2009 年第 22 期。

二　华文教材繁杂，量欠质低，缺少针对性

通过对学生的调查发现，目前海外学生学习汉语言文化的主体主要是借助教材而不是网络。通过教师的访谈可知，现有海外华文教材还存在着供不应求、适用性差，不能满足多层次的需求，缺乏本土性，尤其是缺乏青少年使用的精品教材，教材内容和形式上缺乏针对性的问题。具体而言：

（一）华文教材版本繁多，量欠质低

教材是开展教学活动的重要基础和依据。当前，海外各类华文教材可谓五花八门，有的是中国内地、港台地区编写，有的是新加坡等国家编写，有的是中外合作编写，还有的是当地教育机构编写，等等。教材的数量和质量很大程度上会影响教学效果。

第一，教材缺乏适用性、系统性和衔接性。中国内地出版的教材，很多是汉英对照本，不方便蒙古国、泰国、越南、日本等非英语国家的学生使用。教材缺乏统一规范，字体混乱，不利于学习汉语言文化。有些版本采用简体字，有些版本采用繁体字，有些版本则繁简兼用，拼音和注音混乱分布。像印尼等很多国家没有统一的教学大纲以致造成教材选本混乱的现象。第二，教材内容未与时俱进。编写者没有随华文学校的发展需要及时调整教材内容，像菲律宾等国家有的教材甚至几十年无变化；而且有的教材又过于强调伦理教化，缺失趣味性和实用性，难以引起学习者的兴趣。第三，多媒体教材数量不足，开发较落后。多媒体教材仅占全部华文教材的五分之一。不符合"互联网+"技术的需要，只是以光盘和网络为载体的纸质教材数字化而已。此外，还存在着词汇量短缺和老化、教学内容与课后练习配合不当等问题。第四，教辅材料少，电脑设备、教师手册和学生手册匮乏。

（二）华文教材编写缺乏针对性、使用过于随意化

海外华文教材存在最大的问题就是"本土化"程度不够。第一，

大多教材是由中国专家编订和在中国编订，由于汉语对编订者来说为母语，从而与大多第二语言学习者在学习汉语时的知识点、难点和重点的理解有些许偏差。编订者不能因地而异和因人而异地结合各个国家的语言文化特点来编写教材，面对形形色色不同种族、不同年龄、不同性别、不同学历、不同身份的华文教育对象，他们自身的知识阅历和生活环境不同，对于语言文字、文化的感知力和学习目的也不同，因此很难用单一化的教材来满足不同人的学习需求。① 比如，"目前在印尼使用率最高的《汉语》《小学华文》《中文》都不是专门针对印尼编写的教材，缺少体现当地语言习惯和文化特色的本土内容，教材内容与现实生活存在明显的脱节问题，且内容整体上偏难"。② 第二，教材中汉语言和文化在衔接方面还存着诸如语言过于简单造成文化内涵晦涩难懂，文化内涵明晰而语言解释令人费解等问题，同时又缺少中西语言文化差异的对比和展示。第三，简体华文少儿教材存在着版本较老不能紧跟时代、本身所具有的娱乐性和趣味性不能最大限度地释放出来，不像国外同类教材那样能引起学生的共鸣。第四，中国大陆、台湾地区的教材，在某些国家和地区使用，由于带有某些政治倾向性，容易引发一些社会敏感问题，因此华文教材亟待"转型"。目前，中国国内给海外华文教学编写的教材基本上都是通用型的，内容上侧重介绍中国语言文化，没有与当地生活与文化有效结合，缺乏教学对象的针对性和国别化。

在海外，华文教材的使用和挑选没有统一的标准，存在很大的随意性，有的学校使用官方指定的教材，有的学校使用学校内定的教材，有的学校是教师自选教材或根据网络搜集资料作为讲课内容。很多时候校方自己也不知道哪本教材好，就委托教师任意选择。而且教材本身难易程度不清楚，致使部分学校出现小学、中学甚至成人学校共用一本教材的混乱现状。

---

① 唐燕儿、李坚：《海外华文教育发展之困境与对策》，《清华大学教育研究》2001年第2期。
② 邹工成：《华文教材编写研究》，商务印书馆2015年版，第176页。

三 师资数量不足，专业水平参差不齐

华文学习者尤其是华裔青少年的语言习惯、思维方式的形成，浓郁的中国情结以及对中华文化的喜爱无不受华文师资水平的影响。而当下海外华校在师资方面普遍存在一些问题，应当引起华界的关注。

（一）华文教师来源复杂、数量不足

随着全球经济的发展，海外华文学校多样化的办学模式，使教师来源更为复杂。比如，在西班牙（根据巴塞罗那孔子文化学校 80 多位教师情况分析），华侨华人教师约占 30%，留学生约占 70%。在华侨华人教师中，师范学校毕业、在国内从事过教育工作的不到 30%。留学生具有极大的不稳定性，这是华文学校教学质量得不到保证的重要原因。现在工作在华校一线的教师大多是以前在当地华校就读的毕业生和留学生，大多没经过专业培训，学历较低、知识容量匮乏、教学方法单一，且有的教师年龄偏大，家庭负担较重，因为不是每一门课程都能达到一个全职教师所应完成的工作量，所以多数教师会同时担任几门课或者在工作之余兼职华文教师。由于不都是全职员工，教师之间就存在教学水平、受教程度、知识结构、文化背景等方面的差别。教师对教材的选用也有分歧，导致教学水平参差不齐。此外，当地刚毕业的年轻教师，在实际教学过程中缺乏一定的教学经验，知识结构不扎实，缺乏一定的汉语文化知识储备和教育学原理方面的理论知识。并且由于缺乏固定的、有实力的师资培训机构，工作量繁重使他们很难有时间和精力继续学习，难以提高自身的业务能力。华文学校的汉语教师与同行业的人相比报酬可谓同工不同酬，福利待遇低下，同时教学任务繁重，身心疲惫，教师选择离职、另谋高就的情况非常普遍。

另外，中国方面也会选派汉语志愿者赴海外教学，汉语教师的支援使师资短缺的问题得到一定程度的缓解，但终究是杯水车薪。中国派去的汉语志愿者大多是高校毕业生，被分派到海外各国华文学校（或孔

子学院、孔子课堂）各个年级段进行教学工作，但由于生活环境与国内差距甚大，语言沟通上存在障碍，国内派遣时期太短，教师流动性大，刚熟悉教学情况就要回国，导致工作效果不甚理想。如毛里求斯汉语志愿者，可以暂时解决师资短缺问题，但是服务期限一般都是一年，实行英语和汉语双语教学，不符合当地小学生需要，当地人一般不讲英文，而是习惯讲法文和克里奥尔语（土著语），因此教学如同对牛弹琴，效果不佳。[①]

（二）华文教师专业水平参差不齐

海外华文教师的专业化程度不高，主要表现在：一方面本土化教师队伍整体素质不高，另一方面是缺乏能完全适应居住国华文教育实际情况的教师。据我们的调查统计，在职教师中只有约10%的人毕业于师范类院校和师范专业，这就难以保证课堂教学质量，不利于海外华文教育的发展。比如，北美一些国家多是周末补习学校，教师大都不是专业出身，都是在实践中探索自己的教学方法。而一些中文专业出身的教师又对第二语言教学理论与方法不熟悉，个别熟悉的又不太适应当地教学环境。

华文教育的发展需要完备的、专业的师资。但就当前状况来看，国内各大高校虽开设有华文专业、对外汉语专业，开设有各级培训班，以此培养对外交流人才，但成效不佳，只有少量的学习者能够具备扎实的专业知识，愿意走出国门，担起华文教育的责任，这就导致海外华文教育师资缺乏，华文教育力量薄弱。外派教师数量不足，不能满足海外华文教育的巨大需求，某种程度上阻碍了华文教育的发展。究其原因，主要是由于国内开设华文教育专业的高校数量较少（多是开设对外汉语专业的，不完全适合华侨华人为主的教学目标），没有实施华文专业性的"海外志愿计划"，华文教师准入制度不到位，华语水平测试和《华文教师证》还没有广泛推行等多种因素造成的。近几年来，不少学校

[①] 张永恒、陈秋圆：《海外华文教育方兴未艾：中文要教好，师资很重要》，《人民日报》（海外版）2018年1月31日。

的华文教师多是中国外派的汉语教师或者是一些国际汉语志愿者（大学生、研究生），虽然中国大力支持华文教育，但海外的华文教师依然很少，学生很多，因此就出现了供不应求的局面；而且大多外派教师一般都是在国外呆一两年或两三年就归国，然后再派去一批新的教师，这样也导致了华文教师队伍的不稳定；还有一点值得一提，就是海外华文教师多在一线工作而华文教育的理论研究多在国内，这就造成了理论和实践的分离，某种程度上也制约了汉语言文化在海外的传播与发展。

四 教育对象广泛，授课时间有限

早期的海外华文教育对象主要是华侨华人子弟（小学生、中学生）以及各阶层的华族成人。这一大团体在学习汉语知识、传播与弘扬源远流长的中国传统文化方面发挥着重要作用。

除了近二、三十年的新移民，由于受当地文化的影响，很多华人对于祖（籍）国的认同和归属感明显减弱，其"中国情结"比起"打江山"的老华侨要淡漠许多，华人已经由最初"落叶归根"的状态发展到"落地生根"的状态。当前海外华文教育对象大多是第二、三代乃至四代的华裔青少年，他们对于中华文化已经少了祖辈、父辈的亲切感，民族认同感逐渐减弱。有调查显示，当今英国许多第二、三代华人不会说粤语，日常交流都是用英语，也没有接受过正规的华文教育。尽管还保留着部分的衣食住行等中华"显在文化"，但在价值、信仰等"潜在文化"方面已经发生了改变。他们无法被英国主流社会所同化，但又在精神文化层面出现断层，一味地追求物质的富足，而没有深入学习中华文化，对民族身份没有一个自主的认同。在法国，新移民尤其是第二代、第三代移民华裔青少年在全球化的大背景下，他们更关注外语和实用科学而忽视对中华文化的学习，很多留法学生对中华文化并不熟知。[①] 在马来西

[①] 刘琛、王丹丹、宋泽宁等：《海外华人华侨对中华文化的传承与传播》，北京大学出版社2018年版，第86、119页。

亚，年青一代华裔大概分为两个阵营，一个阵营的人是不放弃华语的学习并致力于保护中华文化，而另一个阵营的人甚至连华语都不会说，还有部分人则介于使用官方语言和华语之间。他们的华语水平和能力跟祖辈已经完全不能相提并论了。华人的子女虽然是华族的血统，却不会讲自己的母语，母语成了他们的第二语言甚至是外语。他们大多乐于接受当地主流社会，认同当地语言和文化，不喜欢学习和说汉语，尤其在一些发达国家和地区，汉语言文化的传播与发展将面临艰巨的问题，中华文化的传承濒临危机。

我们的调查数据表明，华裔青少年在10岁以前学习汉语人数占49.88%，10—18岁的学生占49.06%，总的来说十八岁之前学习汉语的人数占大多数。学生规模并不算大，整体趋势发展良好，但依然普遍存在着华人学生流失的现象。学生年龄和中文水平等方面都存在着很大的差距。学习汉语时间在两年以上的占86.50%，1—2年的占7.51%，一年以下六个月以上的占4.58%，六个月以下的占1.41%。这就给分班教学和制定教学任务带来难度，也不易于学生管理的进行。①

在学习动机方面，根据语言学习动机理论将其分为七大类型：实际需求、职业进展、社会服务、外界期望、求职兴趣、逃避或刺激、社交关系。② 对于华裔青少年而言，可能不具备以上所有的学习动机，但是，从我们粗略调查可知华裔青少年学习汉语存在动机不纯，被动学习的局面。为了到中国留学而学的占63.62%，因喜爱而学的占27.7%，顺应父母要求而学的占2.35%，为将来就业做打算而学的占5.75%。虽说目前多数华侨华裔都在学习中文，有相当一批学生并不是因为纯粹的喜欢而学习中文的。他们之所以学习汉语，一是学校的汉语言课程设置为必修课程，学生没得选择。二是出于留学、就业和父母要求而硬着

---

① 高肖、肖程翠：《意大利华裔青少年华文教育问题概述》，《科教文汇》2011年第4期。
② 陈青文：《语言、媒介与文化认同：汉语的全球传播研究》，上海交通大学出版社2013年版，第91页。

头皮走进华校学中文。

从我们的调查可知，学习缺乏积极性、自信心、动力不足是华裔学生成绩不佳的主要原因之一，通过教师主观性问题回答的统计数据显示，汉语言授课时间少，每天大多只授课1—2小时，我们不难发现海外学习者学习汉语的时间相对于其他课程的学习时间是极其缺乏的，对汉语普通话在听、说、读、写能力上基本没问题的比例各占3.40%、2.82%、23.88%和2.58%，所占的比例都比较少，这与学生学习汉语的时间长短是有很大关系的。因此，学生学习时间不足是学生成绩不佳的又一重要原因。并且学生的学习压力大、负担重，除了学习当地规定的课程外，还要学习英语和汉语，就会在汉语课上出现迟到、早退、甚至旷课的现象，而学生们给出的理由诸如"身体不舒服""其他课程作业没写完"或"工作忙"等，这是在海外华文教学中经常出现的现象，当地华文教师习以为常，也无可奈何。如果没有充沛的时间作为保证，想要提高自己的语言水平是有一定的难度的。再加上很多出生在国外或幼年生活在国外的华人后裔对于华文教育的学习呈现被动接受的现象，他们大多没有学习中文的兴趣而是被动地学习，缺乏对中国和中国文化的认同感，倾向于或习惯于国外语言的学习与运用，影响了中华文化的传播。

此外，华文学习又呈现一个新的动态，就是越来越多的非华裔青少年进入华文学校学习华文，越来越多的非华裔的成年人利用夜校、周末学校等短期班学习华文，而且学习的积极性超过了青少年学生。正是由于海外华文教育对象形形色色，生活和学习的环境不同，并且他们在语言、文化等方面千人千面，对于学习目的的选择也会有所不同，无疑在无形之中给海外华文教育视域下汉语言文化的传播与发展带来困难。

五　教学理念落后，教学方法单一

当前，虽然有很多种较好的教学方法引入华文课堂中，但由于部分华文教师的教学理念落后，再好的教学方法一放到课堂教学中，教师在无意识中走向一味讲授的过程，先进的教学方法多被填鸭式、满堂灌的方法取而代之，整堂课下来，学生也只是一个接受的对象，被动地进行学习。通过对海外教师的调查发现：就教师讲授的汉语言文化类课程而言，一类是关于汉语言的综合课程，如汉语课、小学华语、中学华文等。另一类是关于汉语言文化的综合课程，如汉语兴趣班、中华传统文化班等。教师在传授汉语知识的同时，要介绍其蕴涵的背景及意义，使学生了解背后的意义内涵。但在海外汉语言课堂上，教师大都注重读写却忽略听说，或者在听说方面训练很少。在课堂上，教师更多强调师道尊严和教学秩序，一般而言很少提问，也不允许学生提问，教师上课过于严肃而不与学生沟通交流，更不用说开展一些文化活动来探讨深层次难以理解的问题了。考试成绩和抄写水平作为衡量学校教学水平高低的主要标准，却独独忽视学生运用汉语的沟通交流能力。学生照本宣科得到高分成绩，却对答案的意思一无所知，很容易打消学生的兴趣和信心。鉴于汉语课堂以知识灌输为主，文化实践活动偏少等方式的长期存在，以致造成很多学生汉语运用能力较强而对中国传统文化知之甚少的现象，某种程度上，影响着汉语言文化在海外的传播。通过我们的调查显示：在对待中国传统节日态度和认识方面，几乎每个学生都知道"春节"，但仅有27.11%的学生会过春节，过元宵节的人数占4.11%，有20.89%的学生会过中秋节。而对于清明、端午、冬至等中国传统节日的了解只是停留在模糊或无知的层面上。

　　鉴于部分华文教师自身水平不足和发展的局限性，缺乏科学、逻辑性的理论支持，难以形成合理的教学观念，教学缺乏深层次的思考和探讨。中国传统的教学模式不能完全适应在国外的汉语教学，模式陈旧，不符合海外学习者的身心发展。并且海外教学中能运用现代教学手段和教学方法的教师很少。虽然有的学校已经使用了多媒体教学，但多数教师仅仅会用多媒体制作PPT以及播放少量视频与动画，对其他现代媒体技术手段利用得很少。这一方面是由于很多地区缺少高级的多媒体设备造成的,另一方面是由于很多教师对多媒体技术的运用不熟练造成的。除少数华文学校重视开展各种趣味性教学活动外,大部分学校还停留在一根粉笔、一本书的状态,采用的是填鸭式教学方式。模式化、重复化问题比较严重,对学生的重视程度不够,在很大程度上忽视了学生信心、兴趣、动机、目的等方面。现阶段大部分华校的教学方法还达不到华文教育的预期效果。

六 华文运用的社会环境缺乏

海外大部分地区的语言政策自始至终都是偏重英语,究其原因,一是维护国家多民族团结,增强国家意识的需要;二是英语作为最具影响力的全球性语言,具有很高的经济价值,有利于当地与国际社会的沟通、交流和对话。海外地区社会语言环境以英文为主导,政府在用人、升学、工作时,都把英语列为首要条件,因此华文教育转化为经济价值的功用有限。虽然汉语在部分地区被列为母语课程之一,但也仅仅是一门必修课,考试过后就很少接触了。并且很多海外汉语学习者离开课堂后,在生活、学习、工作场所几乎不使用中文,使用中文的机会非常少,这也会给学习者造成困惑。在我们的调查中发现,有63.62%的学生在家庭交流中常使用的语言是居住国语言,30.28%的学生使用的是英语,在家庭中常用汉语普通话的只占3.64%。多数学生只是在单纯学习汉语言,缺乏交流的环境,在日常生活中运用得较少。在我们的另一项调查中,有63.97%的学生在社会交往中使用的是居住国语言,30.52%的学生使用的是英语,使用普通话或者华语、国语进行交流的仅占5.52%。存在的问题主要是在海外缺乏营造华文运用的社会环境。社会环境主要是指在一定的范围内,学习华文的氛围如何,如果缺乏华文运用环境,尤其是对新一代年轻人来说,学习华语就存在诸多困难。再者,自幼在居住国长大的华裔学生已经习惯了开放自主的语言环境,因此很难认同中国传统教育的内容或方式，低年级学生还可以通过较为严厉的方式组织教学，但高年级学生则很难安心地接受华文教育。因此，怎样使以中文为主体的华文教育具有延续性，提高教学效率和影响力，这是值得思考的问题。

七 资金不足，投入有限

当前，海外华文教育机构的资金来源一般有三种：政府投资、社会赞助、收取学费。当地政府对各种教育机构的投资可以分成两种，包括"行政拨款"和"发展拨款"。行政拨款包括了校董事会领导和教师等人的工资，学生的补助以及水费、电费等方面所需要的开销。发展拨款一般是指兴办学校、维修、配置基础设施所需要的拨款。在我们组织的教师问卷调查中，通过对"您认为制约汉语言文化的传播与发展的主要因素有哪些？"的问题整理，大多被访者认为华文教育地位得不到保证，缺少资金支持是很重要的制约因素。众所周知，海外华文学校大多都是侨胞自己建立的，列入当地教育体系的为数不多，合法地位得不到保证。当地政府不支持或支持不足，多靠或全靠华侨华裔捐资和收取学费来维持学校的正常运作。也许有些地方政府给予一定的办学补贴，但由于华文教育主要目的是培养华裔，是为华侨华人提供服务，国家资助可谓九牛一毛，大部分海外华校依旧沿袭着以侨社捐资和收取学费为主的传统办学模式，资金不到位，靠租借场地来维持正常的教学活动，对于华文学校持续稳定的发展无疑是杯水车薪。在办学条件和办学环境的软硬件设施上与当地主流学校相比相差甚远，在这样的环境中，汉语言文化学习对华裔而言缺少了一份吸引力。调查发现，美国中文学校一般是由家长建立的民营机构，由于资金有限，不得不在周末上课，租用美国学校的教室，聘用学生家长来担任教师，因此中文学校对低年级孩子而言有点吸引力，而对于高中生就很少再愿意就读中文学校了。

鉴于以上各种限制因素，学校的正常活动得不到合理的规划，势必会影响到学校的教学质量和长远发展。如果学校校舍年久失修，教学设施普遍缺乏，连最基本的教材和教学器具都缺失，教学质量差以及教学安全得不到保证，家长出于对孩子的安全和学习等因素方面的考虑，很有可能放弃华文教育，那生源自然流失严重，缺乏办学经费，学校的软件和硬件设施都不充足，很大程度上影响了海外华文学校的生存。

八 华文教育理论研究相对滞后

即使具备充足的师资来源和优秀的精品教材，海外华文教育要想达到预设的期望，还需要符合逻辑、科学的华文教育理论的支撑。目前，海外华文教育事业虽然上升到新的高度，在实践方面取得了一定的进步。众所周知，实践离不开理论的支撑，但是海外华文教育虽有其自身的发展规律和特点，但对其理论研究往往跟不上实践的步伐。这些都是海外华文教育视域下汉语言文化传播与发展中所面临的问题。

在海外汉语言实际教学过程中遇到的诸多困难，居住国有关专家并不能完全顾虑到，这需要一线教师自己发现问题并制定出对策。在对教师问卷"您认为制约汉语言文化的传播与发展的主要因素有哪些？"这一问题的整理中，发现很多受访者认为大多华文教师多是课堂教学的执教者，很少研究教学理论，理论素养偏低，并指出其动因。由于海外华文教师数量不足、年龄进一步老化、业务水平参差不齐，多不具备科研能力，以致造成目前的境况，多是因为国外从事华文教育理论研究的人员不足，众多中国华文教育专家和研究者往往是在国内进行理论研究，不一定能完全了解当地的情况，在海外进行实际教学时所遇到的若干问题和困难是研究者想象不到的。例如，如何在弘扬中国优秀传统文化的前提下编制出具有本土化的教材？华文教育怎样建立统一的华文教育大纲？如何建立具有本土特色的华文教学体系并与对外汉语教学完全区分开来，抑或是创建一个大华文教育体系，整合当下的华文教育和汉语国际推广及外国官方学校的中文学习？怎样提高教学质量和华文教学的趣味性？怎样加强师资培训和华文教师资格的认证？怎样加强教学评估和制定出合理的华文水平测试标准？[①] 海外华文教育视域下汉语言文化将如何更快地传播与发展，等等。然而，我们的华文教育理论意识还很淡薄，还没有形成适合当地的教学理论，没有很好地总结和提升华文教学经验，也没有清楚地认识到华文教育在海外各地的母语地位。

[①] 刘华、程浩兵：《近年来海外华文教育发展的现状、问题及趋势》，《东南亚研究》2014年第2期。

第四章　汉语言文化在海外传播与发展的特点及路径分析

海外华文教育发展的历史也是汉语言文化在海外弘扬与传播的历史，每一个时期都有其独特的发展特点。就世界各国而言，其传播与发展特点都有相异的一面。纵观历史结合当下，汉语言文化在海外传播与发展又呈现出一些新的特点。基于当下新的特点，反思现状，现提出21世纪汉语言文化在海外的发展路径。

第一节　汉语言文化在海外传播与发展的特点

当今，致力于传播中国语言文化的海外华文教育已经发展成为既不同于中国母语教育也不同于国外母语教育或外语教育的一种面向世界的特殊教育，具有一定独特性，其发展特点如下：

一　教育内涵扩大化

二战前，华文教育属于侨民教育的重要组成部分，二战后，随着侨民加入居住国国籍成为华人，侨民教育转为华人教育，随后由于世界各国意识到华文在国际经济贸易交流或文化交往中的重要地位和作用，非华裔的外国人也竞相接受华文教育，国外华文学校和开设中文专业和课程的官方大中小学越来越多,这就使得海外华文教育的内涵逐步丰富起来。具体可以表述为:既是华侨华人的民族语言文化教育,也是向外国人介绍中国语言文化的一个窗口。意大利珀多瓦中意国际学校校长李雪梅女士的观点可谓更前沿。在第三届世界华文教育大会上,她说:"华文教育包括一切对华侨华人的中国语言文化教育,也包括所有的对外国人进行的中国语言文化教育。"① 近年来,随着中国与世界各国的友好往来,华文教育吸引了不同种族的外国人学习汉语言文化。因此,在进行华文教育时更多是让学习者对中国语言文字有更好的了解和掌握,以至于最终运用于社会,服务于社会,同时要借助本土化华文教材及其他学习资料,让他们在教学情境中学习汉字、语法和文章、文学作品及文化常识,以自己的母语做媒介,更好地理解中华语言文化的魅力。

二 教育体系当地化

海外华文教育的办学形式,以全日制、非全日制华校、周末补习班、夜校及社会教育等多种形式存在,并逐步形成了完整的教育体系,从幼儿教育开始覆盖各个阶段,具体而言就是针对华裔、非华裔学生的从幼儿园到研究生阶段的学历教育,也有满足成人进修汉语需要的非学历教育。② 如今很多类型的华校开始进入居住国教育体系,很多当地学校将华文作为一门课程或一个专业开设,教育制度、教育内容已与当地学校相同或趋向接近。例如,泰国政府为了限制华文教育的独立性,将原来的华校纳入政府的学校体制,并改为教授华文的民校。规定教授华文的民校,华文课只能教到六年级,中学教育全部为政府兴办的中学,华文变成了一门选修课。菲律宾华文学校已完全当地化,华文只作为学校的一门课程。越南已基本没有华校,但政府办的小学、中学和大学都

---

① 贾益民:《世界华文教育年鉴(2015)》,社会科学文献出版社2016年版,第359页。
② 陈震:《试述海外华文教育的模式及特点》,《福建广播电视大学学报》2003年第1期。

开设有中文课程或中文专业。新加坡相对其他国家而言，华语的地位稍微高一些，有特选中小学，其中华语与英语一样处于"第一语文"位置，而在普通学校里则是"第二语文"课程。截至2010年新加坡共有特选中学10所，特选小学15所。双语政策对推广华文、造就通晓双语的一代新人起了重要的作用。在欧美一些国家，多将华文教育纳入华侨华人居住国教育体系之内，并在大学入学考试等环节加考中文（外语科目之一）。

三 教育对象国际化

早先"华侨华人学华语"的局面随着时代的洪流一去不复返了，教育对象国际化已成为一种流行趋势。华文教育也是如此，由过去的华侨华人小群体转向了当地青少年、社会大众乃至商界精英和政府官员。因此，我们应该设法营造一个当地民族能够接受的学习环境，即"人人学华语"的境况。近年来，非华裔学生学习规模呈日益扩大的趋势。据统计，目前东南亚各校非华裔学生大约占到30%—50%。其他族裔子女就读于缅甸华文佛经学校以及泰国、老挝、马来西亚等华校的屡见不鲜。世界各国开设有中文专业或孔子学院、汉语课堂的高校，非华人学习汉语者也日趋增多。此外，还有一个现象值得关注，就是近年来中国人携带子女外出求学、就职和经商的日渐增多，或者一些家长望子成龙的迫切心理将子女送到国外读中学或大学，也会选择华校或者与中文专业有关的大学就读。尽管不同的学习者学习或接触华文都有各自不同的目的，但最终目的都是为了掌握汉语一门语言技能更好地谋求自我发展，所以我们都应当欢迎当地外国人加入汉语言文化学习的行列，以顺应社会发展的需要。

四 教育目标多元化

当前，华文教育目标发生转移，由培养为祖（籍）国服务的社会人才转向服务于居住国社会发展的需要,因此,华文课不只是教授汉语言文化,还要适当吸收当地文化的内容。例如,华侨华人子女在学习中华文化课程的同时也学习当地语文,由于他们从小在当地社会成长,或由当地保姆抚养或一开始就接受当地学校教育,当地语言成了他们的第一语言,华语则成了第二语言,第二语言教学已成为华文教育的常态。① 但是,依然有很多传统的华校旨在培养政治上认同居住国,文化上认同祖(籍)国的新一代华侨华人。当前,基于汉语的商业工具价值凸显和华侨身份的转变,加之,还有些非华裔聚集在华校学习,因此培养目标呈现多元化趋势,既有华裔传播与弘扬中华文化的目的,也有应对当地经济、文化和社会发展服务的目的,还有掌握和运用汉语言和交际交流工具的目的,附带领悟中华文化的奥妙。

五　教育内容丰富化

由于华文教育内涵的扩大化和教育对象的国际化,因此教育内容也随之发生了很大变化,由最初的民族语言文化教育逐步增加民族文化教育与经济、文化相关的教学内容,以提升华文的实用价值和文化价值。针对不同的学习群体,华文学习内容一定要有灵活性和丰富化。对于华裔青少年,为了留住他们的民族文化之根,不只是讲一些语文常识、语法修辞、生字词、句子运用和章法结构等方面的知识,更要注重安排一些汉字的起源、中国民间传说、成语故事、中国民风民俗、传统节日和中国文学、历史人物、当代中国制度等与中国文化有关的内容,加强中华文化的传输,在服务于居住国社会发展的同时,不忘祖(籍)国的文化,并担负起传播与弘扬中华传统文化的重任。而对于没有华族背景的外国人,侧重语言的学习,兼顾中华文化的熏陶,使他们能够认同中国,亲近中国。

---

① 周世雄、林去病:《面向21世纪的海外华文教育》,《海外华文教育》1998年第2期。

第四章 汉语言文化在海外传播与发展的特点及路径分析

六 教育形式多样化

很长时间以来,华文学校受到华文教学目标、内容和教学方式的影响,大都偏重于汉语拼音、生字词、语法修辞和造句、作文的学习,教学形式多是重知识点的讲授,轻视对华文知识的运用。而今的华文学校不同往日,受国际经济化思潮的影响,都纷纷走出封闭圈,逐步社会化了。即使原来的语言文字教学,也开始走向社会,通过汉语交流、汉字听写比赛、猜一猜汉字谜语游戏、成语接龙比赛、对对子游戏等多种实践性活动提高学生对语言文字的运用能力。目前,很多华文学校更重视中华文化的社会化学习。不仅有力度而且有广度和深度,不仅开展诸如民间故事、民间传说、汉字的奥秘、中华文化的起源、文化沙龙、华文文学文化、书法欣赏等与专业学习相关的文化内容,而且还拓展到组织学生参加寻根之旅活动,参观当地的中华文化中心、参加中国节日的盛典、文艺演出及舞蹈、绘画和武术表演等社会性活动,增加学生对中华文化博大精深的理解和认同。[①] 当然,在世界上不少国家的华校还形成了颇具特色的语言和文化并重的二元教学模式。各种语言和文化活动的广泛开展,在帮助华侨华人居住国国民增加对中国国情和中华文化的了解、促进中外文化交流等方面发挥着积极的作用。

七 教育过程终身化

近年来,各国的华文教育日趋成熟,通过广泛兴办学校、开办短期训练班等多种形式促进汉语言文化的传播与发展。"中国学校"走向世界,中国文化走向世界,中国借以华文教育的平台日趋提升在国际上的地位。目前华文教育在海外具有相当的影响力,已经成为促进世界各国交流和人类文化交流的终身学习需要。比如,中国的孩童自出生就浸染在母语环境里接受中国语言文化的熏陶,在小学阶段,每周8个小时以

[①] 李嘉郁:《谈北美地区新型中文学校社会功能的扩展》,《八桂侨刊》2001年第4期。

上时间学习中国语文课,其他学科的教学媒介语也是汉语,但在小学毕业时,学生无非才具有普通的听、说、读、写汉语的能力。而长期生活在国外的华裔孩童,学习汉语是外语环境,没有本民族语言学习氛围,且学习汉语的时间又短,每次1—2小时(偶有时间较长的,不过2—3小时),因此,在短时间内很难达到中国国内孩童的汉语表达能力与运用水平,而是需要长期的训练,内化到人生成长的各个阶段,这就决定了海外华文教育不是短暂性的教育活动,而是有终身性特点的教育。①

第二节　汉语言文化在海外传播与发展的路径分析

海外学习汉语的学生以华裔居多,同时非华裔学生学习汉语的人数也在增长,越来越多的国家除了授权孔子学院在当地开办以外,在本国的初、高中也开设了基础汉语课程。但是我们也应该清醒地认识到,汉语言文化在海外的传播力度依然不够,面临着诸多困境和挑战,这些问题或直接或间接地制约着华文教育的深入发展。在汉语走向世界的国际背景下,这些问题亟待解决,我们急需团结力量,共同探讨应对之策。这不仅需要华文教师的努力,还需要中方政府、外方政府、华侨华人社团以及每一位汉语言文化的爱好者一起努力。

一　借助现代信息技术,拓展华文学习资源

(一)综合利用现有华文媒体资源,学习汉语言文化

据我们的调查显示,多数学生学习汉语都是在学校内进行,每天学习汉语的时间不多且得不到保证,书籍方面大多只有华文教材这样一种资源,更缺乏使用汉语的语言环境,这些都造成了学习华文资源的匮乏。在信息化时代,书籍的传播没有那么广泛,但华文影视和华文网络

---

① 潘懋元、张应强:《华文教育——中华传统文化现代价值的彰显》,《东南学术》1998年第3期。

第四章　汉语言文化在海外传播与发展的特点及路径分析

资源却发挥着至关重要的作用，尤其对于青少年学生来说。现代网络技术已经在世界范围内普及，如泰国在2016年进入了4G高速移动宽带网络时代的过渡时期。① 随着网络技术迅速发展，我们也要跟上时代的潮流，充分利用网络与智能手机的普及程度，来传播和发展汉语言文化。

网络上关于华文教学的资源众多，且网络传播信息迅速。中国华文教育网可以适当增加一些关于中华文化的视频，在低年级向高年级过渡阶段加强重视，做好知识的衔接；华文影视在海外有一定的影响力，特别是在学习汉语的青少年学生中，通过往外寄送节目、在国外办台、采用卫星传送新闻和部分电视节目、进入国外电视网等途径让学习者了解中华文化，并且影视资源可以给学生提供一定的语言环境，还可以练习汉语听力；另外，在远程教育方面需增加一些华文教育的内容，培养线上教师，通过网络向华文学习者进行授课，以减少时空的限制。

（二）建立全球性的华文教育网站，整合汉语言文化优质资源

现代信息时代，互联网的优势凸显，网络资源的丰富的确为世界各族人士学习华语华文提供了诸多方便，但是也有很多不利的地方，华文教育网站过于分散，分布在世界各国，而且信息过于杂乱甚至错误，网站又缺乏管理，以至于不方便学习者查找直接需要的资料。因此，由中国政府有关部门联合各地华文教育机构抑或地方政府建立一个全球性的华文教育网站，就可以整合世界各地、各校网络学习资源，也可以完整保留教师们的教学经验与学术资料以兹借鉴，还可以推广中国国内的华文教育资源，实现全球华文教育资源的共享。世界华文教育总网站要着重华语华文资源的整合，包括华人生活网、华人流行网、华人新闻网及区域华文教育网［"全球华文网络教育中心"（中国台湾地区兴建）②、"华文教学数码资源中心"（新加坡筹建）］等，但是资料范围要广泛，

---

① 栾鹤：《泰国移动通信向4G时代过渡》，《中国贸易报》2016年1月14日第4版。
② 唐燕儿、李坚：《海外华文教育发展之困境与对策》，《清华大学教育研究》2001年第2期。

可以涉及语言文字、阅读、写作、口语交际、综合性学习活动，华文与现代信息技术等华文学习的核心板块，也要有华文学校、华文教师、华文教材、华文教法、华文学生、师生关系、中华文化等方面的专题内容，当然为了使网站更加丰富有趣，也要有华人社区生活、华文媒体、华文新闻消息（商业资讯等）、华人社团活动、中外文化交流等拓展性内容。各类内容一定要依据地区分层、分类作阶梯状设置，建立学习频道、新闻频道、社区频道、生活频道，提供各类专题性和综合性信息资料，学习者登录此网站很容易找到自己所需要的资料。这样的大型综合网站，使华文学校虚拟化与实体化相结合，使华文教育传统教育手段与现代网络技术手段相结合，使各类信息设施网络化，让中华语言文化的传播变得更加快捷。

（三）统筹利用海外华文教育与中国汉语国际推广资源

海外华文教育与中国汉语国际推广是推广汉语和中华文化传播的两翼，都有各自的历史基础、教学目标和教学任务，都有着自己的发展优势。近些年来，中国政府为了加大汉语走向世界、让世界更好了解中国、支持中国经济和社会发展的力度，成立汉语国际推广领导小组办公室，负责汉语的国际推广工作，以孔子学院在海外创办为例，14年来取得了显著成绩，很多非中国血统的外国人日渐接受汉语教育，通过这一窗口，走进了中国，认识了中国，有很多外国人甚至成了中国的国际友人，无疑对中国的文化传播起着重要的作用。作为海外华文教育，历史久远，本身就是华侨华人的民族语言文化教育，尤其是在当地有着持续的影响力，吸引很多非华裔进入华文机构学习汉语，可以说是中华文化对外宣传的"良好窗口"。鉴于此，二者在推广汉语、传播中华文化的目标上是一致的。因此，国务院侨办、国家汉办等有关部门要站在国家发展的战略高度，实行协同合作的顶层设计，实施联动机制，利用各自的发展优势，相互促进、相互扶持，在教材、师资、办学资金、办公设备等多个方面实现资源共享，从而加快中华文化在海外的传播进程。

二 提高教材质量，多编写本土化的华文教材

教材是教学的重要工具，好的教材是精品教材，是最适合受教育者学习的教材，是最具有价值和适应受教育者身心发展水平的人类科学文化成果。海外华文教育教材的主要来源：一是国外供应（中国内地、港澳台地区及新加坡、马来西亚等），这类教材质量较高，但针对性不强。[①] 二是当地教师编订。编写者对当地文化熟悉，能够结合当地文化实际编写教材，但理论素养不够，教材出错率高，质量比较差。由于各国的国情不同，由国外供应的华文教材没有做到国别化，一定程度上影响了海外汉语学习者对汉语的接受力，不利于汉语的学习。

因此，我们华文教材的编写务必要站在使用者的立场出发来编写，只有考虑到编写教材的适应性，才会符合教学实际，才会受欢迎。我们知道，从语言教学实践而言，海外华文教材如果仅仅以某一特定的语言（如汉语或英语）的教学、语言及学习等相关理论进行教材的编写而忽视了与外部环境的结合，那么就会导致教材使用者无法充分结合特定的教学氛围及教学手段有效开展华文教学。使用者多是注重海外华文教材的教学任务，进而帮助海外中小学生提高汉语听说能力和汉语情景应对能力。

首先，使用者（教师和学生）对海外华文教材及教学配套材料的教学适应性。如使用时，最先要考虑的是教材中的汉字与拼音的出现顺序，即先出现"拼音"以后再出现"汉字"还是二者一起出现，这在不同的教材中均有着不同的表现。使用者要兼顾中小学生的学习兴趣及华文教材的教学进度和教学要求，尤其是汉语变成第二语言的国家，在开展华文教学时可以先以当地语言为主，而后循序渐进地添加汉语，并且可以将会话作为主要教学内容，以汉语情景模拟、汉语角色扮演等方式逐步切入中华文化的因素进行汉语的分析和讲解，做到汉语的听、

[①] 丘进：《海外华文教育四议》，《汉字文化》1998年第2期。

说、读、写等四方面既要互相独立，又要保持相互交融。

其次，汉语本身是表意性文字，但绝大部分的海外中小学生因为语言及文化背景的不同，不能充分理解汉字的表意性。这就要求使用者在使用华文教材时要对有汉语语言背景的学生、有汉字需求的学生及完全没有的学生分别对待。这就要求教师要针对不同背景的中小学生形成不同的汉语教学期望值，在使用海外华文教材时要结合学生实际与教材单元内容，有针对性地进行汉语教学和课后汉语练习。

最后，海外中小学生对于华文教材中所规定的不同技能有着不同的需求，如部分学生因为具备汉语背景，所以更看重汉语的听、说、读、写等四方面的"听"与"说"；而在另外一些学生眼中，则认为"写"与"说"更为实用；还有部分学生因为可能偏好汉语言文化，如通过网络影视学习汉语，会认为"读"懂汉语更重要。从海外中小学生学习汉语的整个需求来看，"写"的需求度最弱，这既是因为"写"最有难度，同时也是因为对于海外学习汉语的人群来说，其他三方面更实用，在生活、交际及使用等方面的适应性更强。

因此，要想编写出符合世界各地使用的有针对性的华文教材，仅有一支高素质的华文教材编写队伍还不够，还要有深入的实地调研、教材使用者的具体分析以及中国政府、居住国政府、华侨华人团体以及民间机构的相互协助与支持，才能做到教材编写的本地化。

三 建立华文教师培训机制，实行多样化的培训模式

目前，世界上很多国家的华文教师待遇不高，因此辍业、跳槽、经商的比较多。不少国家为了稳定教师队伍，通过向当地政府争取办学资金、发动华界和社会人士捐资等方式改善和提高华文教师的工资待遇和生活待遇。在教师的专业化程度不高问题上，一些国家通过当地高校培养华文师资以及从中国国内聘请优秀师资的方式，得到一定程度的缓解。但是华文教师高层次人才培养问题依然十分严峻。我们认为，除了

居住国及华侨华人社团自身努力培养高质量、高水平的专业化师资队伍外,中国国内为此应发挥更大的作用。为了培养更多的海外华文教育高级人才,就要探索建立"请进来""走出去"为主的培训模式(包括在职的、非在职的学历学习),以进一步提升海外华文教师的专业水平。

1. "请进来"的培训机制

"请进来"主要是指中国国内借助诸如暨南大学、华侨大学、华文中学以及华文培训机构等华文教育培养基地对世界各地的华文教师进行培训的一种方式。第一,可以通过当地华文学校选派或中国国内有关单位发邀请函的方式,让一些华文骨干教师来中国内地学习,帮助他们提高汉语运用能力和文化理解水平。第二,中国有关部门可以举办"华文教育重大课题高级研讨班",邀请本学科专家做指导,发动海外华文教师积极参与,集中讨论汉语言文化的发展问题。第三,中国有关高校开设更多的华文教育专业,完善在职学习和非在职学习相结合的学历培养机制,为愿意进一步深造提高学历的华文教师来中国学习创造条件,以提高他们的专业能力。有数据表明:2010—2014 年,侨办对来自海外各地的 15800 名华文教师进行了"请进来"式的国内短期培训。有千余名教师接受了函授学习培训,有 1700 多名华文教师接受了暨南大学、华侨大学负责的本科学历教育,为海外华校充实了高层次师资力量。[①]

2. "走出去"的培训机制

在师资的培养和运用方面,中国侨办每年外派大量的优秀教师到重点学校进行支教,使得海外华文教师的队伍不断扩大。为了使海外华文教育不是昙花一现而是实现长期稳定的发展,一些国家长期致力于本土化华文教师培养工作,联合中国侨办启动了"造血计划"。中方政府在

---

① 杨凯淇等:《国侨办将打造"两机制""六体系"推动华教发展》,http://www.cuepa.cn/cate_ 13/detail_ 81472. html,2014 - 12 - 9。

海外建立很多专门的华文教师培训机构，组织国内教育专家和资深教师赴多个国家进行华文教育培训活动，培养一些具有长期从教意愿的华文教师来进一步充实海外师资力量。比如，2010—2014 年，实行"走出去"的培训模式，有 36000 多名华文教师在当地接受了培训；同时，外派教师数量日益增多，由每年二三百人，扩大到现在的七八百人，大大缓解了海外华校师资不足的现状。① 再如，2018 年 7 月 9—22 日，由中国侨办主办，四川省外事侨务办、马来西亚留华同学会共同承办的 2018"华文教育·名师巡讲"活动分别在马来西亚吉隆坡等六地市开展了五场讲学活动，并相继培训了来自该国 1020 所华文中小学（包括 6 所师范院校）的 2100 余名华文教师。② 同时，要积极探索中国大陆和台湾地区在海外培训华文师资、加强合作与交流的新思路；实行国内外华文教育机构（基地学校）联合办学的方式培养华文教育人才，最终使海外华文教师的专业化水平上层次、上台阶。

3. 开展与远程教育技术相结合的远程培训

除了人对人、面对面的培训，考虑到由于国家不同、文化背景差异等因素，可能会造成培训过程中语言交流障碍或某些信息无法被看懂获取的问题，所以将培训与远程教育技术结合积极开展远程培训。比如，2013 年 5 月北京四中网校董事长签署了在葡萄牙、印尼、文莱开展华文教师远程培训的合作备忘录，借助该网校教育，把优秀的教育成果推向世界，促进海外华文教育的发展。③ 由中国华文教育基金会主办、北京四中网校承办、完美（中国）有限公司资助的"华文教师完美远程培训"于 2017 年 4 月在斯洛伐克首都布拉迪斯拉发启动，2017 年 7 月

---

① 杨凯淇等：《国侨办将打造"两机制""六体系"推动华教发展》，http：//www.cuepa.cn/cate_13/detail_81472.html，2014-12-9。

② 岳依桐：《2018"华文教育·名师巡讲"马来西亚团圆满收官》，http：//www.gqb.gov.cn/news/2018/0801/45210.shtml。

③ 刘华、程浩兵：《近年来海外华文教育发展的现状、问题及趋势》，《东南亚研究》2014 年第 2 期。

又在荷兰安多芬中文学校和中国国内同时举行开课仪式。至此，共有来自全球五大洲29个国家的1077所华校参加并定制了中国华文教育基金会"华文教师完美远程培训"项目培训课程。[①] 借助远程培训，被培训者可以通过字幕获取工作需要的信息，借助相关软件进行语言翻译，体现了科技对教育的支持作用。培训工作有助于提高海外华文教师的教学素养和教学质量，使其更加专业化。

四　教学途径多样化，满足不同学习者的需求

华文教育对象差异非常大，为了满足不同年龄阶段、不同职业、不同国别的人的不同需求，我们需要建立多样化的教学模式。华文教育途径主要包括：全日制课堂教学、业余课堂教学、网络学习、远程教学和实践教学等诸多方面。

全日制课堂教学是对华裔、非华裔青少年学生而言的一种正规学习方式，华文作为自己的专业或母语借助华文课堂进行学习，华文教师负责学生的学习进度及效果监测等工作。一般而言，学习者对汉语知识和文化知识的学习都比较专业和系统，经过长时间的全日制学习，华文水平都比较高。业余课堂教学的学习对象大多为成年人或年长者，一般都是利用闲暇时间进行在职学习，比如晚上、周末或节假日，学习一些华文知识和接受中华文化的熏陶，学习时断时续，内容不连贯也不系统。

当前海外学习华文的人越来越多，人与人之间面对面交流汉语很难实现，现代信息时代的人机对话使面对面交流变成了现实。对于成长中学习汉语的青少年，激发学习汉语的兴趣是关键，而目前的网络学习恰恰可以满足这一需求。通过网络技术辅助教学，汉语的学习就变得简单快捷又富有情趣。可以借助图片、声音、华文影片、动画等进行听力和

[①] 北京四中网校：《荷兰安多芬中文学校加入华文教师远程师资培训》，http://www.gqb.gov.cn/news/2017/0712/43012.shtml。

说话训练，通过网络学习提高他们的阅读和写作能力。① 同时，教师将课堂任务拓展到课外，实行远程教学，不同学习者根据学习任务要求借助网络实行对话，打破了时空限制，可以依照自己的时间、进度、兴趣、目的来安排学习，也可以以自己的方式来选择与学习有关的内容和方法，从而提高自己运用汉语进行交际交流和协作沟通的能力。当然这种远程教学方式也可以满足一些有工作的在职学习者和家庭学习者获取华文知识的需求。另外，学习者主要凭借的是华文教材，因此教材内容编写要实现网络化，知识链接也要实行网络化。总之，所有的活动均以方便不同背景的学习者学习效果为旨归，凭借网络学习、远程教学最终实现华文教学的个性化。

实践教学秉承的是课内学习汉语言文化知识为主，课外扩展实践，提高运用能力的一种方式，旨在通过语言、文化实践，参加各种社会活动来深化课堂教学。例如，针对学生举办一些语言方面的活动，像"汉语桥"演讲比赛，汉语夏令营等。也可以开展一些中国传统文化活动，如成语接龙、讲汉语故事、搜集春联、书法比赛等，以此来激发学生的兴趣。

五　争取多方支持，提高海外华文教育的地位

当前，在海外移民的华人中，商务移民的人数居多，他们虽身在海外却不忘报效祖（籍）国，时常资助海外中国留学生和华人华裔。但个人的力量毕竟有限，华侨华人应联合起来，通过社团捐资来资助华文教育事业。第一，改善和添加华文学校的教学设备如计算机、多媒体等，使学生具有更好地接受华文学习的条件；第二，改善华文学校的教学环境。增加教学楼和宿舍楼的建造，给学生营造一个温馨的、良好的校园氛围，让学生健康快乐地学习；第三，建立义工教育系统，帮助师资不足的华文学校代课，以解燃眉之急；第四，建立多项奖学金项目。

---

① 唐燕儿：《海外华文教育、趋势、问题与策略》，《清华大学教育研究》1999 年第 4 期。

有竞争才有前进,对优秀的华文学习者给予奖励,以便带动其他学生的进步;第五,华人社会要发动社会各界捐资办学,在当地成立华文教育基金,以弥补华文学校校园建设和办学经费的不足;第六,华文学校领导方要通过报纸、电视、网络等媒体形式,多多推广、宣传汉语言和中华文化学习的重要性,吸纳更多非华裔子弟来华校学习;第七,为了提高华裔子弟的学历层次,不只是局限于送到华文学院学习,还要送到居住国开设中文专业的高等学府学习或中国国内学习,进一步提高华侨华人的学历层次、就业率和华文教育的社会地位。

众所周知,现今华侨华人社会已经成为居住国的重要组成部分,那么就需要与当地政府部门搞好关系,在日益宽松的多元文化政策环境下,要站在世界经济全球化的高度,站在国家发展的高度,站在华侨华人对居住国作出应有贡献的高度,多多争取当地政府对华文教育在政策、物质和办学经费方面的支持,进一步放宽对华校办学场地、办学条件、课程设置、培养目标等方面的限制,尤其要为汉语作为国家第二语言或外语开设的地方学校争取更多的学习时间。同时,华侨华人社会也要始终保持开放的心态和视野,通过汉语学习,增加中华民族意识、中华文化的软实力以及对中国的认同感,加强与中国有关部门和教育机构的文化交流。更何况海外华文教育又有中国政府在政治、经济、文化等方面的支持,而且很多国家政府并没有真正杜绝华侨华人与中国的文化交流,只是要求淡化与中国的政治关系而已。在这种有利的语言和文化环境下,华侨华人应当抓住机遇,借助中外交流的平台,促进中华文化的世界化。

六 创建世界华文教育研究中心,加大有关理论研究

目前,海外华文教育发展道路曲曲折折,原因之一就是凭着经验办学、缺乏系统的理论指导。而当前学界对华文教育理论研究已经给予了充分的重视,但是效果不甚理想。为了加大对华文教育的理论研究力

度，海内外华文教育界应联手成立世界华文教育研究中心，中心由中国侨办、国家汉办高级研究员、海内外的高校中文专业专家、华文教材编辑、熟悉或执教华文学校的一线名师以及华文教育机构的领导等多元组成。研究中心首先要关注海外华文教育发展的外部条件，即世界经济形势、文化政策的导向、教育发展的环境，以及居住国对华文教育的文教政策、民众对汉语言文化的态度，当然还有中国政府对华文教育的政策，等等。同时要关注海外华文教育自身发展的历史规律、问题、特点及走向，要关注华文学校、华文补习班和社会教育机构等不同类型的学习场所的发展情况，以及教科书、师资和招生生源对象扩大化等问题。再者，还要重视华文教育学科的建设，华文教育不同于对外汉语教学、不等于汉语国际教育，与汉语国际推广机构——孔子学院也有差别与联系。学界应独立审视华文教育，在华文语言与文化发展、华文课程设置与教材编写、华文教育的发展环境等方面给予充分的研究，最终使华文教育走向学科化。

第五章　汉语言文化在海外传播与发展的趋势

　　和平与发展是时代发展的主题,自改革开放以来,中国继续保持开放的态势,经济建设成就斐然,综合国力大增,成为仅次于美国的世界第二经济大国,同时继续与世界各国展开交流与对话,国际地位日益提升。众所周知,自中国加入世界贸易组织以来,中国向各国开放的领域更多、更大,对各国的财团和经商者来说,充满了无限的商机和诱惑力。再者东南亚诸国的经济腾飞,华侨华人的经济实力日益雄厚,政治地位也逐渐提高,整个亚太地区成了一个大市场,所有商业场所用华语作为谈判的语言,亚洲以外的其他地区也多认为掌握一门华语可以为本国带来财富和商机,华语逐步发展成为国际性语言。正如香港前总督葛量洪曾说:"19 世纪是英国人的世纪,20 世纪是美国人的世纪,21 世纪是中国人的世纪。"近年来各大新闻媒体对当前的国际发展形势也作出预测,认为 21 世纪是"太平洋世纪""亚洲人世纪""中国人的世纪"。当然更是人才竞争的世纪,人才主宰世界命脉的世纪。而人才的培养离不开汉语,离不开华文学校,离不开海外华文教育。[①] 华侨华裔是汉语言文化在海外传播与发展的主力军。三次移民潮使很多中国同胞移居世界各地工作和生活。2014 年数据显示,全球有数千万华侨,亚

---

① 转引自廖练迪、罗英祥《海外华文教育的复兴与展望》,《嘉应大学学报》(社会科学版) 1997 年第 1 期。

洲为 2125 万人，占 83.7%；美洲 245 万人，占 9.9%；欧洲 125 万人，占 4.9%；大洋洲 32 万人，占 1.2%；非洲 9 万人，占 0.3%，有句话说"有阳光的地方就有中国人"。人多力量大，在教育过程中，把海外华侨华人组织起来更有利于中华文化的弘扬与传播。从世界华文教育的发展状况来看，汉语言文化在海外的传播有着美好的前景，必将呈现出良好的发展趋势。

第一节 学科建设的科学化

早在 20 世纪 90 年代末期，有不少华文教育研究者根据华文教育的历史发展规律，认识到建立独立的华文教育学科的重要性和必要性。正如学者贾益民早在 1998 年指出：判断一个教学科目能否独立设科的标准，要看它是否具备独立的学科属性，要看它有没有明确的研究目的、对象、范畴，要看它有没有独立承担的不同于相关学科的教学任务。[①] 从当前华文教育研究的情况来看，海外华文教育在历史发展中取得了突出的成就，理应成为一门独立的学科。目前国内将华文教育作为一个独立的学科日益受到重视，在华文学校、学科名称和性质、课程设置、华文教材、教法、师资力量、评价体系等方面取得了突出的研究成果，并且华文教育的研究已经发展成为学界公认的一个不可或缺的人文科研领域。在海外，随着华文教育团体不断涌现，华文学校数量的不断增加，华文教材的编写、华文师资培训及专业化水平的提高，引起诸多学者的关注，因此海外华文教育理论研究也逐步开展起来。以华文教材为核心的海外华文教育学科体系建设走向正规化、科学化的趋势日渐明显。

一 海外华文教育学科理论趋于体系化

海外华文教育历经三百年来的发展，其教育功能已经发生了重大变

[①] 贾益民：《华文教育概论》，暨南大学出版社 2012 年版，第 8 页。

第五章 汉语言文化在海外传播与发展的趋势

化。我们知道,早期的华侨华文教育是由长期居住国外的华侨为其子女接受中华语言文化的学习而创办,目的是让子女记住"我是中国人",在外无论贫苦还是发达,都不能忘本,忘记祖宗,忘记自己是中华民族的一员,学习汉语言文化的目的是"落叶归根",是在海外传承中华文化,因此整个的教育体制、办学模式和教育方式都与中国无异,可以说是"中国教育制度的延伸",或者说是中国式汉语言文化教育在海外落户、生根、发芽的结果。随着国际形势、中国国内政策的变化,华侨的身份也发生重大变化,由中国国籍转变成外国国籍,成了外籍华人,华文教育也由华侨华文教育迈入华人华文教育新阶段,教育的目的不再是培养子女"落叶归根"观念而是要与当地社会融为一体,要"落地生根"。华人华文教育的功能也逐步扩大化,不只是通过汉语的学习来传承和弘扬中华文化,更多的是传播和推广汉语言文化,同时还要培养不同类型的学习者(包括非华裔)掌握汉语应对社会生活的基本技能。但是,不管华文教育的功能如何拓展,毕竟它的主体依然是华侨华人及子女,是他们的民族教育。因此,民族性应是海外华文教育的基本属性。他们学习的主要内容是汉语言和中华文化,尽管有很多国家不把汉语当成第一母语教育,甚至是第二语言或第三语言的母语教育,乃至当作一门外语来教学,但是同样要遵循中国汉语教学和文化教学的特殊规律,而不是用英语、法语等他国语言教学的方式来教授华文。新时代背景下,就需要我们的华文教育工作者要转变观念,灵活实施华文教学。独立的华文学校(马来西亚等)或享有特殊待遇的华文学校(新加坡等),一定要坚守华语华文的"第一语文"的地位,坚持其他学科的学习依然是华语华文为教学媒介,同时要有文化的包容精神,也可以让学习者学习当地语言和英语等其他语种,培养能够融入当地社会又具有中华文化内涵的复合型人才。对于有些国家将华语学习放到第二或第三语言甚至外语教学的情况,华文教育界要多方努力,为华语学习争取更多的时间和利益,充分利用有限的资源获取最大的教育效果,以传统的以华文教育为主体的学校教育带动此类学校华文教育的开展。不论哪种形式的华文办学和华文学习，海外华侨华人都会面临异域文化侵略的问题，因此，保持坚持民族性的同时也要与其他民族文化观念相沟通、相交融。只有通过多元文化的碰撞和融合，才会消除族群之间信仰隔阂甚至是族群之间的误解和冲突。

　　基于以上对华文教学学科功能和性质的定位，其教学内容必然是以华文教材及辅助材料为载体的，以更多遵循汉语言教学规律的方式方法来灵活实施汉语言和文化教学。因此它的研究的理论依据和对象主要是语言理论、文化理论和教学理论。由于华文教育的历史对其发展有很大的影响，因此华文教育史也应当是研究的范畴。① 就语言理论而言，汉语是本体，是学习的基础，同时与此有关的语音、词汇、语法、修辞、文字、文章、文学等方面的知识，华文教师也应当掌握，此外，还有语境、语义、语用学、语文学等扩展性语言学知识，华文教师也应当熟知并善于运用。就文化理论而言，关于中华国学文化、教材文化、民风民俗文化及当代文化等方面的知识，华文教师要掌握，同时多元文化背景下，当地文化及其他相关异族文化，只要与中华文化有关联的，都要涉猎，这些文化理论的学习有助于理解华文教育如何维系其民族文化独立性的问题。就教学理论而言，作为华文教育仅仅有中国语文即母语教学方面的理论知识和教学技能是远远不够的。因为很多国家华语已经成了第二语言了，因此系统学习第二语言习得的理论，能够更好地探讨学习者在学习中出现的各种复杂现象，从而增强教学的针对性和实效性。就华文教育史而言，作为华文教师一定要对自己学科的历史有所了解，才不至于在教学中走很多弯路。通过历史的学习，能够增强民族自信心和对未来华文教育的信心。

　　同时海外华文教育学科还要关注其多样化教育功能。比如，第一，承传中华文化的功能。通过华文教育，让华裔在具备当地文化特质的基

---

① 转引自贾益民《华文教育概论》，暨南大学出版社2012年版，第17—18页。

础上，兼具中华优秀文化素养，更好地在当地生存和发展。第二，经济实用功能。在实现华文教育的语言文化教育目标之外，可以搞一些图书、出版、印刷，组织赴华旅游、文化交流甚至经济贸易往来等以发挥华文教育的内驱力——即华文的经济实用功能。第三，中外文化交流功能。积极开展各种文化活动，让世界各国人民了解中国文化，让更多的非华裔青少年学习汉语，培养对中国的好感和对中华文化的认同感。

二 海外华文教材的编写走向针对性、普适性

作为语言的国际推广，向来不是单方面的仅作为语言交际交流的工具来进行，还要考虑本民族语言的文化因素，尤其是在居住国，还要考虑到如何交互融合促进本民族文化具有持久的生命力而不是昙花一现的问题。因此，跨文化或共通文化的国际交融与理解要远远好于文化自负的单项输出。然而，作为语言文化承载着的华文教材在以往的华文教学使用过程中，却出现过于中国化、数量不足、发行不力等问题，其中最突出的问题就是华文教材的针对性和适用性不够强，尚未实现本土化编写。[①] 因此，在海外华文教育学科建设过程中，加强对华文教材的研究是必要的。在华文教材编写时，我们可以借鉴对外汉语教学、汉语国际教育中的经验，结合华侨华人居住国的国情和当地教育的实际状况进行编写。具体的编写趋向如下：

（一）华文教材的编写理论进一步趋于明确

海外华文教材的发展表明，国内编者要想编写出高质量的海外华文教材，就要与海外华文教学实际及教学要求进行有机结合，进一步明确海外华文教材的编写必须遵循的理论。编者可以经由长时间地观察、体验和总结海外中小学华文教学的实际需要，以与国外本土华文教师充分交流作为基础，以深入研究海外华文教学模式为根本，以汉语教学实际为依据做到在编写海外华文教材时"心中有数"，做到有章可循。

---

① 贾益民：《华文教材教法》，暨南大学出版社2012年版，第12—13页。

(二) 华文教材编写趋向于华裔学习者为重心

对于海外大部分学习者来说，汉语作为除母语外的第二语言或第三语言，必须充分利用华文教材这一学习汉语的重要工具，以自身学习汉语的实际需求为重心，以教师主导为手段来开展汉语学习。这就需要海外华文教材提供有效、科学的汉语范例或范本供学习者模仿学习，既能充分发挥教材的学习工具功能，同时也可以借助于海外环境中能够帮助学习和提升汉语水平的一切资源，如饭店的中文名称、中文标志、华文报刊等进行汉语学习。基于这种认识，教材的编者就会根据学习者的年龄特点、文化水平分阶段、分学段地编写教材使教材更有针对性。比如，新生代华裔青少年基本都是当地出生的孩子，都具有当地学习者活跃、表现欲强的特点，因此我们的华文教材编选就应该多考虑孩子的兴趣、爱好和学习习惯，多选一些切合孩童学习需要的双语材料。2015年巴塞罗那孔子文化学校编辑正式出版的《幼儿汉语双语华文教材》（三册），可以说实现了教材的本土化，在当地出版发行并参加了在巴塞罗那举办的西班牙教育展，受到广泛的认可。汉语双语教材的最大好处在于容易把孩子们带入具体的学习场景之中，有利于推动汉语言文化的深入学习。这一做法为华文教材的编写指明了方向。

(三) 华文教材的内容选择更趋于普适性

现今编者在编写海外华文教材时，都趋于注意教材的内容选择与海外学习者的实际生活需要相结合以增强华文教学的普适性。所谓普适性，即汉语教材的词语、话题及练习题等的选择要与学生的日常生活密切相关，且词语、话题的数量和难度要适中，这样既能确保学生在学习时可以有效运用汉语词语和对话，又避免了学生因为汉语学习过难而造成不敢公开使用汉语的尴尬。因此在内容的选择上减少繁简字的影响，不要让繁杂冗余的教材内容充斥课堂。多增加本土文化成分，多选择一些本国国民熟悉的、具有趣味性的背景材料，使学习者容易加深对学习资料的理解，获得学习的成就感，同时选择居住国的优秀人物和事迹更有助于提高其国民自豪感。通过中国文化和本土文化的对比，使学习者更深刻地认识中国文化，通过中西文化差异明白语言差异，以更好地接受汉语知识和中华文化常识，增加对中华文化的认可度。

例如，随着国际汉语热和意大利华文教育的发展，暨南大学版《中文》已不能满足意大利的教学需要，就需要由华文教育的专家组织，联合国内有关专家和意大利华文学校、教师，编写适合意大利青少年使用的"本土化"教材。首先，华文教育专家要组织人力对意大利华文学校进行大规模的调研，了解意大利华文学校学生的汉语基础水平。在此基础上，组织广大一线华文教师、国内华文教育专家以及优秀的意大利语专家深入探讨研究，从而有针对性地编写与意大利华裔青少年学习者相适应的华文教材。其次，在华文教材文化内容选择方面，应主要贴近"中国故事"，有限贴近"外国故事"。[①] 因此，不同于《中文》教材里中外文化各占50%的比例，意大利"本土化"的华文教材首先要"讲好中国故事"，然后要多讲一些"意大利故事"，最后少部分讲"其他国家的故事"。目前，在教材内容的选择上更加具有普适性和本土化，已经成为教材编写的重要趋势，很多学者致力于此领域的尝试，并取得一定的成果。

（四）华文教材编写趋于关注学习者的趣味性

目前海外华文教材的使用趋于强调主题型及任务型的汉语教学模式，即教师要借助于海外华文教材中提供的汉语教学及练习方式，进一步加强汉语学习实践教学的运用，以提高学习者学习汉语的趣味性。海外华文教材的编写必须要适应国外教师与学生的使用需求，避免因为海外华文教材的教学内容与使用要求不对等而降低学习者的学习兴趣。总体而言，当前编写海外华文教材的第二语言理论研究未能满足海外中小学生华文教学的需要，其中也有着不少的华文教学研究成果未能被很好地吸纳到教材中。因为编写的海外华文教材，既要包含华文教学理论，

---

① 李泉：《汉语教材的"国别化"问题探讨》，《世界汉语教学》2015年第4期。

也要包括华文学习理论。所以在编写教材时，既要重视学习材料的系统性，又要兼顾方便完成华文教学目标的教学设计的可操作性，帮助学习者提高听、说、读、写汉语的综合实践能力。

除了正式华文教材以外，建议国内外联合编辑出版一些趣味性强的辅助教材，比如《古诗词选编》和"三常知识"简本①。巴塞罗那孔子文化学校已编辑完成"中华古诗词选编 100 首"，编辑的思路是把经典古诗词按照学生年龄编排。幼儿要求朗朗上口、适宜背诵；小学和中学按照由浅入深顺序编排。所有被选的古诗词，一是经典，二是具有爱国主义情怀，三是具有典型的民族文化特色，比如节气文化。辅助教材对于弘扬中华民族精神具有十分重要的作用。辅助教材编写的成功经验为今后正式教材的编写提供了良好的思路。

三　华文师资分层培养更趋规范性、系统性

一门学科的建设，离不开规范的师资队伍，华文教育学科的建设也是如此。目前华文教育无论从内部发展还是从外部环境来看，都是发展的最佳时机。然而，师资不足，尤其是高层次、高水平的专业化人才不足，是其发展的主要制约因素。长期以来，华文师资一直在低水平层面徘徊，因此加强专业培训是解决问题的一个有效途径。除了采用常规的师资培训，建立高级人才分层培养的模式已是华文教育学科发展的必然趋势。

就常规的培训而言，过去的培训时间太短，多以学术会议的形式出现，培训效果不佳。建议采用短期和长期培训相结合的方式，时间上至少一个月，长则半年左右，并尝试改变传统的只是听讲座的形式，采取"培训、考核、认证"三合一的培训模式，已经是培训内部的需求和培训上台阶、上档次、上质量的需要。培训的对象是专业出身或非专业出身长期从教的华文教师，根据对象不同，采用宏观系统培训和专题知识

---

① "三常知识"指中国历史、中国地理、中国文化知识。

第五章 汉语言文化在海外传播与发展的趋势

培训的方式。宏观系统的培训对象主要是有一定的学历的汉语专业老师,学习的内容包括第一个层面:语文教学理论与实践知识,课程与教学论知识,语言文学方面的知识,教育学、心理学、学习策略方面的知识;第二个层面:政策学、人口学、社会学、文化学、考试学、美学、逻辑学方面的知识;第三个层面:最上位的哲学方面的知识和最新的现代信息技术方面的知识。其中第一个层面上的知识是基础要打牢,其他知识是拓展,是专业发展的需要。通过宏观系统的培训,打造一支更为专业化的华文教师队伍。专题培训的主要对象是非中文专业的华文教师,他们对华文教育热情有余而专业能力不足。因此需要有针对性地实施培训,学习的内容主要围绕华文教学有关内容来安排,有华文教学基础知识、华文教学法、中国文化、现代信息技术在学科中的运用等方面的知识。通过1—6个月的学习,所有参训教师必须参加"华文教师证书"考试,合格者颁发中国海外教育交流协会认定的"华文教师证书"。这种培训模式从2014年开始实施,在印尼雅加达、西加里曼丹省的坤甸市、廖群岛省的石叨班让市和巴淡市等多地市举办"华文教育·华文教师证书"培训班,有效地提升了参训教师的专业能力,推动了印尼华文教师队伍向标准化发展。[①] 但是此种培训模式还存在不少问题,需要进一步完善,因为它是当下华文教师培训发展的一种趋势,受到世界各地华文教师的青睐。

根据教师的学历层次需要,日后的华文师资培养必须由偏重短期的培训走向有计划的、系统的、完整的学历教育上来。那就需要较好的华文教育高校,尤其是要有比较完善的学历教育层次,有华文教育专科教育、本科教育、专业型或学术型研究生教育,甚至是华文博士教育。只有设立有这些不同层次的学历办学点,才能为世界各地愿意自我提升的华文教师提供提高学历的机会。同时,在培养方案的设置上要趋于分层

[①] 林永传:《印尼三地将办"华文教育·华文教师证书"培训班》,http://www.chinanews.com/。

分类化。对于原本是教育专业的教师，可以从中文专业培养方案来设置学习课程，适当兼顾教育学方面的课程，从而提高其华文教育素质和中文专业能力。而对于原来是中文专业毕业的教师，可以采用华文教育学的培养方案设置课程，主要学习华文教育教学方面的知识，附带开设一些汉语文学方面的专题，提高其应对教学的综合能力。随着学习型社会的到来，知识更新越来越快，社会对高层次人才的需求越来越多，专科、本科学历有时候不能满足这一学科的发展需要，因此，建议华文学校或有关部门多为华文教师创造外出学习的机会，接受硕士或博士教育，目前像中国国内的暨南大学、厦门大学等都具备了这样的培养条件，正敞开双臂迎接华裔学子的到来。对于非专业出身的教师，由于热爱华文教育事业，选择了华文教育硕士或博士的学习，回到当地愿意从事华文教学的，华文教学单位要提供一切便利条件为他们进行学科调整，从而最大限度地帮助这些教师实现人生的价值，或许这些教师反而会成为汉语的守护神，成为中华文化传播的中坚力量之一。

四 海外华文教育发展走向"本土化"

海外华文教育发展过程中存在居住国政府支持不够、华文学校办学条件较差、华文教材缺少针对性、师资力量薄弱，专业化水平不高、经费不足等局限性，其中原因之一就是"本土化"程度不够。构建一个完整的海外华文教育学科体系，必然要实现学科发展的转型。华文教育的"本土化"主要是涉及如何与居住国社会环境相适应的问题。那就需要教学转型。华文教育的办学条件、教学目标的定位、教学内容的选择、学生的语言基础、经费保障等多个方面要与当地学生的宗教信仰、语言习惯、文化取向、人与人交往态度等相适应。只有这样，外来文化才不会被孤立，或视之语言干预、文化入侵或政治宣教而加以抵制和消除。当前，华文教育界需要共同努力推动华文教育在海外的转型，走向"本土化"。首先，需要中国政府及有关部门加强与华侨华人居住国政府联系，通过文化外交，敦促当地政府重视华文教育的发展，将更多的华文学校纳入国民教育体系，与国民学校一视同仁给予足够的政策支持和办学经费支持，解决华侨华人社会兴学以及华裔就学的后顾之忧。其次，还要进行深入调研，可以通过问卷调查、实地考察、走访领导、举行师生座谈会等多种方式了解世界各国的华文教育实际状况，而后根据不同地区的发展需要，制定出华文教育"本土化"发展的有效措施。再次，除了华侨华人社团创建的华文学院等少量的高等学府外，居住国政府要积极创造条件，在更多的高校开设中文系或中文专业，来满足本地华裔和汉语学习者提高学历层次的需求，而不至于纷纷送到中国内地或港台地区学习，这会无形中增加学生学习的负担。比如，马来西亚华文教育"本土化"转型成功得益于华侨华人社会组织和当地政府的扶持。其华文教育兼顾中华文化的传承又融入了本地特色，从而促进了不同种族之间的理解。培养的人才也多积极参与到该国的经济建设之中，为国家的社会发展作出自己的贡献。目前，海外华文教育学科发展的本土化已成为众多华文教育研究者关注的主要趋势之一。

第二节 办学形式层次化

当今汉语言文化的传播主体不再只是海外华文教育，还有当地教育机构开设的中文专业、中文课堂或中文课，也有近些年来兴起的致力于汉语国际推广的孔子学院、孔子课堂，这些教育机构分布在世界各国，分属于不同的教育层面，各负其责，但又相互合作，在办学形式和人才培养等方面有交叉融合的趋势。

一 华侨华人创办的华文教育

目前，华侨华人创办的华文教育主要有以下三种形式。

（一）它是华侨的民族文化教育

早期移居海外的华侨，为了子女的学习，在侨居地所创办的侨民教育，就属于这一类型。在华侨学校主要借助中国国内的识字课本和语文教材学习汉字和中国文化，目的是传承和弘扬民族文化，当然也适当学习当地的主流语言。比如，华文教育历史悠久的国家，大都在东南亚，比如新加坡、马来西亚、印度尼西亚等国家，起初创办的大量华侨学校都属于中华民族语言文化教育，迄今依然坚持原来办学宗旨的华文学校为数寥寥。在东亚的日本国，神户地区有一个中华同文学校，小学部侧重汉语教学，中学部侧重日语教学，不管哪一种形式，自创办以来，对华裔学生都坚持教授汉语言文化，坚持民族传统教育，当然，为了适应当地升学和就业的需要，也让学生学习一些科学知识和应对社会的技能。近些年来，随着到国外留学或工作拿到绿卡而长期侨居在国外的中国人日渐增多，其子女进入华文学校接受中华传统文化教育的也越来越多。可以说，华侨民族文化教育是基于历史发展形成的社会现实，将伴随着华侨的海外生存而长期存在，只不过纯粹的教育华侨子女的华文学校、华文补习班数量较少而已。

（二）它是华人的民族文化教育

20 世纪 50 年代以来，由于国际风云的复杂多变，中国政府的外侨政策等多种因素，很多华侨转变为外籍华人。华文教育也发展到华人华文教育阶段，很多华文学校成了居住国教育系统的一部分，接受当地政府和文教部门的管制。有的地方政府还给华文学校提供办学津贴。华文教育的转轨多在华文教育兴盛的东南亚国家，20 世纪 70 年代以后，开始波及欧美、非洲、大洋洲的一些国家。近些年来，很多国家实行了多元文化政策，华文教育有了更加适合的发展土壤，在世界各国遍地开花，办学形式也逐步多样化，既有全日制、半日制、周末制、夜校补习班，也有社会教育等多种。由于很多学校接受当地政府的管制，华文多是一门主干课程或者是选修课程（相当于外语课），偶尔也有学校是纯粹的华文学习，华文作为媒介语言学习其他科目，这类学校较少。总体来看，当今华人华文教育为数不是很多，而且与当地文化日益融合的趋势比较明显。华文学校坚持对华人子女进行民族文化和语言教育的同时，为了与当地政府搞好关系，使华文学校能够长期地生存下去，主动向当地政府示弱并表示积极配合当地的教育，实行双语教育，既可以保存自己的实力又利于传播中华文化。

（三）华侨华人合办的民族文化教育

华侨与华人同根同族，他们在合作办学以及对子女实施民族语言文化教育方面的价值取向完全一致。这种混合办学的形式将会长期存在。美国现有华侨华人合办的华文学校634所。21世纪以来，华侨华人人数和华文学校在意大利增长较快，成了后起之秀。根据意大利统计局ISTAT对中国人居住人口的统计，截至2016年1月1日，意大利华侨人数约为33.4万人。其中，以米兰为首府的伦巴第大区有62060名中国人，占生活在意大利的中国人总和的18.5%。[1] 早期的华文教育是当地华人为传承中华文化以及方便家人沟通而为子女开设的一种学习或补习中文的教育形式。如今随着"汉语热"在全球的兴起，华侨华人联合办学，吸纳不少非华裔人士学习中文，华文学校的教育对象由华裔子女扩展到全意大利爱好中文的人士，办学规模也不断扩大。据统计，截至2015年，学生规模在200人以上，较正规的华文学校约有20多所。[2] 目前，华侨华人财团联合创办的华文学校占华文教育的主流，随着各国华侨华人财团经济实力的增强，定会有很多大规模的跨国华文学校或华文教育连锁机构出现。各种规格较高的中文补习班也会大量出现，因为它迎合了日益繁忙的工作人员业余学习汉语的需要，是颇受欢迎的一种短期进修华文的好形式。同时，随着海外华文学校生源的变化，非华裔学习者的大量加入，使华文学校的教学又增加了新的内容，也为其广泛传播中华文化创造了客观条件。

---

[1] 金志刚等：《意大利华文教育的现状、问题与对策》，《辽宁师范大学学报》（社会科学版）2017年第5期。

[2] 颜晓鹏、包含丽、郑婷等：《意大利华文教育研究——以旅意温州人创办的华文学校为例》，浙江大学出版社2015年版，第16页。

二 居住国创办的中文专业、中文课堂

近年来，随着汉语国际地位的不断提高，在中国以外的地区学习和使用汉语的人数剧增，以至于有媒体称，中文正逐渐跃升为全球仅次于英文的新强势语言。① 随之而来的是，由居住国政府出面在国民中小学、大学中开设中文课程、中文专业的国家越来越多。在非洲，除南非等国以外，像华文教育起步较晚的肯尼亚、突尼斯等国家，学习汉语的人数也有所增长。很多国家为了满足当地人学习汉语的需要，相继开设中文课程或中文专业。比如埃及有十余所大学设有中文系，学习者有数千人。在欧洲，法国除了华侨华人以外，学习汉语的本地人逐年增多，开设汉语课程的大学、中小学也日益增加。比如2004年法国开设中文专业的大学就有13所，开设中文课程的小学有七所，而开设中文课程的中学竟然达142所，比2001年增加了22所。在中小学选修中文学习的学生有7631人，比2001年多2300人。② 可见增加幅度之大。在美洲，汉语仅次于英语、西班牙语，成为美国的第三大语言，第二大外语。在美国学习汉语的人数可以说是各大洲增加数量最快的国家之一，华文学校和补习班远远不能满足人们的学习需求，官方各大中小学纷纷开设汉语课程。有数据表明，2002年中学生学习汉语的人数仅仅2万人，而到了2012年突破了10万人。当年，能够为学生提供汉语学习的各类学校已达1000多所，而且办学规模可观。③ 在亚洲，东南亚开设汉语的大学有102所，非华人汉语学习者有160万，其中大中小学生130万，在社会培训机构学习的学生接近20万。2019年9月，阿联酋教育部决定2019—2020学年招收150名汉语教师，200所公立学校开设汉语课。④ 该国的学生和家长一致认为，随着中国成为重

---

① 参见《亚洲周刊》2003年1月号。
② 郭熙：《华文教学概论》，商务印书馆2007年版，第3页。
③ 戴蓉：《孔子学院与中国语言文化外交》，上海社会科学院出版社2013年版，第28页。
④ 杨慧：《从阿联酋"汉语热"现象看中国对外汉语传播》，《桥园》2020年第7期。

要的知识和技术出口国,这样的措施有利于提高阿联酋学生的汉语运用能力。① 在南美洲,由于地缘、种族信仰等因素,学习汉语的时间晚于北美洲,但是近年来,汉语学习呈现高涨的趋势,很多国家把汉语列入了大学课程和学位课程,比如巴西、阿根廷、智利等。

据国家汉办统计,截至 2012 年,有 3000 多所高校开设汉语课程或汉语专业,分布在全球 109 个国家和地区,人数已经突破 4000 万。这些学校多招收非华人子女就读,培养谙熟华文的人才从事经贸活动。② 可以说,越来越多的国外中文专业、中文课程的开设,给海外华文教育提供了诸多活力和发展的机遇,同时也带来了新的、更大的挑战。海外华文教育和汉语国际教育、世界汉语教学在办学形式上,取长补短、互通有无,实现师资和教学资源共享应是华文教育界努力的方向和趋势,以共同推动汉语言文化在海外的发扬光大。

三 中国政府在国外创办的孔子学院

"华人社会与当地主流社会之间可谓'你中有我,我中有你',世界'汉语热'和华文教育大发展同步共生,相得益彰,因此,在这个意义上,应世界'汉语热'而成立的孔子学院属于广义的华文教育范畴。③"当前,孔子学院属于中国对外文化交流的一个重要项目,也是一个全新的向外推广中国语言与文化的重要平台,在对外交流尤其是汉语言文化传播与发展方面正发挥着积极的和重要的作用。正如学者韩召颖所说,孔子学院在促进中外文化交流合作、拓展中国外交空间、增加外国人对中国的了解以及推动居住国汉语教学向纵深发展等方面有着积极影响。④ 还有学者认为孔子学院主要有利于促进华文教育的发展、利

---

① 《汉语热更添新注脚,爱汉语更爱这样的中国》,http://www.gqb.gov.cn/news/2018/0726/45184.shtml.
② 戴蓉:《孔子学院与中国语言文化外交》,上海社会科学院出版社 2013 年版,第 27—30 页。
③ 胡培安、陈旋波:《华文教育与中华文化传承》,社会科学文献出版社 2018 年版,第 19 页。
④ 韩召颖:《孔子学院与中国公共外交》,《公共外交季刊》2011 年第 3 期。

于中华文化的传播、利于推进和平外交政策等方面的作用。① 中国第一个孔子学院于 2004 年 11 月在东亚的韩国创建以来,发展速度较快,尤其是在欧美和亚洲地区。据《孔子学院发展规划(2012—2020 年)》显示,截至 2011 年底,358 所孔子学院和 500 个中小学孔子课堂,注册学员达到 50 万人。到 2015 年底,孔子学院在全球全面开花,已有孔子学院 500 所,孔子课堂 1000 个,遍布世界 134 个国家或地区。②

因为孔子学院是中国汉语国际推广的一个重要部分,属于非营利机构,尽管中国国家汉办一再明确表明自己在居住国建立孔子学院的用意和立场,但是难免还会引起某些国家不必要的误会和曲解,认为这是中国政府文化扩张、收买人心的手段,是一种赤裸裸的文化侵略,因此给予抵制或百般阻挠。所以,为了更好地让世界了解中国文化,让中国文化走进世界各国人民的心中,那就必须正视目前存在的意识领域冲突的问题。为了避免不必要的文化冲突和外交麻烦,中国政府就要对孔子学院的发展做出准确的定位。

第一,角色准确定位,因时因地办学。当前,"一带一路"倡议受到很多国家的认可。孔子学院的办学就要有全局的高度,具有战略前瞻性,对于孔子学院开展较好的具有示范性的国家如印度尼西亚、韩国等,具有传统友谊的国家如老挝、巴基斯坦、柬埔寨等,对于国际关系非常重要的国家如俄罗斯等,我们在创办孔子学院和孔子课堂时,要给予教育资源的大量倾斜。对一些不太友好认为中国推广汉语有政治企图观点的国家或者宗教信仰浓郁的国家,中国在创建孔子学院时一定要淡化政治因素,表明自己创建的立场——就是加深中外文化交流和方便当地人学习汉语,别无其他政治企图,甚至可以签订备忘录以便打消当地政府的戒备和抵触心理。对于一些恶意煽动破坏孔子学院的行为,中国

---

① 戴蓉:《孔子学院与中国语言文化外交》,上海社会科学院出版社 2013 年版,第 100 页。
② 国家汉办:《关于孔子学院/课堂的概况》,http://www.hanban.edu.cn/confuciousinstitutes/node_ 10961.htm。

第五章　汉语言文化在海外传播与发展的趋势

驻外领事馆和驻外办事处的工作人员要出面积极协调，不示弱但也不要激化矛盾，做到有理有节，妥善解决主要矛盾和问题。再者，在组织实施汉语教学时，可以大量吸纳华侨华人子女入学，一是为他们学习汉语言文化提供诸多方便，二是也有稳定教学秩序的效应。作为汉语教师在课堂上也要善于创新教学模式和方法，积极开展丰富多彩的中华文化活动，转移非华裔学生的关注点。在具体的教学过程中，关注学习者的特征至关重要。比如世界上一些伊斯兰国家，教学时不要触碰他们的底线，即宗教信仰的权威性，比如伊朗、沙特阿拉伯等国家。再如，像美国、加拿大等西方国家，崇尚多元文化，突出种族、性别、宗教信仰等的多样性，因此在对这些国家学生教学时就要坚持这一点，而不要过于宣扬共产主义多么好，中华传统文化多么古老，中国文明多么悠久，以及中华民族多么勤劳等观念，以免引起不必要的麻烦。

　　第二，加强师资储备，扩大受教育的人群范围，进一步促进中外文化交流。教育发展教师先行。没有优秀的师资很难有持续的教育发展。孔子学院的发展也是如此，身处国外，要搞好与当地政府、所在教育机构的关系，尤其要搞好与有关院校的关系，因为这些高校是孔子学院师资培养的摇篮，是高级人才的储备库，高素质的汉语支教者不只是汉语专业的大学生、研究生，还有很多高学历、高职称的汉语教师，他们对孔子学院的教学作出极大的贡献，试问当地华人在此执教者又有几人？本身华文学校的师资短缺严重已是不争的事实。另外，针对学习的人群不同，学习者的目的各异，我们可以分级实施汉语和中国文化课程，初级、中级或高级，以为学习者尽快适用中文学习环境奠定良好基础。在"一带一路"大背景下，通过分级课程在不同区域的人群中实施，可以进一步推动中国与沿线国家的多元文化交流与合作，可以涉及历史文化、文学文化、传统工艺文化甚至经济文化、商业文化等领域。

　　第三，建立孔子学院与华文教育协同发展机制。（1）实施合作办学。中国侨办要为海外华文示范学校积极创造合作、交流的机会，协调华文学校与孔子学院之间的资源,大力发展华文教育。到 2014 年,国外已有不少高校孔子学院与中国国内华文教育基地、海外华文学校加强合作,实现"强强联合",如泰国勿洞市孔子学院与勿洞市中华学校签署合作协议;澳大利亚新南威尔士大学孔子学院在悉尼与丰华、大同和雪梨中文学校分别签订了关于成立联合汉语教学基地的协议;快乐美人鱼中华文化学校与哥本哈根商务孔子学院签署了合作办学协议,等等。合作办学能让华文学校共享国内外的师资和管理资源,快速成长。[①]
(2)联办或参与中国语言文化的推广活动。美国马萨诸塞州波士顿牛顿中文学校 50 周年校庆的活动之一,就是与马州大学孔子学院合办校庆研讨会,研讨新形势下的中文教学及华裔学习的特点、中文学校和孔子学院的合作前景等问题;洛杉矶 UCLA 大学孔子学院的负责人表示,该院今后要大力加强和中文学校、华人社区的联系;加拿大蒙特利尔佳华中文学校的学生参加魁北克孔子学院和当地中国文化节主办方首次联手举办的"感动中国——看东方文化周"文化活动。[②]

目前,孔子学院在开展中华文化及交流活动方面非常踊跃。诸多国家的孔子学院竞相开设各种文化娱乐活动推广汉语言文化的传播。德国纽伦堡—爱尔兰根孔子学院在组织学生系统学习汉语知识外,还多次自主举办诸如西安皮影木偶戏专场演出、中国书画艺术展多项宣传展示中华文化的活动,还承办诸如"汉语桥"世界大学生中文比赛德国区预赛等丰富多样的汉语推广活动。该孔子学院还与当地一些机构及华人协会联合("爱尔兰根中国学生学者联合会")举办"中国之夜"大型文艺晚会,邀请中德汉学家举行"体验汉语""汉字的魅力""孔子与儒学""儒学与中国文化"等专题讲座,有的讲座还具有体验式特点,颇受学习者的欢迎。[③] 近些年来,海外华文教育文化传播的功能凸显,通

---

① 贾益民:《世界华文教育年鉴(2015)》,社会科学文献出版社 2016 年版,第 24 页。
② 华霄颖:《汉语热背景下北美中文学校文化传播功能研究》,《世界华文教育》编辑部《世界华文教育》(第一辑),暨南大学出版社 2016 年版,第 241 页。
③ 戴蓉:《孔子学院与中国语言文化外交》,上海社会科学院出版社 2013 年版,第 58 页。

过举办诸多实践性活动,在中外文化交流与合作项目中发挥着更大的汉语推广和文化宣传作用。例如南京小红花艺术团以及上海东方小伙伴艺术团等中国地方艺术团体受到美国的"全美中文学校协会"热情邀请赴美国演出,奉上了一份东方艺术大餐,受到当地上万名观众的欢迎和喜爱。而孔子学院和华文教育在传播中华文化活动目标策划上的趋同性,使得二者在办学理念、办学方针、教材编写、教学计划与安排等方面,越来越显示出合作的必要。

第三节 学习形式的灵活化

以往的华文教育多是借助于教材进行课堂学习,借助课外活动来开展实践教学,教师不太讲究教学方法,学生学习形式比较单一。随着经济的全球化和教育信息化时代的到来,中外文化交流的日益频繁,教育资源和教育信息的互通有无,使得汉语言文化的传播形式也日渐丰富起来,华文学校、华人社团、华文媒体甚至华人企业都是传播的主力军,华文学习形式更加灵活化,学生对汉语言和中华文化的接受形式也更加多样化。

一 纸质教材与网络资源相结合的方式

如今正在使用的一些海外华文教材部分内容有些过时,缺乏与变化中的社会、经济的交融感和时代感。这就需要华文教师在开展华文教学时,可以借助于华文教育各大网站上的有关网络学习资源,按照教学实际需要恰当选取学生感兴趣的网络资源对课堂教学内容进行有效补充,借助多媒体设备、图片、视频、网络等生动形象的形式进行情境创设教学,让学生有更多的机会接触汉语。情境创设教学针对学习者学习汉语的心理需求设定特定的教学氛围,用灵活的教学情境来增强他们的学习兴趣和热情。在开展华文教学中,纸质教材通常作为教师开展华文教学的基础，而网络资源则作为学习者学习汉语的主要手段。纸质教材和网络资源有机结合的教学方式是充分利用中小学生好奇的心理和活跃的思维，诱使他们对华文教学产生初步认知，并经由教师在实际华文教学中的合理表现充分展示华文教学内容，使学习者在恰如其分的教学环境中掌握汉语知识，提升汉语的交际分析能力。

二 创设良好的语言环境

语言环境是学好语言的最有效途径，汉语言学习的最大制约因素是缺乏语言环境。没有语言环境，即使学了很多年，也只可能是阅读和写作的基本能力有所提升，但听说能力很难得到提高。第二语言的学习就是如此，因此我们要从别的方面着手，较多地创造汉语学习的语言环境。从学校来说，根据实际情况适当地增加汉语课的讲授，制定适宜的课程；可以设立汉语角，因为汉语角是海外华人包括汉语爱好者学习汉语的绝佳之处。汉语角可以让更多热爱汉语的学生在课后也有机会接触汉语，还可以邀请华文教师参加，增进师生间的情谊。每周围绕一个主题，可以用中文讨论天气，谈论文化、时事、影视、健身、美食等。

当然，学校的汉语角没有由国家举办的汉语角涉及面广。目前全球范围内举办过"汉语角"的国家已有35个，共涉及了50座图书馆。这些国家按时举办如汉语大讲堂、书法绘画巡展等主题活动，为汉语爱好者学习汉语、了解中国文化建立了一座桥梁。各个年龄层的华侨华人和外国友人在这里听汉语讲座、认识学习汉字，体验中华文化。相对来说，"汉语角"的设立还不够普遍，它只存在于一个国家的首都或者经济发达的城市，在经济欠发达和不发达的城市没有"汉语角"的分布。针对这一问题，需要政府出资，社会人员援助来开设"汉语角"，特别是在华侨华人分布较多的地区更应该建立，为他们提供相互交流的环境，同时，还有助于非华裔汉语爱好者学习汉语。

除了学校、社会以外，家长的责任也很重大。目前海外从事华文教育的一线教师有个共识,家庭对华裔青少年学好中文有着举足轻重的作用:华裔青少年能否学好中文,不仅与华文学校教师的教学有关,也与家庭的重视度及支持度有关。正如斯洛伐克华文学校校长卢荣玉所言:"华侨华人家庭如何看待华文教育是华裔青少年能否学好中文的根本所在。如果家庭的核心成员重视中文,即使不上华文学校,孩子也可以通过各种渠道学好中文。华文学校是学好中文的重要途径,但不是唯一途径。"① 对于华侨华人的家庭来说,创造良好的语言环境相对容易一些,平常家里多准备些中文报纸、期刊,日常家庭交流要以汉语为主。对于非华裔的家庭来说则相对困难些,很多家长不懂汉语,更不会说汉语,无法为孩子创造良好的语言环境。可以采用设置家庭互助组这一有效学习形式。在同一区域的华人和非华人家庭可以自发组成互助组,每周在确定的时间和地点举办学习交流活动。由家长们商讨确定出每周的文化主题或学习主题,多个家庭的孩子聚集在一起,通过参加文化活动了解更多的中华文化知识,相互交流自己学习汉语的经验,分享自己知道的中国文化。尤其是对于非华裔的家长而言,在家庭互助组中可以和孩子一起学习汉语。这样不仅可以让孩子巩固旧知,还可以增进他们学习汉语的愿望,达到学好汉语的目的。

另外,把汉语学习者送到中国语言环境中学习也是非常好的汉语学习形式。一名在本国学习多年却很少运用汉语交流的学生,与一名出国留学两三年却没有汉语基础的学生相比,留学生的汉语听说能力显然较强。留学生之间的互派是加强外国和中国联系的举措之一。当今各个国家之间人员的往来较为频繁,留学生之间的相互交流是文化输出与文化接受的结合点。因此居住国政府可以采用扩大交换生名额的学习方式,让更多的学生去中国参观学习,亲身体验中国的风土人情,文化传统。通过留学生之间的互派,中国学生可以更好地了解外国习俗文化,外国

---

① 赵晓霞:《华裔青少年学中文,家长营造中文语言环境很重要》,《人民日报》(海外版)2018年7月27日。

人也可以慢慢接受中国文化。

三 借助各大媒体学习和传播中华语言文化

海外华侨华人群体尽管十分庞大，但是由于过于分散而且复杂，身在居住国受到当地文化的影响，很难与实际的、真实的"中华文化"接触，这也是造成不少华人华裔对中国认识"固化"的一个主要因素。而作为各种类型的华文媒体，是"虚拟环境"的一部分，对华侨华人社会的文化圈的形成有着重要的影响。与海外华文学校教育相比，各大华文媒体是一种更自然、更情景化的学习华文或华语的平台。通过各大媒体专栏、节目、网站、频道等途径均可以很好地学习中国语言文字，还可以潜移默化地接受中华文化的熏陶。同时通过媒体传播，可以增加华侨华人对当地主流文化的了解，利于增进各民族之间的文化交流和优化沟通效果。

近年来，世界各地华文报刊、电台、电视台、广播迅速崛起。据不完全统计，全球有各类海外华文媒体1000余家，遍布60多个国家（地区），达4000多种，其中报纸占的份额最大。目前，海外华语广播电台有70多家，华语电视有几十家，"仍在出版的印刷媒体有500多种，其中每天出版的日报100多家，以报纸形式定期出版的期报180多家，各类刊物230多种"。近年来，华文新媒体快速发展，据统计，以网站、移动客户端、社交媒体账号为平台的华文新媒体数量已突破4200家。[①]在马来西亚，《南洋商报》《星洲时报》《光华日报》等报纸会定期刊登一些华文文化方面的文章以及马来人的伊斯兰文化，既便于华侨华人熟知中华文化，也便于了解马来人的习俗，促进对当地民族的尊重。而且《星洲时报》每两年都举行"花踪文学奖"评选活动，推动了海外华文文学的发展，培育了大量的华文文学爱好者。泰国《世界日报》创办

[①] 严晓鹏等：《中国语言文化在海外华侨华人社会中的传播研究——基于对意大利华侨华人社会的考察》，浙江工商大学出版社2018年版，第63—69页。

第五章　汉语言文化在海外传播与发展的趋势

有"教与学"专栏，很多内容与华文教育有关吸引了很多读者。泰国的《新中原报》、新加坡的《联合早报》《联合晚报》很多专栏都有浓郁的中华文化色彩。澳洲华侨华人还专门创办一些华文报刊，主要有《汉声》《文华》《华声》《海外风》等。在加拿大温哥华有三种中文报纸，九种中文杂志。

华语广播也是华侨华人接受华文教育的重要渠道。美国华人1976年在纽约成立的华语广播电台，现在拥有十几家分台，实行24小时卫星联播，听众达80多万。美国另一华人于1988年在纽约成立的中国广播网，现在也有几家分台，听众约有50万人。加拿大有温哥华中文电台、多伦多华语电台和商业电台、加拿大中文电台等多家华语电台组织。在欧洲，英国、法国、荷兰、意大利等国都有华语电台或华语节目。在非洲，南非、毛里求斯等国家很早就建立了华语广播电台，很多华文节目受到当地民众的欢迎。随着中外交流的需要，当地一些英语电视台也开始考虑增播华语节目。①

世界各地还陆续开设了大批有利于推广、传播中华文化的华文书店，包括教学类、文学类、商业类、资讯类、服务类、娱乐类等多种类型的中文书籍。② 而且开设各类中文书店已成为一些国家重视中国语言文化的新增点。比如，2016年7月以尚斯国际出版集团为主要投资方的俄罗斯首家中文及中国主题书店"尚斯博库书店"在莫斯科开业。一年多来，书店在销售图书的同时，不定期举办各种活动和展览，介绍中国文化、讲述中国故事、展示中国自然人文景观，在莫斯科文化界及出版界引起强烈反响，被当地人誉为"民间中国文化中心"。这一书店的开设影响到了中亚各国。以吉尔吉斯斯坦为例，据不完全统计，在全国有3万多名学生和社会青年学习中文，其中有6000多名学生就读于

---

① 肖航、纪秀生、韩愈：《软传播：华文媒体海外传播研究》，中国传媒大学出版社2013年版，第31—32、107—114页。

② 张向前：《世界华文教育发展研究》，中国言实出版社2010年版，第22页。

比什凯克市大专院校。然而，长期以来吉国竟没有一个书店可以购买中文学习的辅助材料。鉴于此，2017年10月27日中亚首家中文书店在吉国首都比什凯克顺利开业，为当地华侨华人和中文爱好者带来了福音。该书店上架中文图书600余种，既有最基础的中文学习教材，也有比较专业的学术著作，中国主题的俄语及吉尔吉斯语图书400余种。此外，书店还设有茶吧和活动功能区，展示中国茶艺、民族乐器、传统服饰以及其他中国文化产品，是吉尔吉斯斯坦读者学习中文、了解中国文化的一个新窗口。①

对于海外新生一代华裔青少年，有淡化中华语言文化学习的趋向，关于借助媒体学习华语华文的效果方面，也有国家媒体部门对此给予更多的关注和思考。比如，随着越来越多中国人通晓英语，新加坡本地的双语优势逐渐减弱。与此同时，中国科技、影视等方面的发展都必然会影响新加坡。华裔青少年不是说一定要很喜欢华文，但首先要有基本的了解，了解之后，再来决定喜不喜欢。据2018年5月17日新加坡《联合早报》报道，要引起新加坡年轻华裔对中华文化的兴趣，像父辈华校生那样打下扎实的华文基础，新闻媒体部门的媒体叙事方式就要从根本上改变，除了题材必须新颖，说故事的节奏也得更紧凑。比如黄飞鸿大战丧尸，吸引眼球的人物组合、混搭的故事背景，故事荒诞却可能获得年轻观众群的高点击率。② 再如，李光耀双语基金推出一系列视频，打出"温情牌"，强调"华文，让心更贴近"，鼓励新加坡孩童学好母语，加强文化身份认同，将来也能凭借语言能力，为自己的事业带来优势，打入东南亚、中国以及印度市场。③ 只有借助中文影视媒体的故事

---

① 周翰博：《中亚首家中文书店在比什凯克开业，被称像金子般珍贵》，《人民日报》2017年10月30日。

② 靳忻：《媒体人：促新加坡年轻人乐学华文，媒体作品题材要新》，http：//www.gqb.gov.cn/news/2018/0517/44883.shtml。

③ 许翔宇：《李光耀双语基金推温情视频鼓励新加坡人学华文》，http：//www.gqb.gov.cn/news/2018/0104/44155.shtml。

情节吸引年轻一代华裔的娱乐兴趣，才会有进一步学习华语和了解中华文化的欲望。

四　开展丰富多彩的文化活动

据我们的调查显示，学生学习汉语的原因主要集中于去中国工作和父母要求等。真正对汉语感兴趣而学习的学生仅占少数，主要是因为目前新生代华裔对于中国传统文化已经少了父辈甚至是祖辈的亲切感，民族认同感日渐消失。这就需要华侨华人组织建立一个中华文化传播社团。在社团里可以开办各种文化活动，不仅可以让久居在外的同胞加强对祖（籍）国的了解，还能让他们对祖（籍）国有一种认同感和归属感。而且国外友人不出国门就可参与此类文化活动，可以加深他们对中国的了解，比在课堂上刻板地接受中华文化的灌输要好得多。

目前，在海外中华文化交流活动开展得红红火火。中国的端午节早已传到海外，英国经常举办"中华端午龙舟节"的活动，飘动的彩旗，跃腾的舞狮，炫目的功夫，极具中国特色。[①] 在印度尼西亚，每逢印尼、中西方的重要传统节日，一些学校都会举办一些庆祝活动。在国庆节会举办升旗仪式、传统比赛和游戏活动；在西方圣诞节会举办圣诞晚会，各民族的学生都要参加；在中国春节，举办春节晚会，还开展包饺子、剪纸、对春联、制作中国结等与中国传统文化有关的活动；在印尼的一些中小学，还专门开设有中华文化选修课，中国舞蹈、武术、书法、诗歌朗诵、讲故事等课程应有尽有，在参与体悟和领会中华文化的趣味与奥妙的同时，也增进了其他民族对中国文化的了解和不同族裔学生之间的友谊。

据日本《中文导报》2018年7月19日报道，为了让日本四国地区的华侨华人子女更好地感悟中国传统文化，继承中华民族精神，成长为多元文化兼通兼容的国际型人才，由日本四国华侨华人联合会主办，与

[①] 黄衬安：《东莞龙舟文化探究》，硕士学位论文，华中师范大学，2013年，第20—22页。

花漾汉语合作,开展了中国文化青少年大讲堂活动"妈妈的童年"。九名华裔孩子参加了汉字游戏、走进妈妈的活动,进一步拉近了和妈妈的距离,走进了中国文化。① 这样生动有趣的文化活动已成为海外华侨华人与祖(籍)国加强联系的一种新常态,并呈现日益红火的发展趋势。

第四节 传播策略的多样化

"文化传播是指文化的传递、扩散、迁移、继传现象,包括时间上的纵向传递和空间上的横向扩散。文化传播随着文化的产生而产生,人类创造了文化,就有了文化传播。②"海外华文教育的主体华文学校,就本质而言就是一种文化形式,属于汉语国际推广的重要组成部分,有着传播和弘扬中华文化的重任。随着中国国力的昌盛和华文价值的凸显,使得华文教育文化传播的功能凸显,呈现多样化趋势。

一 提高文化软实力,增强海外对中国文化的认识

中国文化不仅仅是一种必要的交际手段,同时也是华文教学的一种媒介,它能使汉语学习者灵活地掌握汉语。③ 对中国而言,提高世界各国对华文的重视,就应加强自身的文化传播,提高文化软实力,以文化为载体提升各国人民对中国的正面认知。提升文化软实力要立足于中国的传统文化。把屹立于世界民族文化之林拥有五千年历史而不倒的中华文化传扬出去,让世界人民了解中国,为中华文化而折服。首先,要不断丰富和创新文化内容和活动形式。文化内容及活动形式多样,才会吸引别人的注意力,才会在竞争中更有优势。中国菜端上各国餐厅的饭

---

① 《中国文化青少年讲堂日本开讲,孩子们了解妈妈的童年》,http://www.gqb.gov.cn/news/2018/0723/45169.shtml。

② 华霄颖:《汉语热背景下北美中文学校文化传播功能研究》,《世界华文教育》编辑部《世界华文教育》(第一辑),暨南大学出版社2016年版,第237页。

③ 石新华:《文化在语言教学中的重要性》,《三峡大学学报》2005年第S1期。

桌，中国的民俗节日受到海外人民的好奇与喜爱，中国的风景名胜之地越来越多地出现国外友人的身影、"汉语桥"节目的热播等，都表明中国的美食文化、旅游文化、汉字文化在海外得到较为广泛的接受。节日期间，通过开展多种文化活动，举办文化节，广邀华侨华裔和汉语爱好者一同参加。其次，要加快发展文化事业和文化产业，在文化政策上当地政府应该"百花齐放"，适当放宽对文化种类的限制。"舌尖上的中国"栏目是宣传中国美食文化的节目，这个节目在海外播出后引起很大反响，来中国旅游的外国游客中有一部分就是冲着中国的美食来的。最后，要提高文化传播力，不断扩大文化影响。当今时代是信息技术时代，全球的电影电视一般都可以看到，我们可以通过多媒体、电影电视、互联网等传播中国的影视文化、音乐舞蹈文化、建筑文化，等等。

可见，提升文化软实力有利于汉语言文化在海外的传播与发展，有利于增强学习者对汉语的认同度，密切与异族文化之间的联系。如此，海外各国必定会加强对汉语的重视，汉语也会成为世界上使用人数最多且使用最广泛的语言之一。

二 以中国文化为纽带，维系华侨华人与祖（籍）国的情谊

随着国际化的发展，世界成了"地球村"。人们的工作也不再仅仅局限于一方小的天地内，天南海北到处都有不同肤色、不同国家的人。无论华侨华人身居何地，中华文化都是中华民族生生不息的不竭动力，他们都会始终不忘维护和发扬固有文化，设校兴教。华文教育在逆境中萌发，在曲折环境中长大，如今已成为一股足以影响世界文化的力量。华文教育借助中国语言文化深厚的基础优势在国外发展壮大，通过各种渠道实施汉语言文字和中华文化的教学，这也是世世代代华侨华人维系生存和海外创业的动力和源泉，曾在 20 世纪 60 年代前后最困难时期，甚至是华文学校几乎关闭的情境下，华侨华人通过开夜校、私下学习的方式来学习汉语言文化，体现了强大的民族凝聚力和真诚团结的意识，

这些都是以中华传统文化为纽带谱写出的华丽的、动人的篇章。比如，如今马来西亚华文教育取得了显著的成绩，可又有多少人知道，光鲜的背后马来西亚华侨华人付出了多大的心血和汗水！我们都说，中国海外移民史是一部中华民族颠沛流离的搬迁史，也是一部中华文化的坚守与传承的光辉历史。而马来西亚的华文教育就是一部用血泪写成的历史。① 马来西亚独立中学对办学理念的坚守，影响了一代又一代华侨华人为华文教育的利益而奋斗，为守住中华民族之根、民族之魂奉献毕生的精力，从而培养出一批批具有中华文化信仰与操守的马来西亚公民。

中华文化历史久远，却历久弥新，极其重要的一点是有着顽强的生命力，核心是有着长期以来的统一性。这种传承要依靠固定的教育形式，在华文教育中要强化历史观念，尤其华侨华人在学习过程中能够对中国漫长的历史有所了解，产生民族自豪感和认同感。同时这种传承还要依靠华侨华人家族人员的熏陶，在日常交流中，不只把华文教育定位于工具，而是家庭、家族、社区等相互关联的载体和形式，只有这样才能使华文教育中的文化基因绵延不绝。长期以来，华侨华人虽然生活在海外各地，但其民族情结随着时间的推移反而越来越强烈，个中原因，四海华侨华人是一家，民族性是根本，相同的文化渊源是基础，中国传统文化是维系他们与祖（籍）国情感的关键。

三 以中华文化为抓手，增强华裔青少年对祖籍国的认同感

"认同是种归属感（belonging），归属本身是一种渴望（longing），认同之所以流动、变迁、瞬幻，正因为渴望归属是一种永无止境的追寻，因为渴望的满足状态绝非是一劳永逸永恒不变的情境。"（Suzan Ll-can，2002；林筱钧，2004）② 当前海外华裔青少年文化认同首先要有自

---

① 沈慕羽：《凝聚着血泪的大马华文教育》，《华人月刊》1995 年第 2 期。
② 陈青文：《语言、媒介与文化认同：汉语的全球传播研究》，上海交通大学出版社 2013 年版，第 112 页。

我文化认同感,即对职业、政治、宗教、价值观方面的自我评价与自我定位。海外华裔青少年自我文化认同的过程:一是从祖籍地认同、亲属认同向所在国华人社会经济政治利益认同转变;二是由依附着祖籍地和亲缘的方言认同向所在华人族内语言认同的转变;三是由宗教认同、习俗认同向信仰认同、价值观认同的转变。其自我文化认同的表现方式为:(1)乐于接受华文学校的教育,偏好中华传统文化;(2)关注祖籍渊源及祖籍地的发展;(3)积极参与华人社会的公共事务;(4)乐于公开承认自己的华人身份;(5)接纳和践行中国传统文化的价值观;(6)对当代中国发展给予极大关注。[①]

为此,有学者王爱平对亚洲华人华语占优势地方东南亚华裔青少年的文化认同及学者华霄颖对欧美华裔青少年文化认同问题分别做了调查。现对二者的调查情况作出异同分析。学者王爱平主要以印尼、菲律宾、泰国的华裔青少年为调查对象,共102人,主要采取访谈、观察和问卷三种形式。调查统计结果表明,选择"是华人就应该学习华语"的人数最多,占总人数的98%,同时,分值也最高。这表明大多数人对汉语及中华文化仍有本能的认同趋向。在对"居住国政治上的效忠与对中华文化的认同有何关系?对学习汉语的动机有无影响?"问题的回答中,菲律宾华裔青少年自认为是"菲律宾华人",首先强调的是"菲律宾人",其次才是"华人"。泰国华裔学生认为自己是"泰国人"而未选择"华人"的占66%,这与泰国的长期的同化政策有关。印尼华裔学生在回答中,对自己的身份"说不清楚"的占8%,选择"华人"而不选择"印尼籍华人"的占67%。[②]

学者华霄颖主要以法国、德国、加拿大、奥地利、美国、英国等欧美国家华裔青少年为对象,约143人,主要采取问题调查的方式。调查

[①] 李海燕:《中华文化教学研究》,商务印书馆2015年版,第97—104页。
[②] 王爱平:《东南亚华裔学生的文化认同与汉语学习动机》,《华侨大学学报》(哲学社会版)2000年第3期。

结果表明：第一，欧美华裔青少年"祖籍国"的身份意识明确，但汉语学习现状不容乐观。但在回答"喜欢不喜欢学习汉语"一问题上，表明"喜欢学习汉语"的占69.0%，"不喜欢汉语'的占30.1%。在回答"为什么学习汉语？"问题时，选择"我是中国人，应该学"占61.6%，"爸爸妈妈要我学"占45.2%，"以后找工作方便"占29.5%，"喜欢学习语言"占21.2%。第二，欧美华裔青少年的生活环境相对单一。华裔青少年的居住环境一是相对集中居住，以欧洲的法国、奥地利的温州籍华人社区为主。二是分散在当地人的社区里，以美国、加拿大、德国的华人出国留学者的散居点为主。不论在什么环境中，华裔青少年的玩伴多是华裔孩子，交友面单一。第三，家庭教育在华裔青少年对中华文化认同方面扮演重要角色。调查表明，华裔青少年受家庭环境的影响，大都有认同族姓和吃中餐的习惯以及认同"老家"的观念。第四，欧美华裔青少年大都进入主流学校学习，在全日制中文学校中很难学到有关中华文化的系统知识，因为很多学校没有开设中华文化课程，多数都要通过家庭教育或周末业余学校来学习。[①]

总体来说，不论是亚洲或是欧美国家，由于受各种因素的影响，华裔青少年学习汉语、对中华文化的认同程度都有所区别。相对而言，亚洲地区华文教育开展较早，全日制华文学校较多，对汉语及与中华文化有关的课程开设得较为普遍，而欧美地区，虽然华文教育展开相对较晚，但是近些年来，随着"汉语热"的不断升温，很多国家官方系统都学习汉语课程，对华裔青少年增强对"母语"的自豪感，促进对中华文化认同有一定的影响。

但是，总体来看，很有必要认真审视和对待华裔青少年对"祖籍国"的文化认同感。众所周知，华裔青少年多是华侨华人的第二代、第三代甚至第四代人，对中国几乎没有什么印象，也没有什么感情，对

[①] 华宵颖：《汉语学习、身份认同与文化认同——海外华裔青少年中华文化认同特点调查报告之一》，转引自李海燕《中华文化教学研究》，商务印书馆2015年版，第116—123页。

中国国情的了解和对中华文化的了解多是通过父辈、祖辈的耳听面授得来的。他们大都融入了当地社会，融入了当地的主流文化，对于中国语言文字的学习多是出于外出深造和父母的需要，去华文学校或补习班学习，同时又受到族裔的影响，心系着自己的祖（籍）国。华裔青少年在多元文化环境中生活，文化融合在所难免，但是如果漠视中华文化的弘扬和继承，倒是值得引起文化反思。回首华侨华人的历史、华文教育发展的历史，我们不难发现，在华侨华人受打压、排挤阶段，汉语言文化教育就很式微，甚至一度停办，此时此刻不少国家的华裔受居住国排华政策的影响，对学习中国文化持排斥心理，认为西化是最佳选择，能给自己更好的发展前途，甚至讨厌被称为"华人"或"香蕉人"，然而，偏离了民族性又谈何国际性，谈何自我发展？华裔青少年成了迷失自我的一代，的确应引起华文教育界的重视。以新加坡为例，华人占70%以上，而许多华人青年都存在着"民族认同疲惫"，远远不如马来族和印度族的民族认同感强。究其原因，与新加坡政治气候、文教政策，推崇英语而压制华语及中华文化的发展有关。[1] 所以，当前多国华侨华人都意识到此问题的严重性，开始注重加强子女的华文教育。这是因为父辈都希望子女能够学习并有能力运用自己的母语，借以传播中华优秀传统文化。这就为海外华文教学带来启示，比如，在进行文字教学时，关于汉字造字法的"六书"不应该单纯理解为一种构词手法，重点讲解应从先民的世界认知入手，着重突出文字当中蕴含的文化内涵。在进行文化教学时，关于"七夕"节的讲解，不应当仅仅告诉学习者它的别名叫"女儿节""乞巧节"、中国的情人节等内容，还要结合中国牛郎织女的神话传说，让学生更加深入地理解其中所包含的男女爱情忠贞不渝的文化意蕴。[2]

众所周知，语言的活力在于使用，但是面对第二或第三语言教育的

---

[1] 戴蓉：《孔子学院与中国语言文化外交》，上海社会科学院出版社2013年版，第50页。
[2] 丁迪蒙：《汉语语言文化学教程》，上海大学出版社2012年版，第152页。

华裔群体,如何增强汉语的活力及华裔对祖籍国的认同感是值得思考的问题。当下,许多国家为了加强本身文化的对外影响力,设立了相应的专门机构,如"歌德学院""普希金学院"等,但是面对目的性强烈的直接传输,往往难以达到很好的效果。文化的培养应当在潜移默化中进行,把直接的灌输融合在多种艺术形态中才能奏效,交流不应停留在形式上,要着眼于长效性。比如,在进行华文教学或交流活动时,可以选择更多的国际普遍流行的艺术表达形式,用话剧、舞台剧、音乐剧等形式展现华文优秀作品的魅力,积极适应受众的审美习惯,让学生真正体验到华文的生命力和中华文化的精髓。再如,华侨华人为了培养子女的文化认同感,提高学习华文的兴趣,可以带领子女参观中国历史悠久的文化古迹,听导游讲解历史故事,亲近中国文化。同时,在华文教学中,要强化华裔"落地生根"的服务意识,积极转变观念,以主人的身份积极投身于居住国的建设之中,彰显中华文化特色,为当地经济发展作出应有贡献。唯有切实将自己融入多元文化的大家庭,方可以争取到与主流民族同等的权利和地位。这种认识正逐步被广大华裔青少年所接纳,必将成为一股传播中华文化,促进世界文化信息交流的重要力量。

四 通过开展文化教学,培养华裔青少年健全的人格

华文教育的功能,掌握语言的工具功能是基础,更主要的是实现语言的文化传承功能,最终实现培养具有华族气质的居住国公民的教育目标。因此,从民族的角度说,学习本民族的语文就是学习本民族的语言和文化,这与纯粹意义上的对外汉语教学不同。世界华文教学要有一种文化立场,就是世界文化与中国文化相互认同、融合、统一的立场。因此,在华文教育的文化教学的选择上,要坚持文化选择的原则。一是去意识形态原则。要定位于民族教育,服务于当地社会发展的民族教育,对于有人认为开展华文教育有利于提高祖(籍)国的文化软实力和国

第五章 汉语言文化在海外传播与发展的趋势

家的昌盛,这样的言语表述还是要谨慎的。二是积极性原则。中国传统文化精神有些是积极的、合理的就要大加弘扬和倡导,而有的情大于法的山林文化、宗亲文化等与当下发展格格不入的理念不宜倡导。三是古今兼收的原则。华文教师给学生讲述中国文化习惯局限于中国传统文化,古代的历史故事、文学作品、语言文字等都有很多文化成分容易被挖掘,而忽略了中国当代文化的学习,其实中国现今的"和平共处""自力更生""嫦娥奔月""蛟龙探海"等文化都是中华民族时代精神的写照,也值得学习。四是包容性原则。我们一定要走出单边文化核心论的思维怪圈,尊重和理解不同民族的宗教信仰和生活习惯,实现多元文化的共荣共生。第五是民族性原则。华侨华人身在异国他乡,可以接受当地主流文化,但是不可放弃民族文化,坚守民族性就要有民族气节和民族精神。当然也不可以高傲的姿态打压居住国少数民族的文化信仰。[1]

基于文化选择的原则,我们应当确定学习者要学习的主要文化内容。大体分为知识类文化教学、实践类文化教学和交际类文化教学。知识类的文化教学主要包括中国历史、哲学、文字学、文学、当代中国概况有关文化内容、华侨史、华人史、华文教育史等历史文化内容以及中国传统节日、民风民俗、饮食文化、建筑、服饰、体育游戏等中国文化概况。实践类文化教学主要包括中国武术、中国民族舞蹈、中国民族音乐、书法、剪纸、绘画等学习内容。交际类的文化教学主要有汉语词汇语法系统中包括的交际文化以及人与人社交场合所运用的一些礼仪和规约。比如,称谓、赴约、请求、提示、拒绝、赞美、承诺等。通过与当地文化比较异同,从而扫除学习者之间的交往障碍,促使异族学生更好地理解和运用中华语言文化。

通过文化教学有利于提高华裔青少年的情商,培养他们健全的人格。新一代的华裔由于生活的条件比较好,一般都缺少了父辈、祖辈的

---

[1] 肖航等:《软传播:华文媒体海外传播研究》,中国传媒大学出版社2013年版,第40—49页。

吃苦耐劳和自强不息的奋斗精神，与人交往也不是应对自如或心胸豁达，人格不够健全。在文化教学过程中，让他们通过对文化经典的学习和对中国传统文化、当代文化的了解，不断吸收文化精髓，在潜移默化中提高自我认知能力和正确的三观。

五 搭建中外文化交流平台，加强与主流社会的协调与沟通

中国自古都是崇尚与东西方文化交流的国家，无论是汉代、魏晋南北朝、隋唐、宋元、明清、中华民国还是中华人民共和国，历朝历代都以不同形式与外国进行着文化交流。各国文化交流是世界文化进步的重要条件，也是推动世界多样化的必然要求。世界各国加强文化交流，有利于本民族文化走向世界；有利于吸收其他民族的优秀文化成果，促进本民族文化的发展；有利于不同民族文化之间取长补短，构建多元性世界文化；更有利于增进世界各国人民彼此了解，构建世界和平。近年来，海外华侨华人在促进中外文化交流方面起着桥梁的作用。党的十七届六中全会强调，海外侨胞开展中外文化交流利于中华文化走向世界。[1] 2013年6月，侨办主任裘援平接受采访时曾说："无论是与周边国家人民间的友好交往，还是促进中外文化交流，侨胞都发挥着他们独特和重要的作用，侨胞已成为中国与世界各国沟通交流的重要纽带和桥梁。"[2] 由此可见，华侨华人就是中外文化交流的"民间使者"和"民间外交官"，在文化传播和开展公共外交方面担负着重要的角色，为发展中外经贸往来，文化合作与外交关系等方面做出不可低估的贡献。[3] 此外，大量的中国留学生也是一股推动中外文化交流的重要力量，在中外官方、民间起着牵线搭桥的作用。华裔和非华裔学生，借助华文教育

---

[1] 《中共中央关于深化文化体制改革，推动社会主义文化大发展大繁荣若干重大问题的决定》，http://news.xinhuanet.com/politics/2011-10/25/c_122197737.htm，2011-10-25。
[2] 裘援平：《侨胞已成为推进中国周边外交的重要力量》，http://www.gqb.gov.cn/news/2013/0608/30103.shtml，2013-06-08。
[3] 陈鹏勇、项健：《侨务公共外交视阈下华文教育发展策略》，《高教探索》2014年第1期。

这个文化学习与交流的平台,也促进了不同种族文化之间的融合。①

综上,21世纪中华文化的人文价值和社会价值将得到进一步彰显,为华文教育的发展提供持久的、不竭的动力。将会有更多的华侨华人、非华人通过华文教育来学习、了解、吸收中华传统文化的精神实质。

第五节 推动力量的多元化

从当前的国际教育形势看,海外华文教育事业的持续发展既有中国内地的力量和港台地区的力量有效的整合,也有中国力量和海外力量的交融,更有华侨华人的力量以及居住国主流社会力量的协同,还有华文教育界和华文传媒界的助推力量,呈现推动力量多元化的发展趋势。

一 居住国政府的支持

21世纪华语将成为国际通用语言,其经济价值将日益提升。当下,流传着这样一句话:"谁不学习华文,谁就会落伍;谁不会讲华语,谁就会在交往场所闹笑话。"华语华文的学习热度已经不亚于世界主流语言——英语的学习了。从某种意义上讲,哪一个国家懂得华语华文的人才多,哪国国家的经济发展就会更加受商人的青睐,就会发展快一些,否则就会发展缓慢或者止步不前。2013年侨办裘援平主任曾指出,华文教育有助于马来西亚多元文化社会建设,有助于多种族国家的建设。所以马来西亚一直对华文教育十分开放和认同,从而促进与中国的贸易往来和人才技术的交流,马来西亚已经是最大的东盟贸易伙伴。这种趋势促使世界不少国家深刻意识到华文的商业价值和社会价值,由敌视、排斥、不闻不问或不怎么支持的态度进而转向鼓励和支持华文教育的发展。实践证明,华文教育能够很好地与当地文化相融合,能够培养出具有多种文化背景的高素质人才,同时也可以大大促进中外文化的交流。

---

① 陈鹏勇:《"一带一路"战略视域下的华文教育发展研究》,《高教探索》2017年第6期。

如新加坡、加拿大、荷兰、澳大利亚等国家政府拨出专款扶持华文教育，有的将华语提升为第一语言，有的对华文高校的创办提供全额资助，有的增加学习华文的课时，有的增加学习者的自由时间，等等。

在当地政府的支持下，越来越多的华文学校正逐步纳入居住国的主流教育系统。2010年汉语被纳入了荷兰教育体系之中，共有9所中学在荷兰VWO类中学推行了汉语试点教育，有20名学员顺利通过了考试。而2018年通过人数已由2017年的138人增至170人，通过率几乎达到99%。目前荷兰有70所中学都开设中文，成为上千非华裔青少年学习的课程。[①] 此外，有很多国家还将世界上最多人使用的语言——汉语作为大学入学考试的外语科目之一来考查。

而曾一度打压或限制华文教育的国家，近年来在汉语国际化大趋势的发展洪流中，开始正确对待与中国的关系，正确认识华文教育，不再处处将其视为中国文化的入侵之策，而是将其作为培养汉语人才与中国政治、经济、文化交往的基本国策。一些国家当地政府在法律上承认了华文教育的合法地位，为华文教育纳入当地主流文化提供了政策保障，将其看作国家教育体系的一个组成部分，并给予一定的物质和经费支持，不再强行限制非华裔学习华语华文，而是积极提倡跨文化的交流与融合，从而促使这些国家的华文教育在困境中得以重生，并焕发出勃勃生机。比如，华文教育开展较好的马来西亚，国家层面上更加重视华文学校的发展。据马来西亚《光华日报》报道，2017年10月26日，时任马来西亚教育部长马哈兹尔宣布，政府批准建设10所新华小，同时允许6所微型华小迁校，以满足华社对教育的需求，新增的10所华小，柔佛与雪兰莪州各占一半，各有5所新校。出于对中华传统文化和华人前辈的尊重，10所新华小，其中9所校名以华裔先贤命名，即敦郭鹤尧华小、沈慕羽华小、李孝式华小、陈嘉庚华小、谢华华小、李莱生华

---

① 《荷兰"汉语热"愈演愈烈，中学汉语考试通过率99%》，http://www.gqb.gov.cn/news/2018/0625/45035.shtml。

小、敦翁毓麟华小、敦林苍佑华小及朱运兴华小,唯一没以先贤命名的华小是征阳(SUNSURIA)华小。① 同年,马来西亚中央政府还拨款5000万令吉来支持全国的华文教育事业,华仁基金会又拨专款30万令吉给侨光小学用于改善教学设施和提高教师的工作待遇。②

截至目前,从幼儿园、小学、中学到大学的华文教育体系在一些国家已经形成,并有不断发展壮大的趋势。

二 华文教育机构自身的努力

华侨华人为了子女不忘本、不忘根,聚集在一起创办华文教育,让子女学习中国传统文化,传承中国精神,可谓是华文教育可持续发展的不竭动力,而华侨华人组织自身的努力依然是华文教育长久持续发展的源动力。

(一) 华侨华人组织管理规范并趋于联合

华文教育是海外华侨华人传承中国文化的希望工程,而不是具有功利性的事业,所以齐心协力为华文教育提供资金支持,建构规范的管理模式是华文教育成功的关键。在这方面,华侨华人各级组织担负起了重任。2001年5月美东中文学校协会第28届年会就如何运用现代管理思想建立科学管理模式达成共识,认为较为规范的华校组织管理模式主要有四种:校长负责制、校长领导下的教务长负责制、家长大会制、董事会领导下的校长负责制。③

纵观华文教育发展的历史表明,单个的华文学校规模太小,各华校在各地的影响力也非常有限,因此各华文学校有必要团结合作,成立各具特色的、类型各异的华侨华人联合组织(包括学校联合组织),

---

① 《大马"10+6"华小计划出变数 8所新华小需重新探讨》,http://www.gqb.gov.cn/news/2018/0628/45071.shtml。
② 《马来西亚侨光小学获30万令吉拨款,发展华教添动力》,http://www.gqb.gov.cn/news/2017/1222/44103.shtml。
③ 吕伟雄:《海外华人社会新透视》,岭南美术出版社2005年版,第171—172页。

在具体的运作过程中发挥着代表功能、协调功能、维权功能、管理功能和服务功能,使华校的组织管理、运作程序更加趋于规范化。早在华侨教育时期,东南亚诸国及其他国家相继出现了跨地区、乡亲、宗亲的华校学务总会、华侨教育会,以及被喻为"民间的教育部"的马来西亚华校董事联合会和华校教师公会总会等。20世纪90年代以来,一些地域性乃至全国性的华文学校管理机构增加迅猛,比如中国内地旅美学人"全美中文学校协会"、南非华校联合组织、加拿大华教协会、荷兰华人社团联合会等较大的华侨华人联合组织有数十家。[1] 同期,欧洲华人社团发展也十分迅速。20世纪末期,欧洲华人社团已达500多个,到2008年已高达800多个。仅英国就有华人社团300多个,法国有100多个,德国有80多个,荷兰有100多个,温州人在意大利建立社团就有57个。[2]

现以全美中文学校协会作进一步解释和说明。该协会于1995年建立了"教育资源开发中心"用以学习和传承汉语言文化,得到美国地方政府的支持。另一方面,还与中国政府"串接",得到国务院侨办的大力支持,供北美华文教学使用的《中文》教材,以及《汉语》《中国文化》等辅助教材都是在侨办的帮助下编写的,同时侨办还多次派中国学者去协会组织中文教学。此外,协会还经常组织参与"青少年文化参访团""中国寻根之旅"夏令营等中外文化交流活动,培养华裔的寻根认祖意识和民族认同意识。

在21世纪的今天,这类华文教育机构规模会更加扩大,联合办学的趋势日渐明显。不再只是局限于交际之间的组织或者区域性组织,乃至向全国性、世界性的组织发展,华文教育管理会更加规范和科学,华文学校将会迈上一个更高的发展层次。

---

[1] 顾圣皓、金宁:《华文教育教学法研究》,暨南大学出版社2000年版,第29—30页。
[2] 严晓鹏、郑婷等:《中国语言文化在海外华侨华人社会中的传播研究——基于对意大利华侨华人社会的考察》,浙江工商大学出版社2018年版,第93页。

（二）华侨华人组织与有关机构合作、交流的趋势更加明显

目前海外华文教育没有对外汉语教学和汉语国际教育的发展速度快，主要是因为还存在诸多制约其发展的瓶颈，比如教材的针对性问题、师资力量不足的问题、学校优质资源匮乏的问题以及学校中华文化素养、教师教育学、心理学知识缺失的问题，等等。因此居住国政府应当鼓励和支持华侨华人组织及华校与国内的华文教育机构开展合作与交流。与中国高校、华文教育基地合作，一方面可以引进中国国内的优秀师资去华校任教，另一方面也可以学习借鉴中国国内华文教育机构的管理和运作模式，以推动海外华校办学理念的转变，有利于海外华校形成自己的办学风格和办学特色。

近些年来，各国华侨华人组织打破居于一隅的学术交流局面，而是不断寻求与国内外有关教育机构合作，开展全球性的华文教育学术会议与交流，进一步推动了汉语言文化的传播与发展。比如，各层级、各大规模的学术会议层出不穷，"世界华语文教学研讨会""东南亚华文教学研讨会""全球华人教育信息科技大会"（2000年）、"第一届世界华文教育大会"（2009年）等，大会内容各异，但华侨华人联合会、中国各组织机构有一个共同的目的就是推动华文教育全球化、信息化发展，加强中国内地、港台地区、海外诸国华文教育领域的合作，增强中华文化对外族的吸引力，促使学习对象扩大化，汉语学习世界化。

同时，为了提高华裔青少年对中国语言文化的认识，海外华侨华人组织还不断与有关机构联合，开展一系列诸如华语演讲大赛、华文创作大赛等形式多样的学习活动，收到很好的教育效果。比如，2018年6月由新加坡推广华文学习委员会和电台UFM100.3联合举办的新加坡第五届"与声剧来广播剧创作比赛"，来自新加坡40所中学、初级学院和理工学院的561名学生参加，收到参赛作品共236份，是历年来参赛人数最多、规模最大的一次。这次比赛的成功举办，表明新加坡华人学习华语华文的积极性有所回升，一是出于自身的族群认同，二是出于中国崛

起,走向世界所带来的各种发展机会,内外因素一起激发了华裔学习华语华文的兴趣。这次比赛还吸纳了更多的非华裔参赛,进一步表明越来越多的新加坡非华族加入华语学习的行列,展现了华语魅力与华文传播的潜力。华人以外的族群学习华文,对于加强各族群对中国、中华文化的理解,以及促进中外文化之间的交流与互动正在发挥着积极作用。①

三 中国领导重视及有关部门的支持

在全球化时代,以华侨华人同胞为主要教学对象的海外华文教育是提升中华文化软实力的重要因素,是增加中华文化话语权的重要途径,也是"中华文化走出去战略"的重要载体。在异域性和差异性的文化语境中,毫无疑问,海外华文教育可以扩大中华文化的传播面与影响力,既能极大地增强华侨华人对中华文化的认同感,又能提升中华文化在海外的传承力,更有助于其他国家的人民进一步认知和理解中华文化,认同和欣赏中华文化,进而推动其在世界格局中应有地位的实现,树立良好的国家形象。大力发展海外华文教育,积极开展文化传播,是中国长期的、具有战略意义的基础工程。

(一)中国不同层面领导的高度重视

中国共产党和国家领导人及有关部门领导对华文教育工作历来都给予高度关注和重视。

2004年3月"两会"期间,胡锦涛总书记在全国侨联和中国致公党的联组讨论会上说:文化凝聚力是中华民族长期历经磨难而不衰竭的一个重要因素,我们不论从文化传统的角度还是从骨肉同胞的角度考虑,都应当给海外华文教育以支持和帮助,这是我们义不容辞的责任,我们要敢于担当。② 同年3月,全国政协召开联组会议,胡锦涛总书记

---

① 《新加坡双语政策"红利"减弱,华文传播喜忧参半》,《人民日报》(海外版)2018年6月27日。
② 贾益民:《世界华文教育年鉴(2013)》,社会科学文献出版社2014年版,代序第2页。

第五章　汉语言文化在海外传播与发展的趋势

又谈到华文教育问题，他强调大力发展华文教育，可以借助汉语增强海外侨胞自身竞争力，可以借助中华文化，促进华侨华人保持民族特性，推动华侨华人社会的发展，可以借助多种教育途径，把中华五千年文化推向世界，让世界走进中国。① 2005年胡锦涛总书记就进一步做好新时期海外华文教育和向世界推广汉语工作又专门作了重要指示。② 2015年7月，中国政府首次以"多元文化架构下的汉语发展"为主题召开世界汉语大会，该研讨会的召开，吸引了很多国内外汉学者参会，内容涉及汉语拼音、词汇、语法、语用以及与异族文化协调发展的新思路等方面的话题，在国际上造成的反响非凡。

据《鹭风报》2005年7月25日报道，中国侨办副主任刘泽彭7月21日说，中国政府一直在努力帮助海外华侨华人传承中华民族的语言和文化，从多个层面推动海外汉学教育事业的发展。刘泽彭是在北京举行的世界汉语大会上做出上述表述的。他说，目前有几千万华侨华人散居在世界上100多个国家，为了帮助他们传承中华民族的语言和文化，中国政府相关机构专门组织编写了适合不同国家和地区华裔青少年学习的中文教材和读物，并以各种形式帮助海外中文学校培训了大批教师。

2010年7月25日，海外华裔及中国港澳台地区青少年"中国寻根之旅"夏令营开营仪式在北京举行，习近平副主席应邀参加开营仪式并就文化传播与发展问题发表讲话，他说："海外华裔青少年是海外华侨华人社会的希望和未来，衷心希望海外华裔青少年继承和弘扬祖辈的光荣传统，从中华民族的历史和文化宝库中汲取精神营养，成为中华文化的热情传播者，为中华文化发扬光大和世界文明共同进步发挥积极作用。③"近年来，以习近平同志为核心的党中央领导集体更加重视侨务

---

① 转引自胡培安、陈旋波《华文教育与中华文化传承》，社会科学文献出版社2018年版，第11页。
② 转引自陈荣岚《全球化与本土化：东南亚华文教育发展策略研究》，厦门大学出版社2007年版，第2页。
③ 转引自贾益民《世界华文教育年鉴（2014）》，社会科学文献出版社2015年版，代序第2页。

工作，急切关注海外华文教育事业的发展。2013年10月，李克强总理在访问泰国期间，专程前往清迈崇华新生华立学校，看望慰问当地华校师生，勉励大家为增进中泰人文交流做出更大贡献。2014年4月全国政协主席俞正声同志专门主持召开以"努力破解海外华文教育发展瓶颈"为主题的政协"双周协商座谈会"，邀请政协委员和有关专家研讨华文教育问题，这在中国政协历史上还是第一次。2014年6月，在第七届世界华侨华人社团联谊大会上，习近平总书记在讲话中强调"中国梦是国家梦、民族梦，也是每个中华儿女的梦。广大海外侨胞有着赤忱的爱国情怀、雄厚的经济实力、丰富的智力资源、广泛的商业人脉，是实现中国梦的重要力量"。[①] 而广大海外侨胞，要牢记中华民族之"根"，抓住中华文化之"魂"，不畏艰险，大力发展华文教育，为实现中华民族的伟大复兴梦而贡献自己的力量。

今天的中国，正逐步迈向世界国际舞台的中心，正在向全世界人民发出声音，让更多的人更深入全面地了解中国。而语言和文化，正是打开不同国家和民族之间沟通交流之门的"金钥匙"，以教授华文和传播中华文化为核心要务的海外华文教育，就是这把"金钥匙"的锻造者。近年来，中国领导人制定的"一带一路"建设规划也为发挥海外华文教育的独特传播功能提供了广阔的舞台。一直以来，华文教育是桥梁是纽带，以信息传播的方式与外界沟通，不断加强人文交流，"向世界说明中国"，让世界了解中国。"一带一路"沿线是世界华文聚集的区域，也是借助华文教育开展文化传播的重点区域，因此华文教育要充分利用好这一战略平台，达到相互支撑与贯通的效果，营造名利双赢的局面。[②] 总而言之，海外华文教育在中国国家领导人和有关部门领导的重视和推动下，未来发展前景将会充满期待。

---

① 转引自贾益民主编《世界华文教育年鉴（2015）》，社会科学文献出版社2016年版，序言第1—2页。

② 陈鹏勇：《"一带一路"战略视域下的华文教育发展研究》，《高教探索》2017年第6期。

(二) 中国政府有关部门在政策层面上给予扶持

综合国力的提升是中国在国际社会领域进行其他活动的前提,将为海外各国进一步认识中国,学习中国文化奠定坚实的基础。由中国的发展可以证明,19世纪到20世纪三四十年代,中国处于积贫积弱的状态,海外各国在听到中国这个名字时无不唏嘘,中国人在外国也受到不公正的待遇。中华人民共和国成立后特别是改革开放以来,中国的综合国力越来越强,不仅经济上扶摇直上,政治方面的话语权也不断加码,与世界各国的交往越来越紧密。由于这种国际间的影响以及文化强国战略的实施,中国文化成为国际主流文化之一,汉语言文化越来越受到各国人民的喜爱。学习汉语,对于华裔学生来说是学习自己的母语,对于非华裔学生来说便是掌握一门外语,了解中华文化。不管教育对象是谁,目的是传播和发展汉语言文化。多年来,中国政府对于作为中华文化"留根工程"的海外华文教育都给予了极大的政策支持。正如侨办裘援平主任说,中国政府将动员一切可以动员的力量,整合可以整合和利用的资源,加大对华文教育的支持力度。到2017年,"华文教育示范学校"在已建208所的基础上再建100所,在原有162所基础上再帮扶200所贫困学校和新兴华校,华文教育组织的支持数量由19个再追加30个,"华星书屋"由原建的300个再建立200个,使海外华校成为海外学生学习和传播汉语言文化的首要平台。并强调,今后侨办将对内建立华文教育资源协调机制,对外与居住国政府建立合作交流机制,为华文教育发展打造良好的内外政策环境。[①] 从宏观上来看,中国对海外华文教育的发展在政策方面的支持主要体现在以下几个方面:

第一,建立协同机制,促进华文教育大发展。2004年在胡锦涛总书记的建议下,由国务院侨办牵头,政府涉侨部门和华文教育基地单位(截至2017年4月已有49个)联合组成华文教育协作机制,并建立了

---

① 杨凯淇等:《国侨办将打造"两机制","六体系"推动华教发展》,http://www.cuepa.cn/cate_ 13/detail_ 81472. html,2014 - 12 - 9。

海外华文教育联席会议工作制度,多次召开联席会议,互通有无,实现华文教育的资源共享。

第二,推广普通话,提倡使用简体字。中国政府有关部门在世界华人社区和学校建议使用普通话交流和教学,不是为了消灭方言,而是为了扫清华侨华人之间以及与其他种族人士之间的语言隔阂和沟通障碍,更好地为居住国服务,同时参与世界经济和文化建设。[①] 中国政府在世界范围内推行的简体字是严肃的、科学的、合理的,是被联合国和多国政府认可的标准汉字字体。因此在华文教学中,借用汉语拼音学简体字有利于减轻学生的识字压力和负担,一味地坚持用繁体字教学会挫伤幼小孩童学习汉语的积极性。因为汉字本身就是表意文字,而不像英语等语种一样属于表音文字学起来比较省力,相对而言,学习汉语较费力,需要借助更好的方法来实施识字教学,激发学习兴趣。当然提倡实行简体字不可以整齐划一,还要考虑海外华侨华人社会及华文教育的实情。目前华文教学走以简体字为主、化简御繁、繁简结合的道路,会使华文教育永葆生机。[②]

第三,建立高层次华文教育机构(院校),完善华裔留学机制。在中国政府的支持下,目前国内有不少高校设有华文教育学院或开设有华文教育专业,还有一些独立的华文教育大学,为华裔学生回国留学提升自我提供了诸多方便。国务院侨办和各省市侨办建立有各种奖学金制度,可以进一步扩大奖励和资助的范围,使更多的贫寒华侨华人子弟能够安心求学。同时建立规范的、分层级的华裔毕业生档案库,定期与他们保持联系,以政策力量推动他们在海外的影响,从而吸纳更多华裔生回祖(籍)国就学。

此外,国务院侨办牵头编写适合当地使用的华文教材机构增多,并为一些发展薄弱的学校免费赠送华文教材和历史、文化方面的书籍、音

[①] 李芳:《含有母语基因的非母语教学——海外华文教育管见》,《语言文字运用》1998年第3期。

[②] 丘进:《海外华文教育四议》,《汉字文化》1998年第2期。

像资料；中国政府经常派相关人员通过参与海外孔子学院或者华文学校组织的活动，提高对汉语的重视度；每逢中国主要节日，把海外的华文教师、留学生以及华侨华裔组织起来庆祝祖（籍）国的节日，以增强他们民族自豪感；在国内建立大量的华文教育基地，在国外建立"华文教育示范学校"以及成立华文教育基金会，奖励优秀教师安心从教；肯定和鼓励华侨华裔的爱国行动，为当地学校提供教育技术和资金上的支持，等等。

（三）中国政府有关部门在文化层面上支持开展系列活动

海外华文教育主要是针对华侨华人子女开设的教育实践活动，学习传承和发扬中国传统文化，这是具有国家民族性质的"留根工程"，华文教育的高质量发展有益于塑造中国在海外的良好形象，能更好地宣传中国。近些年来，中国政府为了方便海外华侨子女的学习开设了不少中文学习平台。很多华侨子女选择回国留学，学习中国文化，中国政府对各种实践体验活动及中外文化交流活动的开展给予大力支持。有关部门牵头负责邀请海外华裔青少年来祖（籍）国学习交流、参观访问、寻根访祖（"中国寻根之旅"），增进他们对祖（籍）国的了解，提高他们学习汉语和中华文化的兴趣；在中国边境省区，我们可以利用亲缘和地缘优势，多开展一些华裔联谊活动；增加"汉语桥"世界大学生中文比赛的频度，邀请更多的海外各国学生来华参加比赛；中央电视台开展的"中国诗词大会""海外华裔青少年中华文化大赛"等多种活动，都有利于华裔青年学习中国传统文化。

以国务院侨办主办、各地侨办协办的"中国寻根之旅"活动来说，分春、夏、秋、冬四季，1999年开办迄今有20余年，以回祖（籍）国寻根问祖的方式让华裔青少年感受祖（籍）国的变化，加深他们对祖（籍）国的了解。而且每一届的规模都比较大。仅广西侨办就举行过98期，有36个国家和地区6000多人次，参加了寻根问祖和学习交流活动。[①] 2017

[①] 《广西侨办做好海外华文教育，助侨胞把"根"留住》，http://www.gqb.gov.cn/news/2016/0301/38371.shtml。

年 12 月 30 日，CCTV 银河少年艺术团的孩子们在北京钓鱼台国宾馆献唱中国寻根之旅夏令营营歌《月光谣》，这是在由中国侨办、中国海外交流协会主办的第四届华文教育大会开展的文艺演出活动。大会文艺演出主旨紧紧围绕"深化华文教育'三化建设'，大力弘扬中华优秀文化"的大会主题来进行，达到了非常好的宣传效果，也促成了第四届华文教育大会的圆满成功，达到了预期的目标。

目前，"中国寻根之旅"活动备受华裔青少年的喜爱，参与者众多。比如 2018 年 7 月 15 日，由山西省外侨办承办、太原市、忻州市等外侨办协办的 2018 年海外华裔青少年"中国寻根之旅"夏令营活动，就有来自德国、西班牙、美国等 10 个国家 17 个海外华校和华文教育机构的 400 名华裔青少年参营，这是山西省外侨办承办的规模最大的一届活动。通过开展寻根问祖的系列活动，增强了华裔同为炎黄子孙的民族认同感和自豪感。①

四 其他社会机构、民间力量的积极参与

海外华侨华人社会能在世界各国生存并发展壮大，离不开传统的三大支柱，即华侨华人组织机构（社会团体）、华文教育和华文报刊。中国政府、侨办及各省侨办都给予了充分的重视。政府机构的感召力辐射开来吸引了更多的民间团体、社会机构，比如广播影视媒体、报刊集团、文化艺术、旅游观光单位、社区群众团体及非官方网站等，积极参与到华文教育事业中来，形成了一股洪流，推动着汉语言文化在海外的传播与发展。华二代、三代乃至四代由于长期生活在国外，多数已不会讲普通话，不会写汉字了。针对此状况，国内的一些侨乡全力支持发展华侨华人子女学校，让长期生活在国外无法开展普通话交流的华侨华人子女回乡学习。随着中国经济地位的提升，我们相信会有越来越多的华二代、三代、四代回国接受高等教育。21 世纪的今天，不可忽视的一

---

① 胡健：《400 名海外华裔青少年开启山西寻根之旅》，http：//www.chinanews.com/。

股民间教育力量——各种学术团体，依托海内外华文教育基地资源，多次举办"世界华文教育论坛"等多种类型的、不同级别的学术会议，已成为海外华文教育事业腾飞的助推器，成为宣传中华文化的重要窗口和成果展示平台。

结　语

华侨华人的历史是一部艰苦奋斗、披荆斩棘、不畏艰险、继往开来的创业史和辉煌史。早期的华侨为子女的教育创办了华侨教育，功不可没。海外华文教育正源于此，发展至今约有300多年的历史，历经形成、兴盛、不平衡发展、复兴和高涨五个时期，实现了从华侨华文教育到华人华文教育再到包含世界华文教育（华侨华人及非中国血统的外国人）的蜕变，也是由以汉语言文化的继承和弘扬为主发展为以汉语言文化的传播与发展为主的演进历程。当前国际汉语热，促使广大海外华侨华人及非华裔血统的外国人对汉语言文化的需求更迫切、更热烈。发展华文教育对于推动华裔青少年以及当地人学习中华语言文化，促进中外文化交流和海外华人社团的和谐与进步，积累汉语言文化教育资源，增强国家文化软实力都具有深远的战略意义和重大的现实意义。纵观海外华文教育视野下汉语言文化的传播与发展情况，可以说在诸多方面都取得了不菲的成绩，也积累了十分丰富的经验。

一　取得的经验

（一）稳步改善的办学环境利于汉语言文化的传播

良好的办学环境是中国汉语言文化对外传播与发展的首要前提。海外华文教育办学是在艰难的条件下起步的，起初它是华侨为子女的学习而创办的民族语言文化教育，由于办学条件相当简陋，华侨子女又受当地人欺凌，加上有些居住国奉行单边文化政策，使得汉语言文化的学习与弘扬举步维艰。后经华侨社会团体及中国维新派和革命派、民国政府的不断努力，海外华文教育才发展兴盛起来。到 20 世纪 50 年代初期，国际形势突变，受到中国政府鼓励华侨加入当地国籍、取消双重国籍、多国政府积极实施入籍政策以及华侨华人对居住国所作出的突出贡献等多种因素的影响，很多国家对文化政策的态度有所转变，由抵制、打压变成拉拢和扶持，至少是不再过多干预华文教育的发展（菲律宾等个别国家例外），由单边民族文化保护政策逐步转向了多元民族文化开放政策。诸多国家对多元文化政策的大力倡导，有利于进一步消除不同民族之间的文化障碍，使华人和当地人一样都可以平等地参与到社会的大发展中，从而促进了各民族之间的文化交流和中华文化的广泛传播。正如 1996 年马来西亚前总理马哈蒂尔说，马来西亚是一个以马来人为主的多民族国家，我们不能强行所有民族都分别同化为 100% 的马来人。而是应该为不同民族文化牵线搭桥，尽量消除民族隔阂和误解，而不可能完全消除掉。因此，要告诫伊斯兰同胞，不要想办法强迫其他人民（包括华人）改变信仰。[①]

近些年来华文教育定位和功能的成功转轨，使很多国家愿意接纳华文教育成为国民教育体系的一部分。在东南亚，多国政府将华文教育纳入国家教育体系方面成绩显著。除了发展较好的新加坡、马来西亚、缅甸等国家以外，2007 年以来，柬埔寨政府加大对华文教育的发展力度，将华校纳入国家管制并全部升格为全日制学校。无论从硬件设施还是软件办公条件上，很多华文学校都得到当地政府及有关部门的资助，办学环境有了很大的改善。许多华侨华人团体和华文学校，牢牢把握这一契机，加强与当地有关机构的沟通协作，从而更好地促进中华语言文化的传播。比如，早在 2014 年全美中文学校协会（CSAUS）第五次全国代

---

① 王琳：《世界华文教育现状研究》，商务印书馆 2016 年版，第 29 页。

表大会议程之一:"中文学校的发展与美国教育系统的结合,包括 AP 中文开发、争取学区学分途径、中文学校发展与美国主流社会、领养中国儿童的中文教育等领域。"① 而这些举措目前已经在美国部分地区变成了现实。北美中文学校大量非华裔的加入,不仅使中文学校的教学内容发生了变化,增加了文化类内容,而且也为其传播中华语言文化创造了更为客观的条件和优良的办学环境。

(二) 日益扩大的办学规模为庞大的汉语言文化学习者提供了便利

华文学校办学规模的大与小是决定不同类型的学习者能否有机会接受中华语言文化学习的关键。早期的华文教育主要是私塾办学,规模较小,教学对象是华侨子弟,学习的汉语言文化知识也多是在族群内传播,有很大的封闭性。后来,海外华侨华人受中国新式学校、新学制等影响,在海外办学之风日盛。东南亚地区很快形成全日制完整教育、非全日制的补习教育的多种办学形式,并辐射到世界其他大洲,尤其是欧美地区周末中文学校、补习班、夜校和社会教育的创办并快速增长,为不同种族子女提供了学习汉语言文化的便利。据数据显示,21 世纪以来,海外华文学校的数量有日益增加、分布日益广泛的趋势。2001 年:"据不完全统计,目前海外有华文学校约 5000 所,除原有的华人较为集中的东南亚地区的华文学校进一步发展外,欧美各国的中文学校在近年更如雨后春笋,仅美国就有中文学校 500 多所,学生近 7 万人。"②

2004 年:"据不完全统计,全球约有 5000 余所华文学校,其中的全日制中小学集中在东南亚地区。目前东南亚地区已逐步形成了从幼儿园、小学、中学到大学的比较完备的华文教育体系,共有学校 2600 多所,其中全日制中小学超过 2000 所,师生近 1000 万人。"③

---

① 华霄颖:《"汉语热"背景下北美中文学校文化传播功能研究》,《世界华文教育》编辑部《世界华文教育》(第一辑),暨南大学出版社 2016 年版,第 240 页。
② 《国侨办副主任刘泽彭话"汉语热"》,http://www.chinaqw.com/node116/node122/node171/userobject6ai3624.html.2003-05-17。
③ 彭俊:《华文教育研究》,博士学位论文,上海师范大学,2004 年,第 12 页。

2011年:"资料显示:海外华侨华人大约有3000万(实际上超过此数),分布在全球五大洲100多个国家和地区。华文学校5000多所,华文教师达2万多名。其中世界华文教育的重点地区亚洲有华文学校3000多所;欧美各国的华文学校如雨后春笋,蓬勃发展,美国就有华文学校500多所,学生6.8万人。"①

2017年底:"海外各类华文学校约2万所,在职教师有数十万人,而在校华裔学生达数百万人。"② 这些数据尽管不够准确,但是恰恰反映出华校办学规模的扩大和学习汉语人数的增多则是华文教育自身发展的要求,也是华文教育办学质量提高的标志,它的繁荣反映出世界人民对中华语言文化认同感的增强。

此外,随着汉语国际推广的力度不断加大,居住国教育部门与华侨华人团体联办或独办华文教育的机构陆续增加,吸引了更多的非华裔人士接受汉语言文化的学习,无形中也进一步宣传了中华优秀文化。

(三)办学理念日益更新为汉语言文化在海外的广泛传播创造了条件

华文教育办学理念的先进与否对汉语言文化的传播有着一定的制约。早期的华文教育是中文教育在海外的一种延伸,主要是由华侨兴办,以秉承"叶落归根"的民族性为办学理念,继承和弘扬中华传统文化为旨归。到了20世纪50年代以后,海外华侨大多都加入居住国国籍,而中国变成了华人的祖(籍)国,华文教育的办学理念被"落地生根"的社会性所取代,旨在为居住国社会发展服务,由重文化传承向个人实际发展需要转化,开始接受双语乃至三语教育,学习内容上也由务虚变得更加务实,与华文教育有关的经济、商业等内容进入学习范围,这是经济全球化背景下华文教育理念更新的必然结果。

近些年来,随着国际兴起的"中华文化热"的浪潮,随着地方政

---

① 丘进:《华侨华人蓝皮书:华侨华人研究报告(2011)》,社会科学文献出版社2011年版,第318页。
② 张永恒、陈秋圆:《海外华文教育方兴未艾:中文要教好,师资很重要》,《人民日报》(海外版)2018年1月31日。

府学校开设中文专业和中文课程以及非华裔学习中文的人数增多,华文教育办学理念又得到进一步更新,由早先的以继承和弘扬汉语言文化为主要学习目的转向以汉语言文化的推广、传播与发展壮大为主要学习目的。这一理念的更新,使得海外华文教育与以孔子学院为主导的国际汉语教育、居住国国民教育合作机会大大增多,找到了一条更加广阔的发展道路,有利于提高中华文化的持久魅力和在世界各国的发扬光大。

(四)日渐成熟的华文教育理论为汉语言文化的传播提供了坚实的保证

随着汉语言文化的深入推广与传播,华文教育成为一门独立的学科已是历史发展的必然。华文教育的起步阶段,更多偏重于课堂教学中汉语言文字和文化知识的传授,有意识地去研究华文教育应然发展规律的成果还不多,只是朦胧地、下意识地关注华文教育有关的问题而已,根本谈不上学科建设。随着时间的推移,华文教育的内涵和教育对象的扩大化,造成在教学中很多国家不再将其当成是母语教学或第一语言教学,更多是以第二语言或第三语言的形式出现,这种变化与当地文教政策有关,与华侨身份的转变有关,还与中华语言的地位有关。因此,这吸引了海内外一大批华文教育工作者对新时期华文教育的性质、特点、目标、原则、内容、方法技能、华文学校和华文师资等要素进行系统的研究,并总结探索出一些发展华文教育的具体策略[①]。比如,基于汉语知识学习枯燥乏味的现状,适当采取多元组合的措施使之条理化、趣味化,便于学习者学习;鉴于文化知识是华文教育的核心内容,因此通过编写文化类教材、将中华文化分为观念文化、制度文化、器物文化等几个层次来讲授学习,提高学习的针对性。

近年来,有学者在探索文化类教材编写中,渗透了当前学界对华文教育研究的理论观念,收到很好的效果。比如,日本横滨山手中华学校

---

① 余晓、方明:《新时期海外华文教育发展问题的几点思考》,《海外华文教育》2002年第3期。

使用的文化类教材：中国文化常识、交际文化常识、社会文化常识等都是与中国合编，图文并茂，学习文化的同时不忽略"语言"的学习。①可见，学科的理论发展和学科建设使得汉语言文化的传播有了抓手，有了腾飞的契机。

二 获得的启示

汉语言文化借助华文教育在海外多年的传播与发展，也给我们留下了深刻启示。

（一）华文教育团体和当地政府的支持是汉语言文化传播的保障

从汉语言文化在海外的传播历史来看，离不开华文教育团体的支持。目前在海外从事华文教育工作的、具有比较稳定的组织机构和有一定运作方式的教育团体，主要有华文教育基地、华文教育统筹协调机构、华文教育学校、华文教育基金会、华文教师协会、华文教师联谊会、华文学校联合会、华文教育促进会等，都属于广义上的华文教育团体。毫不夸张地说，如果没有华文教育团体在物质和经费等方面的大力支持，就不会有海外华文教育今天的规模和成绩，也不会很好地传播中华文化。但华文教育团体又是居住国一个组成部分，离开了居住国大的社会环境和当地政府的经济支持，华文教育的发展也会受到极大的限制。所以大量接受当地政府和有关部门的经费资助，这也是致力于传播中华语言文化的华文教育界的努力方向和奋斗目标。

（二）华侨华人社会的精诚团结是汉语言文化传播的强大动力

由汉语言文化在海外的传播与发展历史可以看出，以地缘、亲缘或职业关系组成的各种帮派协会散落在世界各个角落，以教育志趣、教育理想为关系组成的各种教育学会、协会、联合会也是遍布各大洲，他们都致力于华文教育，这是不用商量达成的默契和共识，但是他们之间大

---

① 廖崇阳、李海燕：《海外华文教育之文化教学的历史与现状》，《世界华文教育》编辑部《世界华文教育》（第一辑），暨南大学出版社2016年版，第232—233页。

都存在派系之争、生源之争、学术之争，因而使得我们的华侨华人社会更加复杂化和多元化。由于各大帮会和教育组织在办学方面存在很大的分歧，以致造成大量的教育资源浪费，办学力量极其分散，无形中削弱了华教的实力。[①] 所以，从小的范围来说，一个国家的华侨华人要团结，因为这是本国华文教育发展的最基础力量，也是最核心的力量。拿美国社会为例，现在的华人社会在参政方面，表现出极大的民主参与意识和竞争意识，更体现了华人内部的团结协作，不论观点是否有分歧和地点在哪里，有钱出钱，有力出力，献计献策，该出手时就出手，抓住机会，绝不退缩。一旦成功当选某一职位，就会设法通过多种渠道为华人社会、华文教育谋福利、谋发展。这是美国华人迈出的可喜一步，要知道一个涣散的群体很难取得卓著的成绩。今天美国华文教育的昌盛局面很显然是与此分不开的。[②] 从大的世界范围来看，全球的华侨华人社会也要团结。正如习近平总书记所强调的："团结统一的中华民族是海内外中华儿女共同的根，博大精深的中华文化是海内外中华儿女共同的魂，实现中华民族伟大复兴是海内外中华儿女共同的梦。"[③] 所以，唯有华侨华人社会内部团结，才能克服千难万险，才会使海外华文教育发展得更美好，才能早日实现"中国语言文化世界化"的宏伟梦想。

（三）中国国力的盛衰直接影响着汉语言文化的传播与发展

早期华侨华人受排挤和打压，华文教育国际地位低下，个中缘由与晚清、近代中国国力衰弱有密切的关系。当前，华侨华人在世界各地扬眉吐气、华文教育事业蒸蒸日上、四面开花，毫无疑问与中华人民共和国的成立，尤其是改革开放四十年获得的国际影响有关。可见，中国

---

① 余晓、方明：《新时期海外华文教育发展问题的几点思考》，《海外华文教育》2002年第3期。

② 李其荣：《战后美国华人社会的发展与困扰》，《国际移民与海外华人研究》，湖北人民出版社2005年版，第252页。

③ 转引自胡培安、陈旋波《华文教育与中华文化传承》，社会科学文献出版社2018年版，总序二第1页。

强，汉语言文化在国际上的影响力则强；中国强，世界各国才会更加积极地与中国合作，汉语言文化教育就会因得力于祖（籍）国的强大而获得当地政府更多的支持，提供更好的办学环境。当然，这也与近年来中国大力实施汉语言文化的国际推广政策有着密切的关联，中国政府对华文教育进行跨国干预，以多种和平友好的优雅姿态向世界各国充分展示中国的文化软实力，从而赢得世界人民对中国语言文化的尊重和广泛认同。由此可见，海外华文教育与中国的发展荣辱与共。中国强，华侨华人才会有民族尊严和社会地位；中国强，华文教育事业才会持续壮大，汉语言文化在海外才会得到广泛的传播与持续永久的发展。

参考文献

（仅列著作、教材、论文集和学位论文）

一 著作、教材、论文集

北京大学对外汉语教育学院：《第八届北京地区对外汉语教学研究生论坛文集（上）》，2015年。

别必亮：《承传与创新——近代华侨教育研究》，河北教育出版社2001年版。

蔡昌卓：《东盟华文教育》，广西师范大学出版社2010年版。

蔡丽：《华文趣味教学理论与实践》，暨南大学出版社2015年版。

陈国华：《先驱者的脚印——海外华人教育三百年》，Royal Kingsway Inc., Toronto, Canana, 1992。

陈青文：《语言、媒介与文化认同：汉语的全球传播研究》，上海交通大学出版社2013年版。

陈荣岚：《全球化与本土化：东南亚华文教育发展策略研究》，厦门大学出版社2007年版。

陈荣岚、方环海、郑通涛：《两岸华文教育与文化传播协同创新研究》，世界图书出版公司2016年版。

参考文献

陈志锐:《新加坡华文及文学教学》,浙江大学出版社 2011 年版。

戴蓉:《孔子学院与中国语言文化外交》,上海社会科学院出版社 2013 年版。

邓小平:《邓小平文选》(第三卷),人民出版社 1993 年版。

丁迪蒙:《汉语语言文化学教程》,上海大学出版社 2012 年版。

耿红卫:《语文教育新论》,长江出版社 2007 年版。

耿虎:《华文教育文化传播及建设——以东南亚为中心的考察》,厦门大学出版社 2018 年版。

古鸿挺:《教育与认同:马来西亚华文中学教育之研究(1945—2000)》,厦门大学出版社 2003 年版。

顾明远:《教育大辞典》(4),上海教育出版社 1992 年版。

顾圣皓、金宁:《华文教育教学法研究》,暨南大学出版社 2000 年版。

郭奇军、钱伟:《华语与华文教育"走出去"研究》,北京大学出版社 2016 年版。

郭熙:《华文教学概论》,商务印书馆 2007 年版。

国民党中央训练部:《华侨教育会议报告书》,1930 年。

胡培安、陈旋波:《华文教育与中华文化传承》,社会科学文献出版社 2018 年版。

黄皇宗:《港台文化与海外华文教育》,中山大学出版社 1992 年版。

黄昆章:《印度尼西亚华文教育发展史》,外语教学与研究出版社 2007 年版。

暨南大学东南亚研究所等:《战后东南亚国家的华侨华人政策》,暨南大学出版社 1989 年版。

贾益民:《华文教材教法》,暨南大学出版社 2012 年版。

贾益民:《华文教育概论》,厦门大学出版社 2012 年版。

贾益民:《世界华文教学》(第一辑),社会科学文献出版社 2015 年版。

贾益民:《世界华文教学》(第二辑),社会科学文献出版社 2016 年版。

贾益民：《世界华文教育年鉴（2013）》，社会科学文献出版社 2014 年版。

贾益民：《世界华文教育年鉴（2014）》，社会科学文献出版社 2015 年版。

贾益民：《世界华文教育年鉴（2015）》，社会科学文献出版社 2016 年版。

贾益民：《世界华文教育年鉴（2016）》，社会科学文献出版社 2017 年版。

贾益民：《世界华文教育年鉴（2017）》，社会科学文献出版社 2018 年版。

姜兴山：《战后菲律宾华文教育研究：1945—1976》，暨南大学出版社 2013 年版。

《教总 33 年》，《马来西亚华校教师总会》，1987 年。

李安山：《非洲华侨华人史》，中国华侨出版社 2000 年版。

李海燕：《中华文化教学研究》，商务印书馆 2015 年版。

李其荣：《国际移民与海外华人研究》，湖北人民出版社 2005 年版。

李未醉：《中外文化交流与华侨华人研究》，华龄出版社 2006 年版。

李晓琪：《对外汉语文化教学研究》，商务印书馆 2006 年版。

李杏保、顾黄初：《中国现代语文教育史》，四川教育出版社 2000 年版。

连榕等：《华文教育心理学》，教育科学出版社 2010 年版。

［美］梁培炽：《美国华文教育论丛》，中国华侨出版社 2014 年版。

廖鸾扬：《南洋侨民教育问题》，华侨先锋社 1946 年版。

［马来西亚］林连玉：《华文教育呼吁录》，林连玉基金委员会，1986 年。

林莆田：《华侨教育与华文教育概论》，厦门大学出版社 1995 年版。

林水豪：《文化事业文集》，《马来西亚雪兰莪中华大会堂》，1985 年。

刘琛、王丹丹、宋泽宁等：《海外华人华侨对中华文化的传承与传播》，北京大学出版社 2018 年版。

刘富华、孙炜：《语言学通论》，北京语言大学出版社 2009 年版。

刘士木、钱鹤、李则纲：《南洋华侨教育论文集》，国立暨南大学南洋文化事业部，1929 年。

刘珣：《对外汉语教育学科初探》，外语教学与研究出版社 2005 年版。

鲁洁：《华人教育：民族文化传统的全球展望》，南京师范大学出版社 1999

年版。

毛礼瑞等：《中国古代教育史》，人民教育出版社1983年版。

彭俊：《华文教育研究》，上海师范大学2004年版。

丘进：《华侨华人蓝皮书：华侨华人研究报告（2011）》，社会科学文献出版社2011年版。

全国汉语国际教育专业学位研究生教育指导委员会秘书处编：《国外汉语课堂教学案例》，高等教育出版社2016年版。

全美中文学校协会：《全美中文学校协会第二届年会纪念册》，1998年。

世界华文教育协进会：《第二届世界华语教学研讨会论文集（教学与应用篇下册）》，台北：世界华文出版社1990年版。

《世界华文教育》编辑部：《世界华文教育》（第一辑），暨南大学出版社2016年版。

［澳］孙浩良：《海外华文教育》，上海人民出版社2007年版。

王海伦：《华文教育在东南亚之展望》，"中央日报社出版部"（中国台北市）2000年版。

王琳：《世界华文教育现状研究》，商务印书馆2016年版。

王望波、庄国土编著：《2008年海外华人华侨概述》，世界知识出版社2010年版。

吴同永：《海外华侨教育史略》，福建省侨办文教宣传处，1996年。

昔县筹募南方学院建校基金会委员会：《南方学院之夜》，1992年。

香港东南亚研究所：《星马教育反论》，1970年。

小吕宋华侨中西学校：《小吕宋华侨中西学校五十周年纪念刊》，1949年。

肖航、纪秀生、韩愈：《软传播：华文媒体海外传播研究》，中国传媒大学出版社2013年版。

严晓鹏：《孔子学院与华文学校发展比较研究》，浙江大学出版社2014年版。

严晓鹏、包含丽、郑婷等：《意大利华文教育研究——以旅意温州人创办的华文学校为例》，浙江大学出版社 2015 年版。

严晓鹏、郑婷等：《中国语言文化在海外华侨华人社会中的传播研究——基于对意大利华侨华人社会的考察》，浙江工商大学出版社 2018 年版。

姚敏：《中国华文教育政策历史研究——语言规划理论透视》，复旦大学出版社 2007 年版。

于逢春：《华文教育概论》，华中科技大学出版社 2014 年版。

曾毅平：《海峡华文教学论丛》（第 2 辑），暨南大学出版社 2017 年版。

曾毅平：《华文教育研究》（第 1 集），暨南大学出版社 2017 年版。

张隆华、曾仲珊：《中国古代语文教育史》，四川教育出版社 2000 年版。

张向前：《世界华文教育发展研究》，中国言实出版社 2010 年版。

张正藩：《近六十年代南洋华文教育史》，"中央"文物供应社（中国台北市）1956 年版。

赵长征、刘立新：《中华文化与传播》，外语教学与研究出版社 2015 年版。

赵金铭：《对外汉语教学概论》，商务印书馆 2004 年版。

[马来西亚] 郑良树：《马来西亚、新加坡华人文化史论丛》（第二卷），新加坡南洋学会，1986 年。

[马来西亚] 郑良树：《马来西亚华文教育发展史》，外语教学与研究出版社 2007 年版。

中国海外交流协会文教部：《第三届国际华文教育研讨会论文集》，华语教学出版社 2001 年版。

中国海外交流协会文教部：《海外华文教育论文集》，暨南大学出版社 1995 年版。

中国人民政治协商会议全国委员会文史资料研究委员会：《文史资料选辑》（76），文史资料出版社 1981 年版。

中国台湾侨委会：《侨务统计》，1991 年。

周小兵、谭铭章：《东西方文化的桥梁——国际华文教育会议文集》，广东人民出版社 1997 年版。

周聿峨：《东南亚华文教育》，暨南大学出版社1995年版。

朱杰勤：《美国华侨史》，广东高等教育出版社1989年版。

庄善裕：《东南亚地区华文教育文集》，暨南大学出版社1996年版。

邹工成：《华文教材编写研究》，商务印书馆2015年版。

《中国大百科全书（精华本）1—6》，中国大百科全书出版社2002年版。

二 学位论文

陈旭：《海外华文教师专业知识来源的个案研究》，硕士学位论文，华东师范大学，2014年。

陈迎雪：《隔离、融合与多元——美国华人教育发展研究》，硕士学位论文，河北大学，2007年。

戴家毅：《菲律宾华文教育发展研究》，硕士学位论文，广西师范大学，2010年。

郭兰冰：《在日华人子女汉语教育现状及对策研究——以同源中文学校名古屋分校为例》，硕士学位论文，沈阳师范大学，2006年。

何慧宜：《六套海外华文教材中国知识文化内容项目研究》，硕士学位论文，暨南大学，2007年。

何丽英：《泰国华侨学校汉语教学研究》，硕士学位论文，西南大学，2010年。

黄衬安：《东莞龙舟文化探究》，硕士学位论文，华中师范大学，2013年。

黄丽玮：《泰国华文教育的历史与现状研究——以中等教育阶段为例》，硕士学位论文，广西民族大学，2014年。

黄明焕：《战后印支三国华文教育研究》，硕士学位论文，暨南大学，2006年。

廖小萍：《澳大利亚、新西兰华文教育比较研究》，硕士学位论文，暨南大学，2007年。

刘培栋：《战后新加坡华文教育研究》，硕士学文论文，暨南大学，2006年。

刘小妃：《越南南部华族华文教育现状、问题与对策研究——蓄臻省培青学校及薄辽省新华学校为例》，硕士学位论文，中央民族大学，2012年。

吕娇娇：《荷兰中文学校考察分析》，硕士学位论文，山东大学，2016年。

麦黎：《毛里求斯新华学校对外汉语成人初级班口语教学策略探讨》，硕士学位论文，重庆大学，2017年。

潘睿：《当代欧洲华文教育探析》，硕士学位论文，暨南大学，2007年。

生艺：《多语言背景下马达加斯加2—6岁幼儿汉语教学研究》，硕士学位论文，江西师范大学，2016年。

孙世伟：《泰国中文教育情况探究》，硕士学位论文，吉林大学，2016年。

汪泉：《双语政策背景下汉语言文化传播——基于新加坡南洋理工大学孔子学院的分析》，硕士学位论文，山东大学，2014年。

温明亮：《泰国孔子学院发展研究》，硕士学位论文，暨南大学，2010年。

张贝：《毛里求斯华人语言学习与文化认同的个案研究》，硕士学位论文，西南交通大学，2018年。

张成伟：《马达加斯加费内维尔中山学校汉语教学现状研究》，硕士学位论文，哈尔滨师范大学，2016年。

张洁：《对外汉语教师的知识结构与能力结构研究》，硕士学位论文，北京语言大学，2007年。

赵丽秋：《基于"乐学善用"理念的新加坡华裔儿童华文课例研究——以南洋理工大学孔子学院儿童课程为例》，硕士学位论文，山东大学，2014年。

朱少义：《老挝华文学校学生汉字书写偏误调查与研究》，硕士学位论文，鲁东大学，2016年。

附　录

汉语言文化在海外的传播与发展研究现状调查(学生问卷)

亲爱的同学：

　　你好！我们正在进行一项《汉语言文化在海外的传播与发展研究》情况问卷调查，希望能够得到你的支持和协助。我们对所有调查资料保密且只用于本次研究目的，答案无所谓对错，请你根据自己的情况如实填写，并将问卷尽快反馈给我们。衷心感谢你的支持和帮助！

一　个人基本情况

1. 你有中文名字吗？_____　（A. 有　B. 没有）

2. 你的年龄_____；性别_____；国籍_____。

3. 你是否华裔_____（A. 是　B. 否）；您如果是华裔，是第_____代华裔，在中国的祖籍地是_____省。

4. 你当前就读的学校名称_____；
   年级_____；学历：_____
   （A 博士、B 硕士、C 本科、D 专科、E 高中、F 初中、G 小学）。

二 汉语言文化的学习与传播情况

5. 你什么时候开始学习汉语的？_____

    A. 低于 10 岁　　B. 10—18 岁　　C. 19—25 岁

    D. 26—30 岁　　E. 31 岁以上

6. 你系统学习汉语的时间有多长？_____

    A. 半年以下　B. 半年—1 年　C. 1—2 年　D. 2 年以上

7. 你主要通过哪些方式学习和了解汉语言文化？_____

    A. 教材　　B. 书刊　　C. 报纸　　D. 网站

    E. 电视、电影　　　F. 其他（请写明）_____

8. 你为什么学习汉语言文化？_____

    A. 父母要求　　B. 喜爱汉语言文化　　C. 为去中国留学做准备；

    D. 为了更好地从事相关工作；　　E. 其他（请写明）_____

9. 你知道自己的生肖属相吗？

    A. 知道　　　B. 不知道

10. 你的汉语言能力与使用程度如何。请在你认为适当的地方打"√"。

		基本没问题	有困难	会一点儿	完全不会
汉语普通话	听				
	说				
	读				
	写				
闽南话	听				
	说				
	读				
	写				
粤语	听				
	说				
	读				
	写				

续表

		基本没问题	有困难	会一点儿	完全不会
客家话	听				
	说				
	读				
	写				

11. 你在家庭交流中使用什么语言？请在相应表格空白处打"√"。

语种	常用	有时
住在国当地语言		
汉语普通话（华语，国语）		
闽南话		
汉语其他方言（客家话，粤语）		
英语		

12. 你在社会交往（学校、社会）中使用什么语言？请在相应表格空白处打"√"。

语种	常用	有时
住在国当地语言		
汉语普通话（华语，国语）		
闽南话		
汉语其他方言（客家话，粤语）		
英语		

13. 你的家庭是否拥有中文报刊、书籍？请在相应表格空白处打"√"。

	有	无
中文报纸		
中文杂志		
中文书籍		

14. 你的家人是否看中文报刊、华语影视？请在相应表格空白处打"√"。

	中文报刊	华语影视
自己		
兄弟姐妹		
父亲		
母亲		
祖父母		

15. 你参加过下面哪些节日？请在参加过的活动后打"√"。

	过这个节	知道这个节，不过	不知道这个节
春节			
元宵节			
中秋节			
清明节			
端午节			
七月半节			
冬至节			
元旦			
情人节			
圣诞节			
感恩节			
复活节			
父亲节			
母亲节			
愚人节			
万圣节			
劳动节			

16. 你知道哪些中华传统民间信仰神祇。请在知道的神祇后打"√"。

观音	
妈祖	

续表

财神	
土地公（福德正神）	
八仙（八仙公）	
关公	
孔夫子	
保生大帝	
广泽尊王	
其他（请写明）	

17. 你参加过下列哪些活动？请在参加过的活动后打"√"。

祭祖	
宗亲会	
算命、占卜	
吃中餐	
看过中医，吃过煎中药，针灸，拔火罐，刮痧，按摩	

18. 你参加过哪些春节活动？请在参加过的活动后打"√"。

全家在一起吃年饭	
互相拜年	
祭拜祖先	
长辈给晚辈压岁钱（红包）	
贴春联	
放爆竹	
穿新衣服	
过年之前打扫房子	
过年时不许扫地	
不能说不吉利的话	
在庙前舞龙舞狮	
去庙里祭拜	
曾经跟长辈回中国老家过年	
拜长辈	

三 问答题

19. 你对汉语言文化中最感兴趣的内容是什么？为什么？

Questionnaire on Chinese Language and Culture for Students

Dear Classmates：

Hello！Thanks for doing this questionnaire，it's about learning Chinese as a second language. We promise to keep the result secret. There is no right or wrong for answers，just write the answer that conform to your reality. Thank you so much！

I Statement of personal

1. Do you have Chinese name? _____ （A. Yes　B. No）

2. Age _____；Sex _____；Nationality _____．

3. Are you Chinese descendant? _____ （A. Yes　B. No）；you are the _____ generation，Your ancestral home of China is in _____ province.

4. Your school's name _____ Your grade _____；educational background：_____ （A. doctor　B. master　C. bachelor degree　D. college degree　E. senior high school　F. junior high school　G. primary school）．

II Statement of learning Chinese

5. When did you start learning Chinese? _____

　　A. Less than ten years old　　　　B. from ten to eighteen years old

C. from nineteen to twenty five years old

D. from twenty six to thirty years old

E. above thirty one years old

6. How long is your system learning Chinese? _____

   A. less than half one year   B. between half and one year

   C. between one year and two years   D. more than two years

7. What is your way to learn Chinese? _____

   A. school books   B. books   C. newspaper   D. web sites

   E. TV/movie   F. the others (please write here) _____

8. Why do you learn Chinese? _____

   A. your parents want you to do it   B. you like Chinese

   C. want to study in China   D. want to find a job about Chinese

   E. the others (please write here) _____

9. In chinese zodiac signs, do you know your birth year is which animal?

   A. Yes   B. No

10. How about your Chinese learning? pleae choose and write "√".

		easy	A little difficult	difficult	So hard
mandarian	listening				
	speaking				
	reading				
	writing				
Southern Fujian dialect	listening				
	speaking				
	reading				
	writing				
cantonese	listening				
	speaking				
	reading				
	writing				

		easy	A little difficult	difficult	So hard
Hakka dialects	listening				
	speaking				
	reading				
	writing				

11. At home, in which language you tallk with your family? pleae choose and write "√".

language	always	sometimes
Thai		
mandarian		
Southern Fujian dialect		
Other dialects in Chinese		
English		

12. In school, in which language you talk with your teachers and classmates? pleae choose and write "√".

language	always	sometimes
Thai		
mandarian		
Southern Fujian dialect		
Other dialects in Chinese		
English		

13. Are there Chinese books or newspapers in your family? pleae choose and write "√".

	Yes	No
Chinese newspaper		
Chinese magazine		
Chinese book		

14. Do your family read Chinese newspaper? Do they watch Chinese TV? pleae choose and write "√".

	Chinese newspaper	Chinese TV
Yourself		
Brothers and sisters		
father		
mother		
grandparents		

15. Have you ever joined in these festivals? pleae choose and write "√".

	Always join in	You know it but never joined	Don't know this festival
Spring festival			
Lantern festival			
Mid-autumn festival			
Ching ming festival			
Dragon boat festival			
Ghost festival			
Winter solstice festival			
New year's day			
Valentine's day			
Christmas day			
Thanksgiving day			
Easter day			
Father's day			
Mother's day			
April fool's day			
Halloween			
international labour day			

16. Do you know traditional belief of Chinese? pleae choose and write "√".

Avalokitesvara	
Mazu	
Mammon	
Tarth god	
The eight immortals	
Kwan kung	
Confucius	
保生大帝	
广泽尊王	
others（please write here）	

17. Have you ever joined in these activities? pleae choose and write "√".

offer sacrifices to the ancestors	
clan relatives meeting	
fortune–telling；practise divination	
Eat Chinese food	
Go to Chinese herbs；acupuncture；measles scratching 刮痧；massage	

18. Have you ever joined in these Spring festival activities? pleae choose and write "√".

Have new year's eve dinner with your family	
giving new year's greetings to each other	
offer sacrifices to the ancestors	
Get lucky money	
Paste spring couplets on the gateposts	
set off firecrackers	
Wear new clothes	
Cleaning house before new year	
Don't sweep the floor in Spring festival	

续表

Can't say ominous words	
Join in the lion dance	
Go to temple for blessing	
back to hometown of China for Spring festival	
Kneel to elders	

Ⅲ question and answer

19. In Chinese language and culture, what's your most instested in? Why?

汉语言文化在海外的传播与发展研究现状调查(教师问卷)

尊敬的老师：

您好！我们正在进行一项《汉语言文化在海外的传播与发展研究》情况问卷调查，希望能够得到您的支持和协助。我们对所有调查资料保密且只用于本研究，答案无所谓对错，请您根据自己的情况如实填写，并将您的问卷尽快反馈给我们。衷心感谢您的支持和帮助！

一　个人基本情况

1. 您的年龄：_____；性别：_____；国籍：_____。
2. 您当前任教的国家：_____。
3. 您是否华裔_____（A. 是　B. 否）；您如果是华裔，是第_____代华裔，在中国的祖籍地是_____省。
4. 您任教学校名称：_____；

任教年级：_____；任教学段：_____；

  A. 博士 B. 硕士 C. 本科 D. 专科 E. 高中

  F. 初中 G. 小学 H. 幼儿园

5. 您的学历：_____；

  A. 博士 B. 硕士 C. 本科 D. 专科 E. 高中

  F. 初中 G. 小学

二　汉语言文化的教学与传播情况

6. 您所在学校学习汉语言文化的学生数量。

  2013 年：_____ 2014 年：_____ 2015 年：_____

7. 您所在学校共有多少_____名教授汉语言文化的老师？

8. 您是何种类型汉语教师？_____

A. 当地本土汉语教师 B. 中国外派汉语教师 C. 其他（请写明）

9. 您教授汉语言文化类课程的时长为_____。

  A. 不足 1 年 B. 1—3 年 C. 4—6 年 D. 7—9 年 E. 10 年以上

10. 您所在学校开设了哪些汉语言文化类课程？包括哪些教学内容？

课程名称	教学内容

11. 您所在学校汉语课程、中华文化课程教材使用情况？

教材名称	出版单位	出版时间

续表

教材名称	出版单位	出版时间

12. 您主要通过什么方式获取华文教育资源？_____

　　A. 教材　　B. 书刊　　C. 报纸　　D. 影视

　　E. 网站　　F. 其他（请写明）_____

13. 您主要采用哪些方法教授汉语言文化？_____

　　A. 语言课堂教学　　B. 语言社会实践　　C. 文化课堂教学

　　D. 文化社会体验　　E. 其他（请写明）_____

14. 您的汉语言文化学习/教学简历。

时间	学习/教学单位	学习/教学内容

15. 您认为当地社会对汉语言文化的喜爱程度？请在相应表格空白处打"√"。

分类	1 为不喜欢，依次加深程度，5 为非常喜欢。				
	1	2	3	4	5
华裔					
非华裔					

16. 您所在学校开展华文教育得到了哪些单位的支持、支助？请在相应表格空白处打"√"。

	有重要人物来看望	有联合举办大型活动	有经费支助	有制定支持政策
中国侨办等部门				

续表

	有重要人物来看望	有联合举办大型活动	有经费支助	有制定支持政策
当地政府				
当地华人团体				

三 问答题

17. 学校组织学生参与过当地——中国汉语言文化交流活动吗？有哪些？

18. 您认为制约汉语言文化的传播与发展的主要因素有哪些？

后　记

2013年我主持的国家社科基金项目《汉语言文化在海外的传播与发展研究》历经五年多的系统研究终于结项，手捧沉甸甸的研究成果，真的是五味杂陈。说实在的，跨领域的研究不是我的强项，我从事的主要专业是语文课程与教学论，但是自从读研究生时候起，就对海外华文教育这一领域感兴趣，当时硕士毕业论文依然选择了《海外华文教育研究》"这一宏大的难于驾驭的问题"（河南师范大学文学院曾祥芹语），在资料搜集与整理以及论文撰写方面历经重重困难才得以完成。之后，又围绕海外华文教育有关内容撰写不少论文发表，2009年主持的相关项目有幸列入河南省高校青年骨干教师资助计划。

前期的研究成果大大激发了我对海外华文教育研究的兴趣。近些年来，随着汉语国际热，汉语言文化在海外各国得到更加快速的传播与发展，也引起学界不少学者的关注。经研究发现，大多成果都是从汉语国际教育角度探讨汉语言文化。鉴于此，2011年、2012年我尝试申报了国家社科基金项目，两次通过了通讯评审，表明有关专家对此选题的认可，并获得了河南师范大学国家社科项目培育基金资助。2013年，通过反复征求有关专家意见，经过多方论证，再次申请终获立项。欣喜之情不言而喻。研究期间，得到项目组成员的大力支持，尤其是项健博士对问卷设计的鼎力相助，在此表示诚挚的感谢！得到近几届研究生在资料搜集与整理方面的帮助，在此表示深深的谢意！尤其要感谢我的本科生李伟、研究生黄闻闻、潘胜男、单莉莉、何奇雪在调查问卷的发放、整理及数据统计等方面付出的辛勤劳动！感谢那些协助调查的海外华文教师和汉语志愿者，感谢那些认真填写调查问卷的华文教师、华裔学生和其他族裔学生，你们辛苦了！

本书作为国家社科基金项目的核心研究成果，得到了语文教育学、语言学等诸多专家、学者的帮助和指导，本书的出版还得到了中国社会科学出版社文学艺术与新闻传播出版中心主任郭晓鸿女士的垂青和厚爱，相关领导、编辑的大力支持，在此一并表示衷心的感谢！

耿红卫

2021 年 5 月于河南师范大学